国家出版基金项目
NATIONAL PUBLICATION FOUNDATION

国家社会科学基金抗日战争研究专项工程项目

铁证如山

TIEZHENG RUSHAN
JILINSHENG DANG'ANGUAN GUANCANG RIBEN QINHUA
SIXIANG DUICE YUEBAO ZHUANJI

25

吉林省档案馆馆藏日本侵华思想对策月报专辑⑧

吉林省档案馆 编

吉林出版集团股份有限公司

顾　问

蒋立峰

中国社会科学院日本研究所原所长、研究员

苏智良

教育部人文社科重点研究基地上海师范大学都市文化研究中心主任、中国“慰安妇”问题研究中心主任、教授

王胜今

吉林大学原党委常务副书记兼副校长、哲学社会科学资深教授

赵俊清

原黑龙江省党史研究室副主任

衣保中

吉林大学日本侵华史研究中心主任、教授

沈海涛

吉林大学东北亚研究中心教授

陈景彦

东北地区中日关系史研究会副会长、吉林大学东北亚研究中心教授

戴　宇

吉林大学东北亚研究院历史与文化研究所所长、教授

序　言

近年来，吉林省档案馆以加快整理保护、深化研究为重点，持之以恒推进馆藏日本侵华档案发掘工作。自2014年以来，陆续出版了《铁证如山——吉林省新发掘日本侵华档案研究》《铁证如山——吉林省档案馆馆藏日本侵华邮政检阅月报专辑》系列丛书14卷。日前，吉林省档案馆又在系统整理的基础上，编辑了《铁证如山——吉林省档案馆馆藏日本侵华思想对策月报专辑》。思想对策档案依旧取材于馆藏日本关东宪兵队司令部档案，内容极其丰富，以无可辩驳的、真实可靠的、侵华日军自身形成的历史档案还原了日本侵华罪行，进一步发挥了揭露日本侵华的铁证作用。

一

思想对策，是日本侵华时期日本关东宪兵队对中国东北人民实施政治镇压和思想控制的基本政策与手段，其主要目的是打击政治及思想领域的抗日反日势力，消灭抗日力量，以巩固其殖民统治。据吉林省档案馆馆藏档案记载，思想对策始于1935年关东军实施的“秋季治安肃正工作”，其组织主体以关东军为主导，综合发挥日本关东宪兵队的统制功能，并统筹调配日伪宪兵、警察和各级殖民统治机构的全部力量。日本侵华期间，日本将中国共产党及其领导下的东北抗日联军等武装抗日力量视为其在东北实行殖民统治、推行全面侵华政策的最大障碍，因此实施思想对策重中之重的目标是中共东北党组织及其领导的武装抗日力量，并将这一重点延续至整个实施过程。同时，日伪当局也不遗余力地镇压东北地区国民党领导的抗日活动及各民族的抗日活动，覆盖范围广泛，甚至对可能影响其殖民统治的“民心动向”也实施极其严密的监视。可以说，思想对策是在日本关东宪兵队统一指挥下实施的有组织、有计划、有步骤的政治镇压与思想控制手段，其动机在于综合运用一切可以运用的力量铲除抗日、反日势力，借肃清“有害思想”之名，行军事镇压与殖民统治之实。这一野蛮手段给东北沦陷区的抗日人士和民众造成了巨大的伤害，给东北沦陷区的社会、经济、民生等带来了无可弥补的灾祸，是一项不可饶恕的侵华罪行。

从1935年到1945年，日本关东宪兵队实施思想对策的发展过程体现了如下特点：

第一，日趋细化监视与镇压目标，不断突出重点范围。思想对策出台伊始，日伪当局将实施的主要目标设定为“潜伏的南京政府地下人员、东北军阀系统分子和中国共产党党员”。1936年4月成立“警务统制委员会”后，提出了“恒久性思想对策”，旨在将其逐步完备。随着中国共产党成为抗日斗争的主要力量，日伪当局将实施重点设定为“镇压在满共产党”。1940年5月关东宪兵队《思想对策纲要》将思想对策实施目标分为甲、乙两部分：甲部分为“需警防镇压的目标”，具体包括“共产系”“反日系”“匪贼系”等一切对其殖民统治已经造成威胁的抗日力量；乙部分为“需注意观察的目标”，具体包括“民族”“机关”“宗教”等方面，用于杜绝破坏其殖民统治的“祸根”。以此为始，“民心动向”进入思想对策重点侦察范围。太平洋战争爆发后，日伪当局以“民族运动”“共产运动”为主线，同时从经济、教育、宗教、劳务、兴农、开拓、文艺、政策等方面进一步加强对“民心动向”的侦察力度。可见，日伪当局通过不断更改、细化思想对策的监视与镇压目标，并结合时局突出相应的重点范围，妄图在军事镇压的同时，在思想监视方面取得主动权，不放过任何一个“潜在敌人”。

第二，集中统制各级机构，共同实施殖民暴行。关东军赋予关东宪兵队统制权，由日本关东宪兵队司令官负责指挥、指导、处理思想对策工作，同时统筹协调日伪宪警机关实施思想对策要务，为实现完全统制，先后成立了“警务联络委员会”“警务统制委员会”。二者虽称呼不同，但从组织人员构成上看，均是以日本关东宪兵队司令官为中央委员长，各地宪兵队长、分队长为地方或地区委员长，以期综合调遣全部宪警力量，达到情报共享与行动统一，由此实现了日本关东宪兵队司令官从联络到统制的转变。

第三，有计划、分步骤地推进情报搜集、逮捕、处置等环节。日本关东宪兵队实施思想对策可分为三个阶段。第一阶段是情报搜集，即通过大范围设置密探等方式搜集情报，对动向、趋势、原因等加以统计分析。第二阶段是逮捕，即综合运用共享情报，通过分散或集中逮捕的方式对抗日人员及团体实施逮捕。在集中逮捕过程中，依据前期搜集来的大量情报对一个或是几个地区的抗日组织进行破坏；在分散逮捕过程中，各地宪警机关可以随时随处逮捕有抗日嫌疑的民众。第三阶段是处置，档案记载，对被逮捕人员有“严重处分”“逆利用”和“司法处置”三种处置方式。“严重处分”即“立即斩杀”，被各地宪警机关随意并频繁地应用于处置东北抗日联军等抗日人士。“逆利用”即指反利用，其典型的方式是把一部分叛变人员、百姓编成“特别工作班”，派其潜回抗日队伍中搜集情报，以此从内部瓦解抗日队伍。“司法处置”指伪满中后期，日伪当局为维持其所谓的“法治形象”而采取的经过其司法程序的表面上“合法”的方式。从其实质来看，可称之为“司法讨伐”。

各地宪警机关实施思想对策的活动情况，形成了数量惊人的思想对策档案。但是，由于1945年8月15日日本投降前后进行了一场有组织的销毁档案的国家行动，各类档案及秘密资料基本销毁殆尽。此次辑录的思想对策档案是从日本关东宪兵队司令部未及销毁而被埋入地下的档案中发掘整理出来的，是日军自己形成和留下的确凿铁证。内容包括思想对策理论、思想对策计划与实施成果两方面内容。其中理论、计划内容涵盖思想对策纲要、实施目标、方针、经费等各项规定以及机构设置、实施机关等；实施思想对策成果主要辑录在各地上报日本关东宪兵队司令部的报告中，这些报告包括半月报、月报、旬报、半年报等，其行文格式严密、规范、有序，内容涵盖伪满洲国宪警机关监视、讨伐、处置抗日人员等真实情况。思想对策档案涉及政治、军事、经济、文化等诸多方面，从一个侧面真实反映了东北抗日军民的活动，伪满洲国的政治、经济情况、民心动向，关东军制定的各种指令、规定和调查收集的各种情报等，是日本侵略者在东北沦陷区实施残暴统治的第一手资料，相当一部分具有原始性、唯一性和不可替代性。

二

《铁证如山——吉林省档案馆馆藏日本侵华思想对策月报专辑》辑录的档案共计100余件，是吉林省档案馆馆藏思想对策档案中原始面貌相对完整的部分，且从档案形成时间、地区来看能够保持一定的均衡性，其中的思想对策报告内容大致分为三个方面。

（一）反映中国共产党领导东北抗日斗争的内容

九一八事变后，中国共产党代表中华民族的根本利益，迅速提出坚决抗日、收复失地的主张。中国共产党所领导的东北抗日联军等武装力量孤悬敌后，同日本侵略者进行了14年艰苦卓绝的斗争，有力地打击了日本侵略者，积极支援、配合全国抗战，为中国抗日战争暨世界反法西斯战争的胜利做出了重要贡献。思想对策档案中，中共东北党组织及其领导的武装抗日力量被污蔑为“思想匪”“共产匪”或“共匪”，位列镇压目标首位，这也印证了中国共产党是反抗日本帝国主义侵略的中流砥柱。

1. 记载中国共产党发展与壮大党组织，积极扩大抗日民族统一战线的档案

九一八事变后，中国共产党率先高举抗日旗帜，在东北各地发展党组织，在政治、军事等方面做出正确主张，拟定方针纲领，以通俗易懂的方式积极宣传抗日救国，揭露日本帝国主义侵略本质，鼓舞全国人民的抗日斗志。

（1）1936年8月14日新京地方警务统制委员会《思想对策月报第四报（自7月1日至7月31日）》记载了日伪获取的一则情报：“原东北人民革命军此次改名为东北抗日联合军，一方面企图通过纠集众多小匪团来扩大赤化工作，另一方面还在永吉、桦甸、磐石、额穆县内游动，张贴和散发各种宣传单，举行演讲等，极力开展笼络部落民的工作，而且，上述各县内似乎已经成立了反日会，等等。东南部地区形势严峻，依然需要高度警戒。”

（2）1936年10月14日新京地方警务统制委员会《思想对策月报第六报（自9月1日至9月30日）》记载了在中国共产党领导下永吉县高达沟部落农民联合会于6月26日成立的状况，并指出，该农民联合会又在该县的五道沟、冰湖沟一带

扩大组织，形成了一个整体，决议“坚决反对集团部落建设，普及反日思想，集合同志，并且制订了暴动计划”。

（3）1940年2月11日北安宪兵队《关于思想对策月报之件的报告（通牒）》记载了北安宪兵分队获取的东北抗日联军总司令部1939年的一篇宣誓文：“我在此宣誓。我坚决拥护全国民族统一的抗日政府的领导，竭尽全力，拥护全东北抗日团体和抗日军队的统一及其指挥和命令。忠实执行命令、维护上下团结是我们战士的使命。我们坚决反对内奸、卖国贼等所有仇敌。而且，我们要巩固抗日阵营，严守秘密，绝不徇私舞弊。若违反此宣誓，背叛革命，投降敌人，或成为间谍，从事反对组织的工作，就是天理不容的叛徒，届时恳请重罚消灭我们。”

（4）1940年2月11日北安宪兵队《关于思想对策月报之件的报告（通牒）》记载了龙江南部指挥部三军三师七团、九军二师、十一军一师指挥官及战斗员向江省各界同胞发出的宣传文：“中国的战士已经抗战两年有余。抗日军在正确的领导下，得到了正义国家英、法、美、苏等国的援助。各界同志！团结起来，奋起战斗吧！天下兴亡，匹夫有责。抗日即生，不抗日即死。救国抗日、收复失地乃中国人之神圣职责。①职工要联合罢工，反对攻打中国之行为，要求增加工资、缩短劳动时间、改善待遇，要反对日本人！②农民们！不要卖粮食给日本鬼子，不要为官吏修建工程，不要合并到大部落，而是要要求提供粮草、反对收回枪支、破坏杀人的保甲制度！③满军长官们！你们要杀害日本教官，积极叛乱抗日。你们要向抗日军通报情报，制造弹药，反对日本军官的侮辱！④满系官吏职员们！你们要反对裁员减薪，要求提高生活水平！

⑤教员界的同胞们！你们要反对奴化教育，联合罢课，反对日本攻打中国！⑥商业界的同胞们！你们要集体停业，不向日本售卖产品，要求商业自由，反对苛捐杂税！”

2. 记载中国共产党领导武装抗日的档案

随着日伪当局不断加强军事攻势与经济封锁，强化“集团部落”政策，抗日斗争形势日趋严峻，中共抗日游击根据地和兵工厂等多遭破坏，战士常年风餐露宿，饥寒交迫，武器弹药匮乏，通常会在一些群众基础比较好的村子筹集粮食等物资，或者袭击敌军据点、“集团部落”缴获军需物资。思想对策档案中，将此种情况污称为“掠夺”，并以“治安维持”为名，进行了大规模镇压。但是，他们依旧坚持在残酷、艰险的环境中开展游击斗争，同装备精良的日本侵略者长期奋战，有力地牵制和打击了日本侵略者，振奋了民族精神。

（1）1938年1月15日哈尔滨宪兵队《思想对策月报第九号（12月）》记载了东北抗日联军第三军第三师政治部主任李泰于1937年12月6日上午6时30分左右的一次战斗，“该党团袭击了滨江省延寿县第一区张子央屯部落，掠夺了1匹马和3床被褥，绑架了6名人质，在离去时散布了反对建设集团部落的宣传单。在第一区洪山前的小部落内，该党团与前来追击的治安队及自卫团交战大约两个小时以后将其击退，然后向第四区歪头砬子方面转移。”

（2）1940年2月12日通化独立宪兵分队《关于思想对策月报之件的报告（通牒）》记载了杨靖宇率领部队的一次战斗，交战地点为濛江县第一区马家子东部6千米处，时间为1月18日。“满军于泽部队在濛江县第一区马家子东部6千米的东侧遇到杨匪五六十人的匪团，随即发动攻击、追击，先后交战3次（3

个半小时），该匪团向南部溃逃。”

（3）1940年2月12日佳木斯宪兵队《提交思想对策月报之件的报告（通牒）》记载了佳木斯宪兵队获取的中共北满省委秘书处发出的《告北满全党同志书》内容，其中第三项将“党的工作与策略”分为两点：一是“抗日联军的行动方式应该由山间游击战转向平原游击战，果断袭击敌方的军事设备、桥梁、电线、汽车和火车，攻打城镇”；二是“要组织成立农民救国会、工人救国会、市民反日会、青年妇女会等各种团体，与游击战争紧密结合”。

3. 记载苏联与共产国际援助中国共产党抗日的档案

中共东北党组织一度与党中央失去联系，为摆脱困境，坚持抗战，积极争取苏联与共产国际物资、军事、医疗等方面的援助，这也是战胜日本帝国主义不可或缺的条件。

（1）1940年2月9日东安宪兵队《关于思想对策月报提交之件的报告（通牒）》记载了一则事件：“根据驻虎林村田部队抓捕的第二路军苏联交通员陈贵林的供述可知，此人作为抗日第二路军总指挥部的交通员，在1939年5月第一次入苏，归满时带回了5支三八式步枪、600发三八式步枪子弹、1支手枪、120发手枪子弹、1个望远镜、若干书籍（大约20册），以及大约200张宣传单；同年6月第二次入苏，在归满时带回了1挺轻机枪、300发轻机枪子弹、53支三八式步枪、5300发三八式步枪子弹、30枚手榴弹及若干粮食；同月，此人又为了给第五军的3名妇女治病及学习医疗知识，再次奉命入苏。”

（2）1940年2月9日东安宪兵队《提交思想对策月报之件的报告（通牒）》记载了一封由驻屯饶河伪军逮捕的第七军第一师司务长李月宝奉崔参谋长之命

带往苏联的信函："我们近日曾数次交战，有人受伤，有人患冻伤，请求治疗支援。"

（3）1940年2月12日佳木斯宪兵队《提交思想对策月报之件的报告（通牒）》记载了佳木斯宪兵队逮捕的东北抗日联军叛徒的供述："吉东省委及抗联第二路军总指挥周保中于1939年9月中旬左右从苏领伊曼（イマン，音译）（入苏月日及场所不明）归满。当时，他从苏联带走1挺轻机枪、80枚手榴弹、80多支步枪及1000发步枪子弹。归满后带领4名心腹部下（陶副官、黄主任及另外2人）指挥盘踞在东安省虎、饶、宝县内的属下匪团。"

（4）1940年3月11日佳木斯宪兵队《思想对策月报提交之件的报告（通牒）》记载了佳木斯宪兵队获取的一则情报："抗联第二、第三路军以现有武器难以与日满军相对抗，故计划近期将相对不良的武器送往苏联，交换新武器。"

（二）反映全民族共同抗日的内容

日本帝国主义的野蛮侵略，使中华民族处于生死存亡的危机关头，民族矛盾上升为主要矛盾。在中国共产党的倡导和推动下，以中国共产党和国民党为核心的抗日民族统一战线逐步结成，全民族共同抗日热血高涨。东北作为最早践行抗日民族统一战线的地区，各界民众以多种形式支持并参与抗日斗争。为此，日本侵略者的思想对策目标除对国共两党实施警防及镇压以外，还包括一切反日或有反日嫌疑的团体及个人，对其进行了不同程度的监视、拉拢、镇压、铲除。

1. 记载国民党抗日活动的档案

九一八事变后，东北三省迅速沦陷，加之国联"干预"失败，迫使国民政府逐渐放弃“不抵抗政策”，采取了“一面抵抗、一面交涉”的方针。在东北沦陷区，除了中国共产党、东北义勇军及各界民众进行的抗日斗争外，还涌现出一批坚持地下抗日斗争的国民党人士，他们在十分艰苦的条件下，同日伪当局进行不屈不挠的斗争，为全民族抗战做出了应有贡献。

(1) 1938年1月14日齐齐哈尔宪兵队《思想对策月报第二卷第九号（12月）》记载了中华民国的“策动”情报：以中华民国国民政府军事参议院长兼东北抚慰使陈调元的名义发布的《告东北四省同胞书》檄文被寄往珠河、双城、绥化等地的协和会及商务会，煽动抗日，扰乱后方治安秩序。内容如下：为了不让东北四省成为第二个朝鲜或是台湾，我们要举国参加抗日战争，努力保全国家，全面击退日本。

(2) 1940年10月16日关东宪兵队《思想对策月报（8月）》记载了据叛徒供述得知的内容：“自满洲事变爆发后，国民党立即纠集满洲国内的反日满分子，派国民党宣传委员长兼义勇联军执行委员长阙金山入满，企图扰乱满洲国的治安。阙入满后，纠集了盘踞在吉林、敦化、桦甸等地的土匪团，还在收复东三省失地的美名下，向当地的农民、警察官等人宣传反日满思想。”

(3) 间岛宪兵队《思想对策月报（第八号）》（报告时间不详）记载了日伪搜集的国民党对满“策动”：“随着时局的发展，蒋方的对满策动越来越活跃，即：接受思想宣传、收集军政民情或在接到日苏开战后扰乱后方的指令后入满的情报人员人数渐增。”档案还记载了具体事件，其中1名珲春满洲第七三三部队的勤杂工，为蒋系直辖第三九支队第三营第一连长，“接到团长阎和成下达的关于调查日军军情以及在日苏开战时扰乱后方治安的指示以后，领取了七千日元资金，然后与7名同伙一同渡满的蒋系直辖第三九支队第三营第一连连长，伪装成劳工来到珲春，根据指令积极开展活动”。

2. 记载普通民众抗日活动的档案

东北沦陷时期，民众作为日本侵略的最直接受害者，渐次走向抗日队伍之中。日本帝国主义侵略的加深，民族意识的勃发，使全民族抗日统一战线的队伍愈发强大，他们以各种形式支持抗日活动，共同抵御外敌入侵，有力推动了全民族抗日战争的胜利。

（1）1936年2月13日中央警务联络委员会《警务联络委员会旬报第八报（自12月11日至12月20日）》记载了盘山县警务局逮捕两名“通匪者”，“两人从海城县第七区家（译者注：当为‘夹’）信子村某人处得到了九毫米步枪子弹370发，然后他们将这些子弹运到海城县第七区锅铿子，打算提供给反满抗日匪大车子匪团。此时，他们被正在出动讨伐该匪团的磐石县警察队员逮捕。”由于“在押送前往盘山县警务局的途中，他们企图逃跑”，因此“将其击毙”。

（2）1936年3月26日承德地方警务联络委员会《警务联络委员会旬报第八报（自3月11日至3月20日）》记载了查获抗日报刊的消息：“有人将名为新儿童报的机关报寄送到了锦州省阜新县立师范讲习所，其中刊载了大量的反满抗日文章，企图灌输反满抗日思想。”该邮件被在锦县邮局实施邮政检查的锦州警察厅人员发现并扣押。同时，该报纸曾在“2月24日被寄送到锦州英国牧师开办的育贤中学”。

（3）1936年4月6日新京地方警务联络委员会《警务联络委员会旬报第十七报（自3月11日至3月20日）》记载了新京地方警务联络委员会获取的一则情

报："奈曼旗苏旗长一派的通匪嫌疑人及其他匪贼嫌疑人潜入奈曼旗第四区谢家营子，并藏匿武器弹药。"于是，开鲁宪兵分驻所旗警务科的日本守备队对上述部落进行搜查，"发现了藏匿的大量武器子弹，于是将之收缴。另外，还拘留了2名通匪嫌疑人。经过审讯查明，无可疑之处，而且目标人物并不在，因此未能抓捕目标人物"。

（4）1940年2月11日北安宪兵队《关于思想对策月报之件的报告（通牒）》记载了北安宪兵队查明的一项"通匪"事件："北兴镇村长于春圃、北兴镇商务会长刘善泽及另外96人征收了1700元，西成镇原商务会长鲍占文和副商务会长张景芳及另外24人征收了478元，交给袭击匪抗日联军西北指挥部第二支队冯治刚匪作为救国资金。"

（5）1941年12月28日齐齐哈尔宪兵队《思想对策半年报（甲）报告（通牒）》记载了重庆中国各大学联合抗日救国团体宣传部发往齐齐哈尔金融合作社吴文英的一封信："该通信认为现在满支民众的重压和困苦都是日本帝国主义的侵略政策造成的，这促使东北民众团结奋起，怂恿成立救国抗日团体，积极投身于民族解放和救国抗日。"

3. 记载宗教团体抗日活动的档案

日本侵华期间，中国共产党及国民党积极团结各宗教团体，与宗教界结成了统一战线。很多宗教团体及个人在抗日救国思想的引导下，积极加入抗日民族统一战线。此外，众多西方在华教会及传教士也都以各种方式纷纷投入世界反法西斯战争。

（1）1944年1月5日孙吴宪兵队《思想对策月报（1月）》记载了孙吴宪兵

队获取的一则国民党对宗教团体的“策动”情报：“海伦县集善村附近的佛教教会散布了‘满洲国即将灭亡，回归中国’等具有反满抗日性质的言论。”经调查，散布者为“山西省五台山人，在新京、哈尔滨、绥中都有据点，被对满联络员陈王氏发展，在陈王氏的指令下设立了普济佛教教会，并在救助贫民的名义下发展会员，让他们逐步普及反满抗日思想，并将从这些会员处征收的会费送往五台山”。

（2）1944年2月7日奉天宪兵队《思想对策月报（1月）》记载了奉天宪兵队获取的宗教相关情报：“根据清原县警务科的情报，有满系官吏及部分在家里教徒等人加入未来和平宗教会。这些相关人员多次往返北支方面。此外，未来和平宗教会还在兴京、海龙县及奉天市内拥有众多会员，所以极有可能被人利用开展反日策动，目前正在秘密侦查其动向。”

4. 记载伪满洲国军警哗变抗日的档案

自日本拼凑伪满政权后，一部分原东北各地军警被统一改编为伪满洲国军警，名义上由伪满皇帝溥仪统率，实则完全被日本关东军掌控。在其操纵下，伪满洲国军警讨伐东北抗日武装，成为日本帝国主义的附庸和帮凶。但很多伪军警并不甘心做“亡国兵”，特别是在中国共产党“士兵工作”的努力下，伪军警哗变事件时有发生，沉重打击了日伪当局在东北的统治。

（1）1936年4月2日哈尔滨地方警务联络委员会《思想对策警务联络委员会旬报第十七报（自3月11日至3月20日）》记载了一则3月16日隶属通化县第三区大平岗自卫团的伪军哗变的消息：“自卫团张团长及4名部下与均平匪暗地勾结，解除了大平岗自卫团及第一至第七保甲事务所风水河屯自卫团的武装，抢夺了武器、子弹、现金138日元以及数件衣物。17日，他们叛变投靠了在此地附近待命的均平匪团。”

(2) 1942年1月22日承德宪兵队《思想对策半年报（甲目标）提交之件的报告》记载了一则伪军哗变的消息：“8月2日，正在协助热河省西南部边境地区肃正工作的通化讨伐队为粮食补给，从滦平县张家攻（译者注：疑为‘坟’）转入密云县董各庄。由于当地八路军情报员坚定地开展士兵工作，程大队第二中队长何贵有及其下属75人于23时30分左右全副武装向东北方向逃走，与八路军第十军团合流、游动。”在“反叛原因”一栏中记载：“八路军情报员从民族意识出发，对2名满系干部进行了反满抗日思想及共产主义思想宣传。这2名干部便与同僚合谋，在夜间对同所属队员假称‘出动啦出动啦’，趁日系人员不在之际，武装集体逃亡。”

（三）反映殖民统治下东北民众真实生活状态的内容

思想对策档案中记载的“民心动向”调查客观真实地反映了在高压的殖民政策统治下，沦陷区民众悲惨的生活状态，揭露了“王道乐土”与“五族协和”的欺诈性与虚伪性，再次充分地证明了伪满洲国实际上是惨绝人寰的人间地狱。

1. 记载“经济统制”下东北民众窘迫生活状态的档案

伪满中后期，日本为使东北成为其扩大侵略的战略基地，不断加大“经济统制”的实施力度，进一步掠夺东北资源，特别是针对民食方面实施粮谷“出荷”与粮食配给，民众生活惨不忍睹，社会经济秩序混乱。思想对策档案揭露了民众“不平不满”的情绪及“食不果腹”的生活状态。

(1) 1943年3月1日牡丹江宪兵队《思想对策月报（第三报）》记载了牡丹江市东长安街百货店1名店主的言论：“迄今为止，我们靠卖自己店里的存货还能勉强维持经营。但是现如今，这也统制那也统制，什么物品都进不到。如此，我们商人只能停止营业了，以后到底干什么好呢？真是令人头疼啊。”

(2) 1944年2月5日东安宪兵队《思想对策月报（1月）》记载了1944年1月东安地区的“收荷状况”：“本年度农产品出荷比较顺利，截至1月20日，总出荷量84305吨，完成了中央规定任务量的153%。但是，部分农民对追加征缴流露出不满。”

(3) 1944年2月5日东安宪兵队《思想对策月报（1月）》记载了宝清1名中国人官员的言论：“今年的正月真是凄惨。与往年相比，今年的正月用品连往年的三分之一都不到，这全都是战争导致的。”

(4) 1944年2月7日奉天宪兵队《思想对策月报（1月）》记载了奉天市大西区部分中国商人在配给肉店流露出的不满言论：“以前到了正月一家至少能买50斤肉，但是今年每人只给配给50克，也就是说一个十口之家也只有1千克的配给，那么肉到底都被运到哪里去了呢？要是战争能够早日结束就好了。”

2. 记载“差别待遇”下东北民众愤懑生活状态的档案

日伪当局宣称在“五族协和”下新国家没有种族差别。事实上，伪满洲国处处以日本人利益为先，日本人作为“指导民族”享受各种优级待遇。

(1) 1943年3月3日东安宪兵队《思想对策月报（第二号）》记载了中国人的如下言论：

“●在协和会会议上，将满系与鲜系分开，安排在没有暖气的楼下，日系干部虽然嘴上高呼日满一德一心，却并未具体落实。

“●配给物资的定量等方面也存在差异，这是侮辱满系的一个有力证据。”

（2）1944年2月4日阿尔山独立宪兵分队《思想对策月报（第二号）》记载了1名中国人的不满言论：“日系每个月有3升清酒的配给，而我们一滴也没有，同样身在满洲，我们满人实在是可怜。”

（3）1944年2月5日东安宪兵队《思想对策月报（1月）》记载了1名承包商林某的不满言论：“当局已经停止向鲜系配给砂糖，前几天连日本酒也不配给了，这次只配给了日本人一半的量。当局简直是在无视我们鲜系的存在。”

（4）1944年2月7日承德宪兵队《思想对策月报（1月）一般情况）》记载了平泉街1名商人的不满言论：“不仅不给我们配给足够的日用品，而且好的配给品全被日系独占，配给给我们的都是不好的等，差别配给简直太残酷了。”

3. 记载强制动员下东北民众无助生活状态的档案

1938年，伪满颁布《国家总动员法》，强制性地将东北地区纳入“战时体制”之中，日伪当局在人力、物力、财力及思想等领域对民众进行强制动员，美其名曰“协力”行为，实为剥削和压榨，陷东北民众于水深火热之中。

（1）1944年2月5日东安宪兵队《思想对策月报（1月）》记载了各民族所谓的“协力”事项：

“①12月8日纪念日当天，东安市举行了军用飞机东安市号捐献运动。在各方积极配合下，两天时间内共募捐13万多元，成绩相当不错。1月18日防空日当天，在东安神社社前举行了捐献仪式，并通过当地防卫司令官进行了捐献。

“②虎头村临组在1月5日和20日举行了2次募捐，共募捐226元27钱。

“③宝清国防妇女会支部及协和少年队为了捐献航空飞机宝清号，走向街头积极募捐。

“④东安省为了强化决战下战场的弘报突击态势以及彻底增强思想战，于1月26日召集各弘报机关及学校、满军警，制定了1944年度东安省情报部活动方针。”

（2）1944年2月6日海拉尔宪兵队《思想对策月报（1月）》记载了日伪在海拉尔市举行的“金属献纳运动”：“随着时局的发展，金属必要性的呼吁不绝于耳，于是喇嘛教宗团开展了捐献活动，即回收庙内不需要的佛具及其他金属器具。”

（3）1944年2月9日哈尔滨宪兵队《思想对策月报（第一号）》记载了“木兰县兴农合作社为了吸收农村的流动资金，要求住民每出荷1吨粮谷存款20元钱。对此出现了以下言论：‘借的钱还未还清又强迫我们存款，这也太残酷了。今后经营农业越发困难了。’”

4. 记载移民侵略下东北民众流离生活状态的档案

日本企图通过移民的手段实现其永久统治中国东北的野心。自1932年1月关东军主持召开“满蒙法制及经济政策咨询会议”后，日本提出向东北移民的主张，加速了向东北移民的步伐。思想对策档案中记录了日本移民攫取东北农民土地、大批东北农民被剥夺土地等内容。

（1）1943年3月1日牡丹江宪兵队《思想对策月报（第三报）》记载了1943年2月中旬，宁安县卧龙村两名中国农民的不满言论：“此次我们被强制迁往黑河，被低价收购不动产。继我们之后入植的日本开拓团能够安居乐业地生活，而我们这些要迁往气候条件恶劣的黑河省的满农则并不容易。如果那里果真如宣传工作人员所说是一片肥沃的土地的话，那么直接让日本开拓团入植就好了。”

（2）1943年6月4日鸡宁宪兵队《思想对策月报（5月）》记载了东安省勃利县的一部分中国人对收买土地表达不满：“我们辛辛苦苦耕种的荒地就这样被收回，还说什么增产，简直是胡来。”

（3）1944年2月9日哈尔滨宪兵队《思想对策月报（第一号）》记载了1名五常县朝阳川日本人开拓团员于1944年1月11日的1次暴行：“五常县南朝阳川开拓团员在团地区内警防有人偷盗木材期间，使用警备用的步枪朝着搬运木材途经此地的满人开枪，将其打死，抢夺了他们的薪材及马橇。”

（4）1944年2月9日哈尔滨宪兵队《思想对策月报（第一号）》记载了1943年12月中旬日伪的1次强制收购土地行为：“尽管县当局竭尽全力开展了宣抚工作，但是依然没有丝毫进展。于是，当局方面不得不采取强硬手段，即对当时作为反对运动主谋请愿上京的8人实施了逮捕和镇压，并劝诱他们说请愿运动毫无作用，既定方针也不会有任何改变，并且对其实施怀柔以后将其释放，至此总算是有了解决的头绪，目前当局正在根据计划稳步推进收购工作。”

5. 记载强征劳工下东北民众悲惨生活状态的档案

日本出于对苏联战略进攻和防御的需要，强征中国劳工在中苏边境修建大量军事工程，数以百万计的中国劳工惨遭日军的奴役和迫害。思想对策档案中存在一定数量的反映劳工真实生活状态以及迫于恶劣生存环境寻求生路的内容。

（1）1941年6月10日哈尔滨宪兵队《关于思想对策月报之件的报告（通牒）》中有如下记载：“承包平房满洲第七三一部队工程的铃木组的60多名苦力由于待遇恶劣，与招工时的条件不符，由此产生了不满情绪，5月30日集体逃走。”

(2) 1944年2月5日东安宪兵队《思想对策月报（1月）》记载了虎林满528部队特殊工人的言论：“从事虎林军特殊工程建设的223名特种工人再三向所属队长提出返乡的要求，却未得到应允。于是工人中队长便煽动工人：‘总罢工！绝食！’‘如果这样还不让我们回乡的话，那么我们就全员自决。’相关军队服务人员劝阻也无济于事，工人们依然摆出一副喧闹暴躁的态度，后来在配属宪兵的宣抚下恢复了平静。”

(3) 1944年2月7日承德宪兵队《思想对策月报整体情况（1月）》记载了1943年8月从喀喇沁右旗供出的181名队员在工作期间有21人死亡，48人逃亡，返乡途中1人死亡。日伪认为原因在于“劳务管理不善”。具体原因如下：

“①现场监督员常常殴打队员，将队员扒光以后向其身上泼冷水等暴行，导致不断有人患病或死亡。

“②冬天还给发放夏天穿的胶底足袜，导致出现了很多冻伤患者。

“③宿舍就是临时小屋，也没有采暖设备，根本不是人生活的地方。

“④粮食稀少，队员始终处于饥饿状态。”

三

《铁证如山——吉林省档案馆馆藏日本侵华思想对策月报专辑》是侵华日军用档案记录的日本侵略行径，是历史的真实记录，是第一手史料。这部分档案对多角度、多层面地研究日本侵华史、中共党史、东北抗联史和东北近代社会具有极其重要的价值。

第一，《铁证如山——吉林省档案馆馆藏日本侵华思想对策月报专辑》为研究日本侵华史提供了新史料。此次出版的内容说明了日本关东军在中国东北实施思想对策的连续性。档案包括馆藏最早的思想对策档案——1935年蒙政部制定的《秋季治安肃正工作思想对策纲要》，1940年制定的《思想对策服务纲要》《思想宪兵队编成要领》，以及1941年太平洋战争爆发、全面进入战时状态而制定的《关于1942年度思想对策服务之件的命令》，囊括了日伪当局思想对策工作的纲要性文件，从中可以看出日伪当局实施的思想对策是一个持续的动态过程。随之形成的半月报、月报、旬报、半年报等报告性文件，则是日伪当局落实上述纲要性文件的成果，其地域及时间上的连续性，可使研究者把握当时东北沦陷区各民族、各阶层的民心动向以及日伪当局对抗日、反日势力的肃清过程，从中把握日本侵略思想与侵略活动互动、共动的轨迹，理清日本实施侵略战争的一项重要的手段，即思想统制。

第二，《铁证如山——吉林省档案馆馆藏日本侵华思想对策月报专辑》为研究中共党史和东北抗日联军史提供了新史料。首先，档案印证了中国共产党抗击日本侵略者百折不挠、坚韧不拔的必胜信念。馆藏思想对策档案中，对中国共产党使用最多的描述是“顽固地开展活动”。九一八事变后，中国共产党的抗日活动在摸索中走向成熟，逐渐成为东北地区抗日斗争的中流砥柱。从档案记载来看，由于日伪当局不间断的讨伐及肃正工作，东北抗日联军所处的斗争环境极为恶劣，粮食物资及武器供应无法得到保证，其根据地多被破坏，却仍能“顽固”地坚持抗日，充分证明中国共产党党员坚定的共产主义信念，保家卫国的决心。其次，档案从侵略者的角度见证了东北党组织和东北抗日联军的抗日活动。目前，学界对东北抗日战争时期党的活动及东北抗日联军史研究取得了丰硕的成果。这些研究成果的史料基础主要为东北抗日联军老战士口述、当时形成的革命历史文件及日本战犯的供述。而日本侵华思想对策档案正是出自日伪宪警机关之手，从侵略者的立场，记载了中共东北地区各级党组织、东北抗日联军和其他抗日组织的兴起、发展和坚持斗争情况，其斗争环境的艰难、复杂，展现了抗日战争的艰苦性。同时，共产国际、苏共及朝鲜抗日志士等对抗日战争的响应及援助，也彰显了抗日战争的正义性。值得注意的是，日本侵华思想对策档案是日伪站在侵略者、统治者角度形成的文件，其中不乏对东北抗日联军反满抗日的正常军事行动及策略予以诋毁的词汇及语句。比如，东北抗日联军在面临敌人毁灭性“讨伐”的生死困境之时，仍能主动出击、浴血奋战，日伪却污称为“袭击”“侵入”；东北抗日联军解救黎民百姓于水火之中，不断扩大抗日民族统一战线的抗日活动，日伪却污称为“绑架人质”；东北抗日联军在物资极度匮乏的状态下获取敌方物资，或是百姓感佩其抗日行为而予以援助、雪中送炭，日伪却污称为“掠夺物资”。这种言辞的污蔑性与矛盾性从日伪自身形成的文件中便可看出。比如，据1943年11月25日关东宪兵队《思想对策月报（10月）》记载，东北抗日联军在伪间岛省搜集日伪情报之时，向提供情报人员购买物资，日伪污称为“掠夺”，但同时又记载了东北抗日联军战士“给对方130元钱后离开”，可见东北抗联获取物资并非“掠夺”，对此，我们对日伪的反动立场必须加以严厉的批判。

第三，《铁证如山——吉林省档案馆馆藏日本侵华思想对策月报专辑》为研究日本占领下东北沦陷区悲惨社会生活提供了新史料。档案中的“民心动向”，客观真实地反映了日本在伪满洲国推行的所谓“国策”的欺骗性、野蛮性及东北人民对日本殖民政策的不满和反抗。其“国策”的欺骗性最突出的表现就是“移民”，即侵略性的殖民政策。九一八事变后，日本开始研究制定向中国东北移民的侵略政策，企图通过移民达到永久统治中国东北的目的，以开发农业为名，大行移民侵略之实。1932年10月“弥荣村开拓团”来到佳木斯，之后大量的“开拓团”进入东北，更多的东北农民遭受欺压和奴役。档案记载日本移民“开拓团”攫取东北农民土地，甚至占有百余垧土地的地主也未能幸免，从中可以看出日本推行的移民国策，名为开拓，实为掠夺，其“五族协和”掩盖着侵略掠夺的本质。日本在伪满洲国强制实施“经济统制”，控制经济命脉，掠夺经济资源，使中国人民生活在水深火热之中。

让历史说话，用史实发言。日本侵华思想对策档案，揭露了日本军国主义的本质，是日本军国主义对东北沦陷区实施思想控制、镇压的最真实记录。我们相信，整理研究这批档案无疑将会对日本侵华史研究产生重要的推动作用，并成为声讨与批判日本军国主义侵华罪行的有力武器。如果本书能够在史料挖掘、研究视角等方面取得一些进展，不胜荣幸之至。今后，吉林省档案馆也将继续致力于馆藏日本侵华档案的深入挖掘工作，力图以更好的形式向社会呈现这部分珍贵的史料。

编　者

2022年9月26日

出版说明

《铁证如山——吉林省档案馆馆藏日本侵华思想对策月报专辑》丛书由吉林出版集团股份有限公司陆续出版面市，是继《铁证如山——吉林省档案馆馆藏日本侵华邮政检阅月报专辑》丛书后，经吉林省档案馆专业人员挖掘、整理、研究，再次以专题的形式披露的馆藏侵华日军档案史料。

为了使广大读者更好地使用《铁证如山——吉林省档案馆馆藏日本侵华思想对策月报专辑》丛书，现将有关图书的编次排序、结构安排、内容构成、参考译文等问题加以说明。

由于时间跨度长，审查内容繁复，丛书依然按“机构时间分类法”编辑出版，档案脉络一目了然。

专辑档案由图片档案和参考译文两部分构成。图片档案主要是挖掘、整理出的历史文献档案的影印图片，具有历史性、客观性、真实性和资料性；参考译文主要是与图片档案相对应的中文翻译，便于读者更好地阅读、理解以及查证原始档案资料。

对于“参考译文”，有以下几点说明：

一、由于原有的档案资料存档时间较长，字迹漫漶，研究人员对这些辨认不清的或缺失的文字在“参考译文”中用“□”代替。对明确可推测的内容，参考译文中用“[ ]”标注。译文中出现的“○”，是原历史档案中就有的，翻译时保留原样。

二、“参考译文”遵循的原则是尽最大可能保留历史档案的原貌。如有些文字段落编次不清、序号混乱，甚至语句不够流畅，因为原文如此，所以翻译时保留了原貌。又如，中共东北党组织及其领导的武装抗日力量，在思想对策档案中被污蔑为“思想匪”“共产匪”或“共匪”，为了真实还原历史，翻译时保持了档案原貌。需要说明的是，档案中提及的“政治匪”是对当时国民党人员的代称。

三、对档案中出现的带有日伪殖民统治色彩的组织机构名称、日本恶意挑起的事件名称、带有日文汉字的行政区域及街路名称等，为原汁原味地展现历史，翻译时保持原貌。如：支那（中国）、南支（华南）、北支（华北）、中支（华中）、支那事变（七七事变）、满洲事变（九一八事变）、町（街）、番地（号）等不做翻译。还需要说明的是，本档案系列丛书中出现的“满语”一词，并非是现代汉语通常所指的中国满族所使用的少数民族语言“满语”，而是这一时期日本殖民者为了突出当时伪满洲国作为“独立国家”的色彩，特指作为伪满洲国官方语言之一的“中文”。同时期档案中经常出现的“支那语”一词，则系相对“满语”而言，特指中华民国官方语言“中文”。也就是说，档案中出现的“满语”和“支那语”，虽两者都可译成现代汉语中的“中文”，但在本丛书的原档表述上，使用者明显具有强烈的地域特指及殖民侵略的主观色彩，有鉴于此，参考译文保持档案本义，不统一译成“中文”。

四、研究人员在翻译档案资料时，对有些日本汉字词汇在不影响理解、不造成歧义的前提下，采用了直接借用的方法，如没收、发送、窥知等词汇。对一些用日语片假名表示的外国人名、地名、机构名、出版物名等采用了音译或约定俗成的翻译方法。

五、对档案原文中出现的同一时期特有名词不统一的问题，翻译时按原文翻译，没有进行统一。比如：“ロシア”和“ソレン”，分别直译成“俄罗斯”和“苏联”，没有统一译成“苏联”。

《铁证如山——吉林省档案馆馆藏日本侵华思想对策月报专辑》丛书是“国家社会科学基金抗日战争研究专项工程项目”，是近年来吉林省档案馆对有关日本军国主义侵华档案史料进行发掘、整理与研究的又一成果。思想对策档案为研究日本侵华史提供了新的史料，具有重大的历史文献价值和学术研究价值，作为世界记忆遗产，对其进行完整保护与传承也具有广泛的意义，必将成为全中国人民乃至全世界人民共同的、永久的历史记忆。

出版者

2022年10月25日

目　录

1 通化宪高第四四号《关于思想对策月报之件的报告（通牒）》（1940年） ／1

2 通宪高第五四号《关于提交思想对策月报之件的报告》（1940年） ／49

3 通宪高第九号《关于提交思想对策月报之件的报告（通牒）》（1941年） ／97

4 通宪高第一三六号《关于提交思想对策月报之件的报告（通牒）》（1941年） ／147

5 通宪高第四一〇号《思想对策半年报（甲目标）之件的报告（通牒）》（1941年） ／187

6 通宪高第三六号《思想对策月报（二月）》（1943年） ／231

7 通宪战第二二号《思想对策月报（一月）》（1944年） ／271

8 珲警委第七号《珲春地方警务统制委员会月报第一号（七月）》（1936年） ／295

9 珲警委第二三号《珲春地方警务统制委员会月报第二号（八月）》（1936年） ／313

10 珲警委第三七号《珲春地方警务统制委员会月报第三号（九月）》（1936年） ／333

11 间宪高□□□《思想对策月报（第八号）》（无年代） ／357

12 延地警委第一一一号《警务联络委员会旬报第十八报（自3月21日至3月31日）》（1936年） ／407

13 延警委第二〇六号《延吉地方警务统制委员会月报第四报（七月）》（1936年） ／471

14 延警委第二七三号《延吉地方警务统制委员会月报第六报（九月）》（1936年） ／501

15 延宪高第一七号《思想对策月报（第九报、十二月）》（1938年） ／529

16 延宪高第六〇二号《思想对策半月报（九月后期）》（1942年） ／555

思对

㊙

通化独立宪兵分队长 森孝太郎

关东宪兵队司令官 城仓义卫 阁下

根据关东宪兵队高等警察服务内规草案第五十一条，关于标题之件1月的情况将在附册中进行报告（通牒）。

（完）

1

1940年

（以下文字为3～4页参考译文）

1940年2月12日

通化宪高第四四号

关于思想对策月报之件的报告

（通牒）

发送至：关宪司、关各队

抄送至：分遣队，渡边、古见部队，满顾，警务厅，警护队

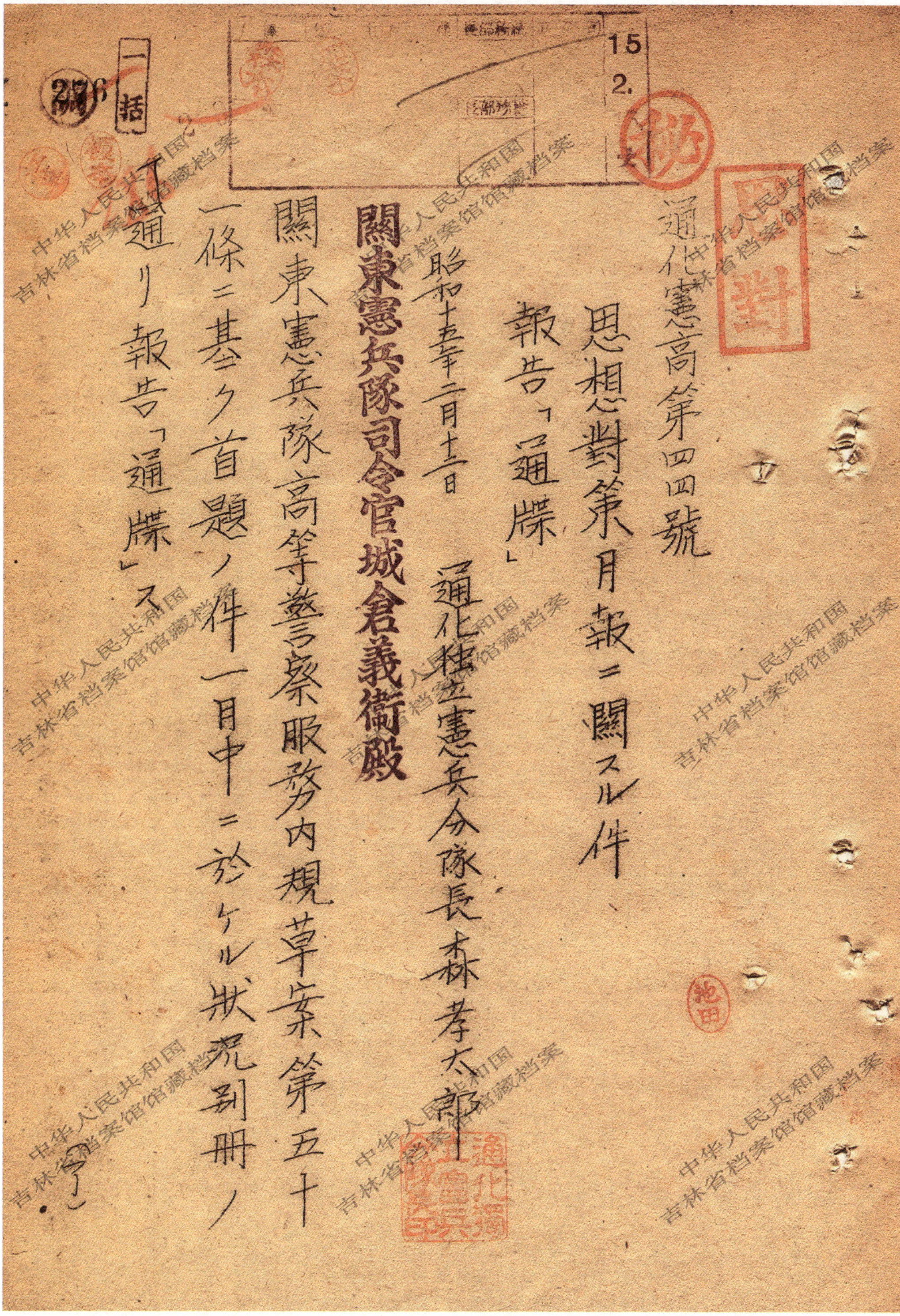

通化憲高第四四號

思想對策月報ニ關スル件

報告「通牒」

昭和十五年二月十二日　通化独立憲兵分隊長　森孝太郎

關東憲兵隊司令官城倉義衛殿

關東憲兵隊高等警察服務内規草案第五十一條ニ基ク首題ノ件一月中ニ於ケル状況別冊ノ通リ報告「通牒」ス

發送先
關憲司、關各隊、寫分遣隊
渡辺、吉見部隊、滿鐵、警務庁、警護隊

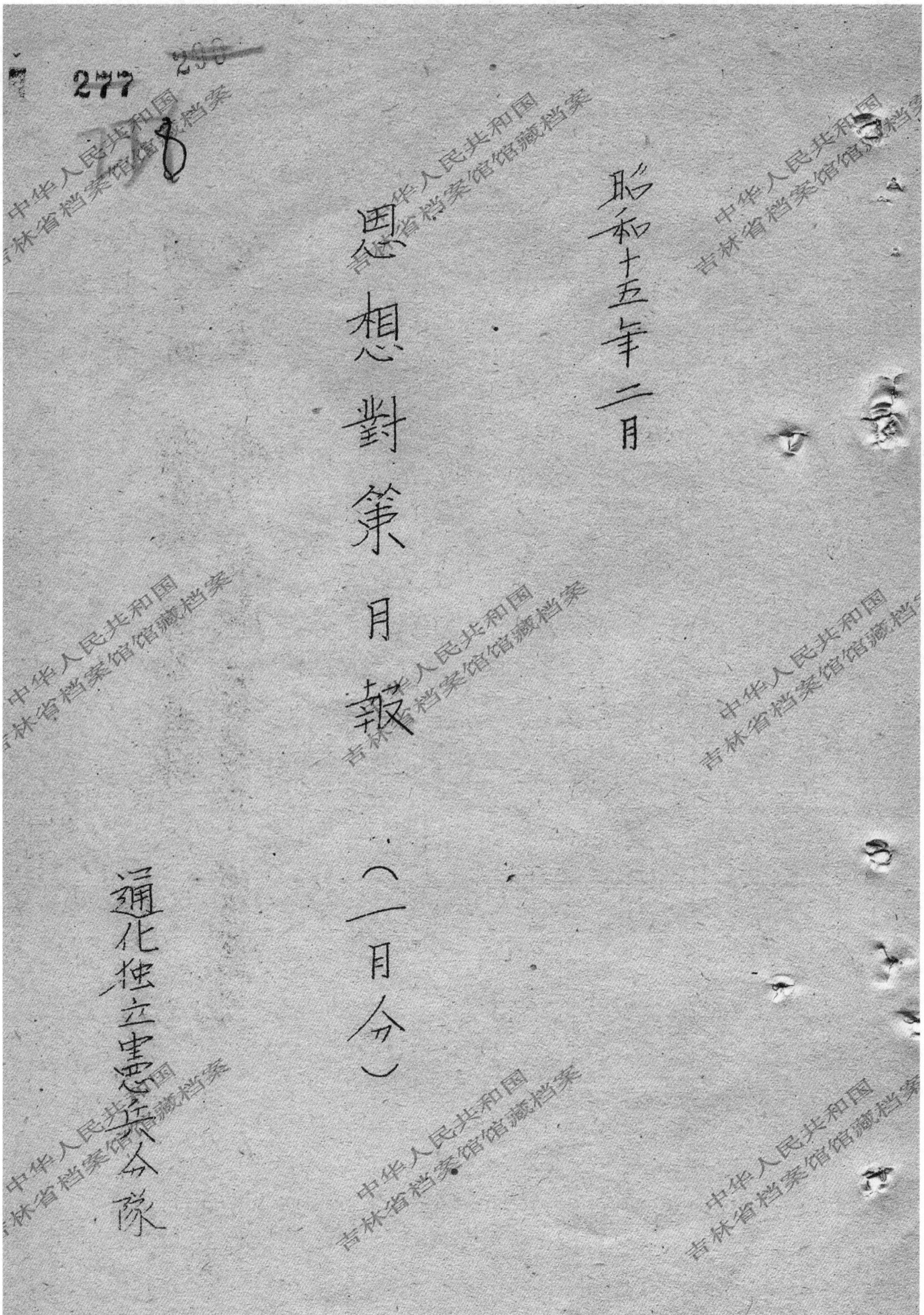

277
278

昭和十五年二月

思想對策月報（一月分）

通化独立憲兵分隊

目次

一、一般概況
二、國共並日共蘇共ノ策動状況
三、中共並抗日分子ノ策動状況
四、共産主義思想宣伝諜知状況
五、共産主義思想宣伝防衛状況
六、共匪其他ノ治安攪乱状況
七、其他参考事項
八、所見
九、附表

278 289 288 287

二 一般概況

1. 管内ニ於ケル推定總匪数ハ約六〇〇ニシテ前期ニ比シ約五〇減シタリ主腦匪首ハ楊靖宇曹亜範李参謀、林参謀ナルカ之等匪團ノ蟠踞地域ハ通化省北部濛江縣ヲ中心トシタル地域ナリ

2. 一月中旬以来日満軍警ハ會寧飛行隊ノ協力ヲ得強靭ナル討伐ヲ續行シアリテ匪團ハ討伐ノ鋭鋒ヲ避クルニ汲々トシテ既往ノ如キ虚勢ヲ認メ得サルモ討伐隊ノ追撃ニ應戦スヘク執拗ナル抵

抗ヲ試ミ餘端ヲ保チアル狀況ナリ
本期間中判明セル治安上ノ主ナル事象ヲ擧クレハ襲擊二件拉致二件交戰十五件ナリ
3.南滿黨匪ノ首領楊靖宇ハ時機策動ノ餘韻ヲ窺ヒ第一路軍々需處長全光トノ邂逅ヲ望ミ何等カノ策動企圖ヲ有シアルモノノ如ク之カ動向嚴ニ警視ヲ要ス

二、國共並日共蘇共ノ策動狀況

該當事項ナシ

279

290

28

三、中共並東北党（匪）並抗日分子ノ策動状況

前期十二月南満党（匪）ノ首領楊靖宇主力部下李参謀、曹亜範匪ト合流金川、濛江、臨江縣境地帯ヲ彷徨集團的行動ニ移ノ行シアリタル主要目的ハ越冬衣被帽子、足袋並糧食ヲ一擧ニ奪取スヘク討画シ其ノ襲撃目標ヲ臨江縣林子頭白水泉子八道江ノ各鐵道工事現場ノ襲撃ニアリタルモノヽ如ク而シテ其ノ襲撃大綱ヲ決定シ方法ニ関シ楊靖宇李参謀間ニ於テノ協議行動中十二月二十四日

臨江縣第六區大板石溝ニ於テ日滿軍警討伐隊ノ
猛襲撃ニ遭ヒ打撃ヲ蒙ル等討伐隊ノ急追ヲ懼
レ初期討匪ヲ断念爾来漸次北上シ楊靖宇ハ曹亜
範、李参謀匪ト分離直系匪團ヲ率ヒ十一月末濛
江縣第四區北部地區ニ潜在討伐ノ回避ニ吸々トシ
ナル[illegible]逮捕セル警衛旅第一團丁参謀ノ供
述ニ依レハ該匪ハ濛江縣第一區西崗附近ニ於テ
第一路軍々需處長全光（同匪ノ所在ニ關シテハ詳
細不明ナルカ日軍小浜隊カ逮捕セル楊靖宇、全光

279 280 291

匪連絡員ノ申立ニ依レハ樺甸縣松花江岸蒿麥撈
子溝ニ在ルモノト如シ（ト）避逅シ首脳幹部ト協議
ヲ備シ我方ノ討伐ニ對スル何等カノ策動ヲ企圖シ有
ルモノヽ如ク其ノ動向嚴ニ警視ノ要アリ
尚濛江縣第三區夾皮溝附近ニ蟠踞シアル第二方
面軍林参謀匪（鮮系二四、満系二四）中満系八、歸
順意思濃厚ナル多之カ防止對策トシテ安圖縣ニ
逆入スヘク画策シアルモノヽ如シ
四、共産主義思想宣伝謀略状況

本期中該當事項ナシ

共産主義思想宣伝防衛状況

昨秋以来實施サレアル日満軍警不断ノ剿匪工作ニ依リ匪勢衰退シツヽアリテ共匪中匪團生活ノ苦痛ニ堪ヘ兼ネ帰順シ申出ル等其数増加ノ傾向ニアルモ首魁匪首ニ於テハ依然トシテノ主義貫徹ノ策動ヲ企圖シ客観的諸情勢ノ有利ニ到ルヲ夢想活動ノ餘韻ヲ窺ヒアル等ノ現況ナルヲ以テ思想對策重要據點ニハ憲兵ヲ派遣討伐隊ノ行フ

281

292

諜工作ニ即應シ共産黨（匪）ノ檢擧彈壓並諸
情報ノ入手等專念シアリ
而シテ此種積極的諸工作ニ依ル黨匪有力者ノ誘致
及檢擧等本期間ナキモ對民衆ノ思想善導ニ
關シテハ各機關ト密絡之ガ措置ニ遺憾ナキヲ期シアリ
尚他機關ノ之ニ關聯セル防衛狀況ニ關シ輯安縣特
別捜査班ニ於テハ昨年一、二月頃ノ通匪行為ナルモ
共匪陳秀明部下ノ指導員ニ對シ物資ヲ提供
シタルコトアル輯安縣太平村住民十四名ヲ本年十一月二十

日検挙セリ

〇共匪其他ノ治安攪乱状況

管内ノ匪数ハ約六〇〇ト推算サレ前期ニ比シ約五〇減シアリ主要匪團ノ蟠踞地域ハ

〇濛江縣第四區北部地區ニ楊靖宇ノ率ユル約二〇〇名

〇金川輝南濛江縣境地帯ニ曹亜範李参謀ノ合流匪約一八〇名

〇濛江縣第一區東北岔附近ニ韓仁和黄海峰ノ

282 2 5

293

指揮セル約六〇名
○濛江縣第三區夾皮溝附近ニ林参謀ノ指揮セル約五〇名
○臨江縣第三區地區ニ匪首平日軍ノ率ユル約四〇名
等ナルカ日満軍警討伐隊ノ鋭鋒ヲ避クルニ汲々トシ襲撃掠奪等大ナル蠢動ヲ見サルモ討伐隊ノ急追ヲ受ケシ各所ニ於テハ頑強ニ抵抗應戦討伐隊ニ於テモ相當ノ損害ヲ出シタル等

匪勢力衰退セシト雖モ右ノ如ク餘端ヲ保チ執
拗性ヲ發揮シアル等根底深キ治安ヲ確立セ
ンカ為ニハ尚曲折ヲ惟ハシムルモノアリ
本期中判明セル治安上ノ事象ヲ擧クレハ襲
擊二件 拉致二件 交戰十五件 計十九件ニ
シテ之カ主ナル状況左表ノ如シ

月日	場所	種別	概況
一、一	臨江縣文五區大陽岔東北方四杆附近	交戦	一月一日十五時三十分頃上記地点ニ於テ日軍大原隊及曲警察大隊ハ楊匪主力ト思料セラルル約四〇〇ト遭遇交戦約一時間ニシテ東方ニ撃退セリ 本戦斗ニ於ケル彼我ノ損害 我 戦死 大原隊 一 負傷 大原隊 四 曲警察隊 一 敵 遺棄死体 四 鹵獲品 小銃 一 仝弾薬 三八〇 拳銃 二

2

一三	臨江縣 才五區三岔子東方約三十三粁一三六五高地東側	交戦	一月三日十時三十分頃上記地点ニ於テ日軍有馬隊及虎梁警察大隊ハ楊靖宇約二〇〇ト遭遇交戦西方ニ撃退引續キ急追中十六時三十分頃一三五三高地山麓ニ於テ再ヒ追及交戦西北方ニ撃退セリ 本戦斗ニ於ケル彼我ノ損害 我 ナシ 敵 遺棄死体 二 鹵獲品 小銃 二 仝弾薬 六九 其他雑品 若干

284

295

一四

輝南縣第五區湾溝北方八料

交戦

一月四日十時三十分輝南縣第五區湾溝北方八料ニ三八五高地附近ニ於テ日軍有馬隊及桑梁警察大隊ハ曹匪主力ト思料セラルル約二〇〇ト遭遇交戦之ヲ西方ニ撃退更ニ急追十六時三十分一五三高地西方山麓ニ於テ再ヒ追及シ交戦之ヲ西北方ニ撃退セリ

本戦斗ニ於ケル彼我ノ損害

我　ナシ

彼　遺棄死体　二

鹵獲品　小銃　二

仝弾薬　六九

其他雑品　若干

12

一九	濛江縣第一區清江崗	交戰	一月廿日八時三十分頃濛江縣清江崗北方約十粁ノ附近ニ於テ日軍小浜隊及程崔警察大隊ハ不詳匪ノ警戒線ニ遭遇直ニ之ヲ攻撃敵ハ後衛尖兵ヲ以テ極力抵抗シツツ主力ハ急速ニ北走シ討伐隊ハ敵ノ抵抗ヲ撃破シツツ急追西崗南方三粁附近ヲ経テ五三七高地—濛江口子北方更ニ反轉シテ松花江岸ニ沿ヒ西北上シ十七時三十分西崗南方二粁ニ於テ最後ノ追及ヲナシ交戰約一時間ニシテ潰走セシメタリ 本戰斗ニ於ケル彼我ノ損害 我 戰死 二（程崔大隊各二 負傷 七（程大隊） 敵 遺棄死体 五 負傷 一（逮捕） 其他負傷相当アル見込 鹵獲品 拳銃一 銃劍一 小銃弾七〇〇 手榴弾一

285

296

一、二七	金川縣 第四區小金川東南方八粁	交戰

一月十七日十時三十分頃小金川東南方約八粁一〇三高地南方五粁附近ニ於テ主、董警察大隊ハ李匪團ト思料セラル、約一〇〇名ト遭遇交戰約二時間ニシテ匪團ヲ南方密林中ニ潰走セシメタリ

本戰斗ニ於ケル彼我ノ損害

我 ナシ

彼 遺棄死体 三

負傷 血痕ヨリ判断シ相当アル見込

鹵獲品 大型モーゼル拳銃 一

全彈 二七

小銃彈 六四

彈帶 二

背負袋 二

其他雜品 若干

了.

一、一八

濛江縣
第一區馬家子東方六料

交戰

一月十八日濛江縣第一區馬家子東方六料ノ東側ニテ満軍于沢部隊ハ楊匪五六十名ノ匪團ト遭遇之ヲ攻撃追撃ナ戦斗三回（三時間半）ニシテ南方ニ潰走セシメタリ

本戦斗ニ於ケル彼我ノ損害

我 負傷 一

敵 遺棄死体 五

負傷ノ血痕ヨリ判断シテ数名アルモノト見込

鹵獲品

三八式歩兵銃 一 仝弾薬 二八

モーゼル拳銃 一 仝弾 六

大 鍋 一 大豆 五斗

包 米 六斗 牛肉 五〇斤

286

28

297

二三	濛江縣第一區西方七四六高地	交戰

一月二十一日九時半頃上記地點ニ於テ甲警察大隊ハ楊匪主力約二〇〇ト交戰中小黒機（小黒少尉操縦）ハ戰場ニ飛来シ地上掃射ヲ以テ之ニ直接協力シ多大ノ損害ヲ與ヘ又附近掃蕩中ノ朱產部隊ハ銃聲ヲ聞キ急進十一時三十分頃七四六高地東側ヨリ甲警察大隊ニ策應攻擊シ十二時三十分頃匪ヲ北方ニ四散潰走セシメタリ

本戰斗ニ於ケル彼我ノ損害

我 戰死 一（甲警察大隊） 負傷 三

敵 遺棄死体ハ 負傷者相当アル見込

俘虜 丁守龍（楊匪参謀）以下四

鹵獲品 小銃一 拳銃一

其他 不詳

4

一

二五

濛江縣第一區東北岔西北方約十粁

交戦

一月二十五日十七時頃濛江縣第一區東北岔西北方約十粁七五一高地附近ニ於テ濛江地區掃蕩中ノ桑茫警察大隊ハ韓仁和黄海峰ノ匪團数十名ヲ発見交戦約一時間ニシテ該地西北方ニ潰走セシメタリ

本戦斗ニ於ケル彼我ノ損害

我　負傷　一

敵　遺棄死体　一

鹵獲品　牛肉　二〇〇斤

287 -3

38

一六 298	濛江縣 第四區 板石河子	交戰	一月二十八日十五時三十分頃討伐隊ニ協力中ノ日軍小黒機ハ板石河子西南方約四粁八五一高地陵線上ヲ討伐隊ノ鋭鋒ヲ回避シ西進中ノ楊匪主力約三〇〇ヲ発見直ニ猛射ヲ浴セ緒戰ヲ展開追跡中ノ程、曲各警察大隊之ニ参加空陸相呼應シテ猛撃ヲ加ヘ輝、濛縣境四方頂子ニ圧迫交戰四時間ニシテ北方ニ逃走セシメタリ 本戰斗ニ於ケル彼我ノ損害 我 戰死 三 負傷 六 彼 遺棄死体 一〇 捕虜 三 負傷相当アル見込 鹵獲品 小銃 二 弾 五〇 拳銃 二 天幕 一 手榴弾 二

5.

二九	輝南縣第五區興隆堡東方十粁	襲撃拉致	一月二十九日早朝、朝陽鎮伐採組合自動車六台ハ上記地點道路上ニ於テ不詳匪（楊靖宇匪團ト思料セラル）ノ襲撃ヲ受ケ運轉手六名助手五名ハ拉致セラレタリ 自動車其他被害ナシ
三〇	輝南縣第五區楊子河子南方三粁	交戰	一月三十日三時頃輝南縣大北岔ニ於テ前日楊匪ニ拉致サレタル森林伐採組合運轉手脱走シ來リ匪團ハ金川縣楊木河子南方三粁ノ峪地ニ在リトノ報ニ接シ直ニ現場ニ急進七時三十分頃該地ニ於テ休息中ナル匪團ヲ發見交戰一時間ニシテ北方ニ潰走セシメタリ 本戰斗ニ於ケル彼我ノ損害 我 負傷 三 彼 遺棄死体 三 背嚢 二 帶 二 人質奪還 六八

287 3

63

288

299

一三	輝南縣 第五區 楊木河子 七〇五高地	交戰	一月三十日十二時頃日軍吉見部隊有馬隊ハ輝南縣楊木河子東南三粁ノ附近ヲ行動中偵察斥候ヨリ七〇五高地ニテ警備隊戰斗中トノ報ニ接シ之ニ協力ノタメ十五時三十分頃全高地ニ到着警備隊ノ攻擊ニ潰走シ行ク匪團（楊匪部二〇〇）ヲ捕捉急襲金樺二縣方面ニ潰走セシメタリ 本戰斗ニ於ケル彼我ノ損害 我 戰死 一 彼 遺棄死体 三 負傷相当アル見込 鹵獲品 小銃 一 仝彈 一〇〇 銃劍 一 其他雜品 若干 人質奪還 一名

6

一、三一

撫松縣城西方五十粁ノ地点

襲撃掠奪拉致

一月三十一日十八時三十分撫松伐採組合馬車二十三台八
朝陽鎮ヨリ馬糧積載撫松縣城ニ帰途中撫
松縣城西方五十粁ノ国道上ニ於テ不詳匪十
余名ノ襲撃ヲ受ケ馬夫一名馬三頭ヲ拉
致セラレタリ

289

3

300の２

七、其他参考事項

６、朝鮮會寧森本部隊ヨリ航空兵大尉辺見重孝以下ロロ名ハ一月十五日ニ通化ニ来リ東辺道冬期討伐ニ即應シ匪情偵察蒐集茲地上掃射爆撃ノ爲討伐隊ニ協力中ニシテ来通以来数回亘リ戰斗相当ノ戰果ヲ收メ匪團ニ大ナル脅威ヲ與ヘアリ

二月二十三日濛江縣ニ於テノ討伐隊カ匪團ト交戰ノ際逮捕セル抗聯第一路軍警衛旅第一團参謀丁

守龍（鮮人）ノ供述ニ依レハ楊清宇匪團ノ現有

彈藥數左ノ如シ

（イ）楊匪本隊携行彈藥　平均

輕機彈　二、〇〇〇發

小銃〃　二〇―三〇發

拳銃〃　五〇發

豫備彈ハ四〇、〇〇〇乃至五〇、〇〇〇發ヲ隊員中ノ信

用アルモノニ携行セシメアリ

（ロ）其他楊匪隷下匪団

3

290　301

輕機彈　平均　六〇〇発
小銃　〃　〃　一〇〇〇發
拳銃　〃　〃　三〇発
豫備彈三、〇〇〇乃至四、〇〇〇発
右現有彈藥ヲ以テ今期討伐ニ堪ヘ得ルト

八、所見

日満軍警不断ノ肅正工作ニ依リ管内共匪ノ皈順増加ノ傾向ニアリ即チ之カ事象ハ討伐隊ノ鋭鋒ニ堪ヘ兼ネ困窮シアル証左ナルヲ以テ之武力

工作ト相俟チ思想對策服務力ニ遺漏ナキヲ期スルヲ要ス

九 附表

第一 匪賊概数表

第二 飯順匪数表

第三 匪賊並治安ニ影響アル犯人検挙調査表

第四 押收兵器物件調査表

第五 管内匪賊分布要圖

（了）

291 -304

302

附表第一

匪賊概数表

（昭和十五年一月末調）

匪種別＼省別区別	通化省 匪首数	通化省 匪数
共産匪	六	五三〇
土匪	二	八〇
計	八	六〇〇
増減（前月末ト）	減一	減五〇

292

3

303

附表第二

歸順匪数表

（昭和十五年一月末調）

匪種／區分	人員	處分別 國外追放	處分別 歸農	處分別 工作利用	處分別 其他
共產匪	（五）			（四）	（一）
土匪	（三）		（三）		（二）
計	（八）				
一月以降累計	（八）		（三）	（四）	（三）

293

附表第三

匪賊並治安ニ影響アル犯人検挙調査表

（昭一五、一月末調）

304

種別	検挙人員	処分別 事件送致	処分別 厳重処分	処分別 利用中	処分別 説諭	取調中	摘要
共産党							
共産匪							
土匪	（一）					（一）	
通匪	（二一）				（七）	（一四）	
其他	三				三		
計	（二二）三						
一月以降計	（二二）三				（七）三	（一五）	

295

305

附表第四

押收兵器物件調查表

（昭和十五年一月末調）

品目	員数	累計（一月以降）	品目	員数	累計（一月以降）
重機関銃			手榴弾		
軽〃			ダムく弾		
各種小銃			迫撃砲		
同實包			同弾		
各種拳銃			三十二年式軍刀乙		
同實包	（二九）	（二九）			
自動短銃					
銃剣					
洋砲	（二三）	（二三）			

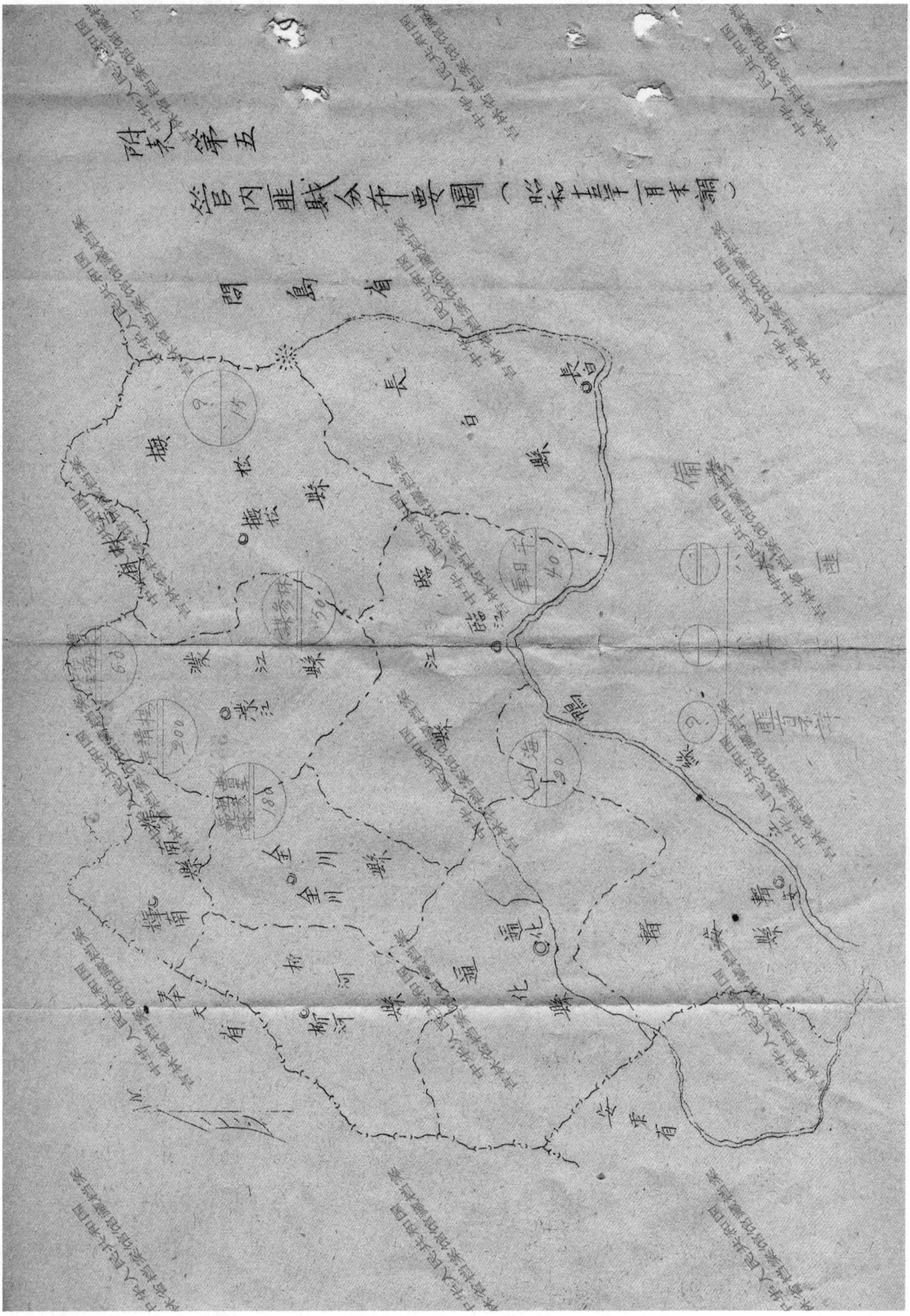
間島省
長白縣
臨江縣
濛江縣
金川縣
柳河縣
通化縣
輯安縣
奉天省
安東省

参考译文

昭和十五年二月（1940年2月）

思想对策月报（1月）

通化独立宪兵分队

目录

一、一般概况

二、共产国际及日共、苏共的策动状况

三、中共及抗日分子的策动状况

四、共产主义思想宣传谍知状况

五、共产主义思想宣传防卫状况

六、共匪[1]及其他匪贼扰乱治安状况

七、其他参考事项

八、意见

九、附表

一、一般概况

1. 辖区内大约有600名匪贼，与前期相比减少了大约50人。首脑匪首有杨靖宇、曹亚范、李参谋、林参谋等人，这些匪团盘踞在以通化省北部濛江县为中心的地域。

2. 自1月中旬以来，日满军警在会宁飞行队的协助下，持续实施了猛烈的讨伐，匪团四处躲避讨伐的锋芒。虽然没有以往的虚势，但为了应对讨伐队的追击，依然顽固抵抗，以保存残存势力。

本期内查明的治安方面的主要事件有袭击2件、绑架2件、交战15件。

3. 南满党匪的首领杨靖宇正在寻找时机发动策动，期望与第一路军军需处

[1] 编者注：日伪档案中，中共东北党组织及其领导的武装抗日力量被污蔑为“思想匪”“共产匪”或“共匪”。

长全光会合，企图实施某种策动，要严密监视他们的动向。

二、共产国际及日共、苏共的策动状况

无相关事项。

三、中共、东北党（匪）及抗日分子的策动状况

南满党（匪）的首领杨靖宇主力与部下李参谋、曹亚范匪会合，一直在金川、濛江、临江县境地带彷徨，行动转向集团性。其主要目的是一举夺取越冬所需的衣服和粮食等，袭击目标是临江县林子头、白水泉子、八道江等地的各铁路工程现场。而且，杨靖宇和李参谋还制定了袭击大纲，协商具体方法，采取行动。12月24日，他们在临江县第六区大板石沟遭到日满军警讨伐队的猛烈攻击，受到了沉重打击。他们害怕讨伐队的穷追猛打，从而放弃了初期计划，此后逐渐北上。杨靖宇则与曹亚范、李参谋匪分开，率领直系匪团行动，1月末潜伏在濛江县第四区北部地区，四处躲避讨伐的追击。1月21日，在濛江县濛江北方15千米处马家子附近，由满军警组成的共同讨伐队逮捕了警卫旅第一团丁参谋。根据其供词可知，该匪在濛江县第一区西岗附近与第一路军军需处长全光会合，首脑干部聚集在一起，针对我方的讨伐商讨了某种对策。

此外，盘踞在濛江县第三区夹皮沟附近的第二方面军林参谋匪（鲜系24人、满系24人）中，满系的归顺意愿十分强烈。为了防止他们归顺，该匪似乎正在策划转移至安图县活动。

四、共产主义思想宣传谍知状况

本期内没有此类事项。

五、共产主义思想宣传防卫状况

去年秋季以来，在日满军警持续不断的肃正工作下，匪势逐渐衰弱，共匪中有人不堪忍受匪团生活的艰苦而提出了归顺申请等，且人数有逐渐增加的倾向，但匪首依然企图贯彻共产主义思想，幻想着客观存在的各种形势朝有利方

向发展，再伺机寻找开展活动的机会。因此，要将宪兵派遣至思想对策重要据点，策应讨伐队实施的治标工作，积极逮捕和镇压共产党（匪），获取各种情报等。

本期内，经过上述种种积极工作虽未成功劝诱和逮捕党匪中的实力人员，但是在善导民众思想方面，还望与各机关密切联络，采取适当措施，确保工作万无一失。

另外，说一下其他机关的相关防卫情况，辑安县特别搜查班于今年1月20日逮捕了辑安县太平村的14名居民，他们在去年一月、二月有通匪行为，即向共匪陈秀明部下于指导员提供了物资。

六、共匪及其他匪贼扰乱治安状况

辖区内大约有600名匪贼，与前期相比减少了大约50人，主要匪团的盘踞地如下：

○杨靖宇率领的大约200人盘踞在濛江县第四区北部地区。

○曹亚范、李参谋的合流匪大约180人盘踞在金川、辉南、濛江县境地带。

○韩仁和、黄海峰指挥的大约60人盘踞在濛江县第一区东北岔附近。

○林参谋指挥的大约50人盘踞在濛江县第三区夹皮沟附近。

○匪首平日军率领的大约40人盘踞在临江县第三区等。

这些匪团极力躲避日满军警讨伐队的锋芒，虽然没有实施袭击、掠夺等较大的匪行，但是在讨伐队的追击下，他们在各地顽强抵抗应战，使讨伐队也遭受了重大损失。虽然匪势逐渐衰弱，但是他们依然苟延残喘地负隅顽抗。因此，确立长治久安的治安环境，尚有不少曲折。

本期内查明的治安方面的事件有袭击2件、绑架2件、交战15件，共计19件，主要状况如下表所示：

日期	地点	种类	概况
1月1日	临江县第五区大阳岔东北方4千米附近	交战	1月1日15时30分左右，日军大原队及曲警察大队在左述地点遇到疑似杨匪主力约400人，交战大约1小时后将其击退，杨匪向东撤离。 本次战斗敌我双方的损失情况如下—— 我方：大原队战死1人、负伤4人，曲警察队负伤1人 敌方：遗弃尸体4具 虏获物品：步枪1支、步枪子弹380发、手枪2支
1月3日	临江县第五区三岔子东部大约23千米1285高地东侧	交战	1月3日10时30分左右，日军有马队及唐、梁警察大队在左述地点遇到杨匪大约200人，交战后将该匪团击退至西面。其后发动追击，16时30分左右于1153高地山麓再次追上该匪团，与之交战后将其击退至西北方。 本次战斗敌我双方的损失情况如下—— 我方：没有任何损失 敌方：遗弃尸体2具 虏获物品：步枪2支、步枪子弹69发、其他杂物若干
1月4日	辉南县第五区湾沟北部8千米	交战	1月4日10时30分左右，在辉南县第五区湾沟北部8千米1285高地附近，日军有马队及桑、梁警察大队遇到疑似曹匪主力大约200人，交战后将其击退至西面。随即又发动了追击，16时30分于1153高地西部的山麓地带再次追上该匪团，与之交战后将其击退至西北方。 本次战斗敌我双方的损失情况如下—— 我方：没有任何损失 敌方：遗弃尸体2具 虏获物品：步枪2支、步枪子弹69发、其他杂物若干

（续表）

1月9日	濛江县第一区 清江岗	交战	1月9日8时30分左右，日军小滨队及程、崔警察大队于濛江县清江岗北部大约10千米附近，遇到不详匪的警戒线，随即发动攻击，敌方以后卫尖兵顽强抵抗，主力则急速逃走。讨伐队击溃了敌人的抵抗后，经西岗南部3千米附近，从527高地急速追击至濛江口子，然后掉头沿松花江岸向西北方向前进，最终在17时30分于西岗南部2千米处追上该匪团，交战大约1小时后，匪团溃逃。 本次战斗敌我双方的损失情况如下—— 我方：战死2人（程、崔大队各1人）、负伤7人（程大队） 敌方：遗弃尸体5具、负伤1人（逮捕），估计有大量人员受伤 虏获物品：手枪1支、刺刀1把、步枪子弹700发、手榴弹1枚
1月17日	金川县第四区 小金川东南方 8千米	交战	1月17日10时30分左右，王、董警察大队在小金川东南方大约8千米1003高地南侧5千米附近，遇到疑似李匪团的大约200名匪贼，交战大约2小时后，该匪团逃入南部的密林之中。 本次战斗敌我双方的损失情况如下—— 我方：没有任何损失 敌方：遗弃尸体3具，从血迹判断估计负伤惨重 虏获物品：大型毛瑟手枪1支、大型毛瑟手枪子弹27发、步枪子弹64发、弹带2个、背包袋2个、其他杂物若干
1月18日	濛江县第一区 马家子东部 6千米	交战	1月18日，满军于泽部队在濛江县第一区马家子东部6千米的东侧遇到杨匪五六十人的匪团，随即发动攻击、追击，先后交战3次（3个半小时），该匪团向南部溃逃。 本次战斗敌我双方的损失情况如下—— 我方：负伤1人 敌方：遗弃尸体5具，从血迹判断估计有数人受伤 虏获物品：三八式步兵枪1支、三八式步兵枪子弹28发、毛瑟手枪1支、毛瑟手枪子弹6发、大锅1个、大豆5斗、苞米6斗、牛肉50斤

（续表）

1月21日	濛江县第一区西部746高地	交战	1月21日9时30分左右，申警察大队在左述地点与杨匪主力大约200人交战。正值双方交战之时，小黑机（小黑少尉驾驶）飞抵战场直接配合申警察大队作战，对地面实施了扫射，给对方造成了沉重打击。此外，正在附近扫荡的朱产（译者注：疑为“彦”）部队听闻枪声急速赶往此地，于11时30分左右从746高地东侧策应申警察大队实施攻击。12时30分左右，该匪团向北部溃逃。 本次战斗敌我双方的损失情况如下—— 我方：战死1人（申警察大队）、负伤3人 敌方：遗弃尸体8具，估计有大批人员受伤，俘虏丁守龙（杨匪参谋及其下属4人） 虏获物品：步枪1支、手枪1支，其他不详
1月25日	濛江县第一区东北岔西北方约10千米	交战	1月25日17时左右，正在濛江地区扫荡的桑、范警察大队于濛江县第一区东北岔西北方约10千米751高地附近发现了韩仁和、黄海峰带领的数十名匪团，交战1小时后，匪团向该地西北方向溃逃。 本次战斗敌我双方的损失情况如下—— 我方：负伤1人 敌方：遗弃尸体1具 虏获物品：牛肉200斤
1月28日	濛江县第四区板石河子	交战	1月28日15时30分左右，正在配合讨伐队行动的日军小黑机飞至板石河子西南方大约4千米的851高地山脊线时，发现了正在西进以躲避讨伐队锋芒的杨匪主力大约300人，随即进行了猛烈射击，双方开始战斗。正在追击的程、曲警察大队也加入此次战斗，空陆双方呼应对其猛烈攻击，迫使其后退至辉南、濛江县境四方顶子。交战4小时后，该匪团向北部溃逃。 本次战斗敌我双方的损失情况如下—— 我方：战死3人、负伤6人 敌方：遗弃尸体10具、俘虏3人，估计有大批人员负伤 虏获物品：步枪2支、步枪子弹500发、手枪2支、帐篷1顶、手榴弹2枚
1月29日	辉南县第五区兴隆堡东部10千米	袭击绑架	1月29日早晨，朝阳镇采伐组合的6辆汽车在左述地点的道路上遭到不详匪（疑似杨靖宇匪团）的袭击，6名司机和5名助手被绑架。 除汽车外没有损失。

（续表）

1月30日	辉南县第五区杨子（译者注：疑为“木”）河子南部3千米	交战	1月30日3时左右，前日在辉南县大北岔被杨匪绑架的森林采伐组合的司机逃了回来。据其报告，匪团盘踞在金川县杨木河子南部3千米谷地，讨伐队紧急赶往现场。7时30分左右，发现了正在该地烤火休息的匪团，随即与之交战，大约1小时后，该匪团向北部溃逃。 本次战斗敌我双方的损失情况如下—— 我方：负伤3人 敌方：遗弃尸体3具、背囊2个、腰带2条，夺回人质6人
1月30日	辉南县第五区杨木河子705高地	交战	1月30日11时左右，日军古见部队有马队在辉南县杨木河子东南方向3千米附近行动期间，接到侦察机发来的渡边队正在705高地战斗的情报，遂于15时30分左右抵达现场配合战斗，追击遭受渡边队沉重打击的匪团（杨匪主力200人），迫使该匪团向濛江、金川、桦甸三县方面溃逃。 本次战斗敌我双方的损失情况如下—— 我方：战死1人 敌方：遗弃尸体3具，估计有大批人员负伤 虏获物品：步枪1支、步枪子弹100发、刺刀1把、其他杂物若干，夺回人质10人
1月31日	抚松县城西方50千米处	袭击掠夺绑架	1月31日18时30分，抚松采伐组合的23辆马车装着马粮从朝阳镇返回抚松县城的途中，在抚松县城西方50千米的国道上遭到10余名不详匪的袭击，1名马夫及3匹马被绑走。

七、其他参考事项

1. 朝鲜会宁森本部队派出航空兵大尉边见重孝及其下属〇〇人于1月15日来到通化，策应东边道的冬季讨伐行动，积极配合讨伐队侦查和收集匪情，对地面实施扫射及轰炸等。自到通化以来，他们多次参加战斗，取得了丰硕的战果，给匪团带来了严重威胁。

2. 1月21日，讨伐队与匪团在濛江县交战时逮捕了抗联第一路军警卫旅第一团参谋丁守龙（鲜人）。根据其供述，杨靖宇匪团现有弹药数量如下：

（A）杨匪本队携带的弹药

轻机枪子弹　　平均　　2000发

步枪子弹	平均	20—30发
手枪子弹	平均	50发

此外，还让队员中值得信任者携带40000—50000发预备子弹。

（B）其他杨匪下属匪团

轻机枪子弹	平均	600发
步枪子弹	平均	100发
手枪子弹	平均	30发

此外还有3000—4000发预备子弹。

上述现有子弹足够应付此次讨伐。

八、意见

在日满军警不断的肃正工作下，辖区内共匪的归顺呈现增加倾向。这一情况充分证明共匪已经不堪忍受讨伐队的锋芒，陷入困难的境地。因此，在采取武力的同时，也要在思想对策服务方面确保万无一失。

九、附表

第一　匪贼概数表

第二　归顺匪数表

第三　匪贼及影响治安犯人的逮捕调查表

第四　收缴武器物件调查表

第五　辖区匪贼分布要图

（完）

附表一

匪贼概数表 [昭和十五年一月（1940年1月）末调查]

省份 \ 分类 \ 匪种类别		共产匪	土　匪	计	与上月末相比的增减情况
通化省	匪首数	6	2	8	减少1人
	匪数	530	80	600	减少50人

附表二

归顺匪数表 [昭和十五年一月（1940年1月）末调查]

匪种 \ 类别	人　员	处分类别			
		放逐国外	归　农	利用工作	其　他
共产匪	(5)			(4)	(1)
土匪	(3)		(2)		(1)
计	(8)				
1月后的累计	(8)		(2)	(4)	(2)

附表三

匪贼及影响治安犯人的逮捕调查表 [昭和十五年一月（1940年1月）末调查]

种　类	逮捕人数	处分类别				审讯中	摘　要
		案件移交	严重处分	利用中	说　教		
共产党							
共产匪							
土匪	(1)					(1)	
通匪	(21)				(7)	(14)	
其他	3				3		
计	3 (22)						
1月后的累计	3 (22)				3 (7)	(15)	

附表四

收缴武器物件调查表 [昭和十五年一月（1940年1月）末调查]

物　品	数　量	1月以来的累计	物　品	数　量	1月以来的累计
重机关枪			手榴弹		
轻机关枪			达姆弹		
各种步枪			迫击炮		
步枪实弹			迫击炮弹		
各种手枪			三十年式军刀乙		
手枪实弹	(29)	(29)			
自动短枪					
刺刀					
洋炮（鸟枪）	(22)	(22)			

附表五

辖区匪贼分布要图 [昭和十五年一月（1940年1月）末调查]

（译者注：第37页图略）

（翻译：吕春月　整理：柯俊波　校译：周岩、陈景彦）

通化宪兵队长 玉冈严

关东宪兵队司令官 竹内宽 阁下

根据1940年7月18日关宪高第五五〇号文件，标题之件以附件的形式进行报告"通牒"。

2

1940年

（以下文字为51～52页参考译文）

1940年11月7日

通宪高第五四号

关于提交思想对策月报之件的报告

发送至：关司，奉天、新京、延吉各队

抄送至：队下乙、防司、野副部队、古见部队、□军顾、八宪

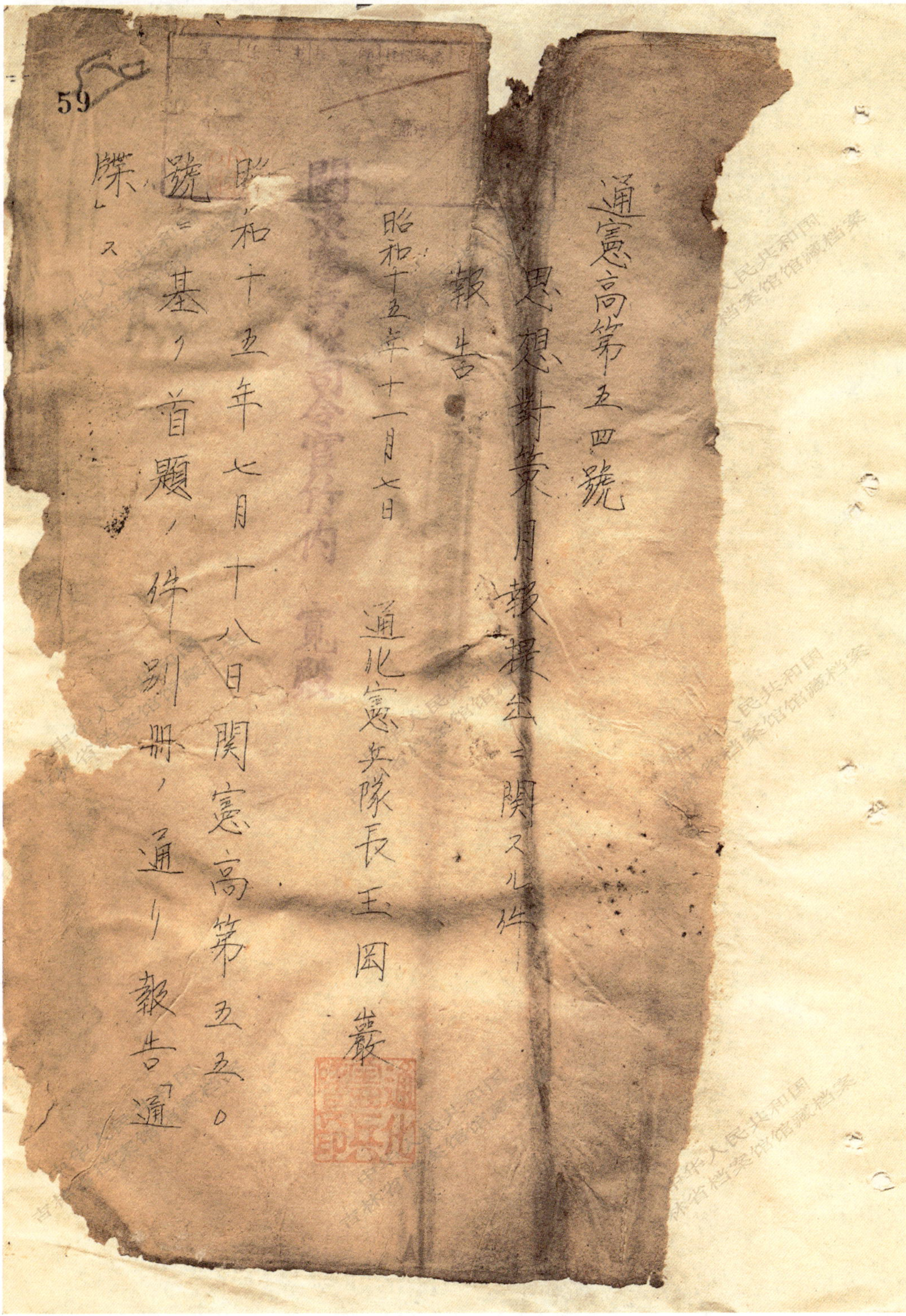

59

通憲高第五四號

思想對策月報提出ニ關スル件

報告

昭和十五年十一月七日

通化憲兵隊長王岡巖

昭和十五年七月十八日關憲高第五五〇號ニ基ク首題ノ件別冊ノ通リ報告「通」牒ス

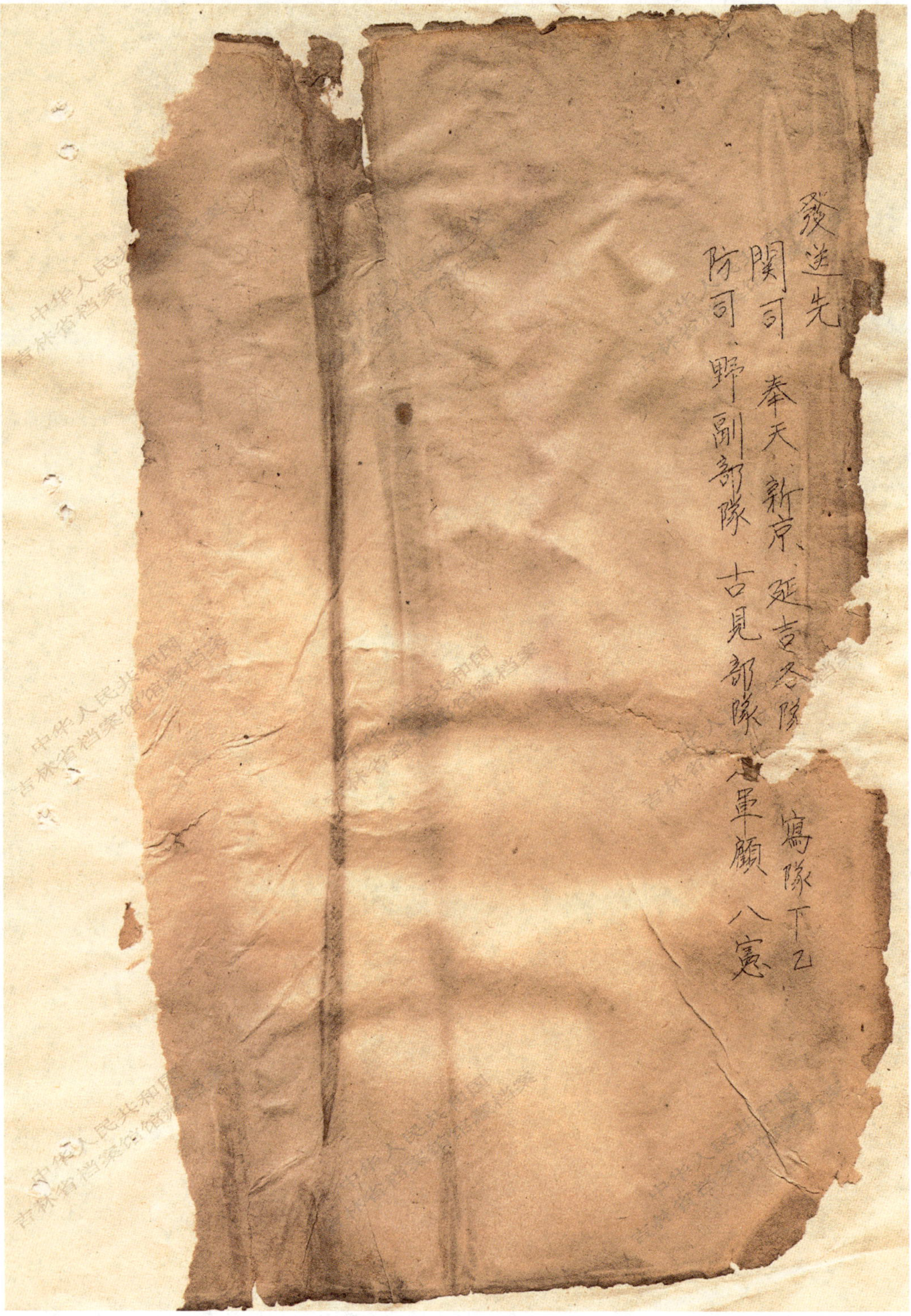
發送先
関司　奉天、新京、延吉各隊　寫隊下乙
防司、野副部隊　古見部隊　軍顧　八憲

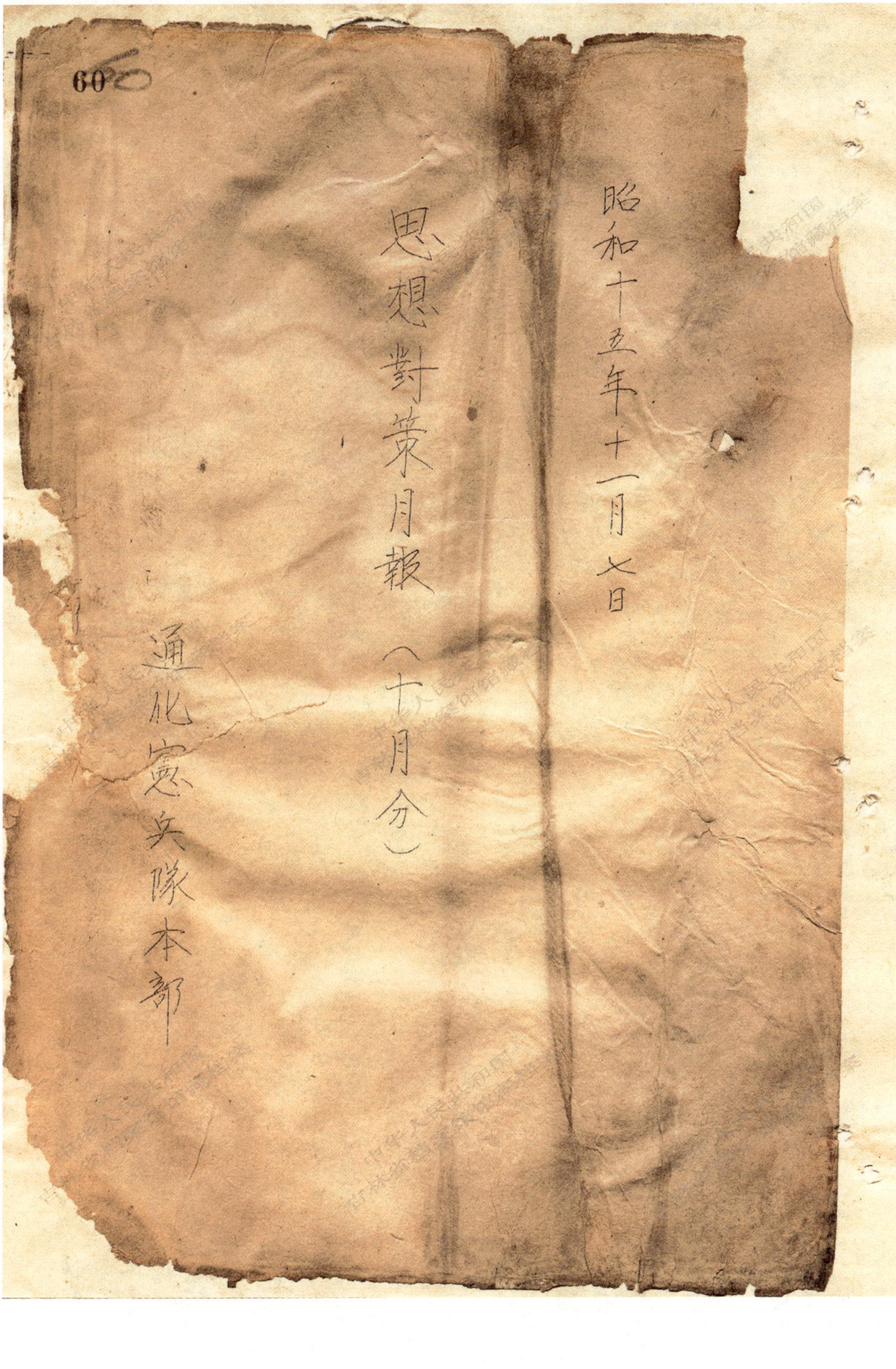

60

昭和十五年十一月七日

思想對策月報（十月分）

通化憲兵隊本部

61

目次

一　國外ヨリノ對滿策動 …… 一
1　蘇聯 …… 一
2　中國 …… 一
二　在滿共産党匪ノ策動 …… 一
1　南滿省委 …… 一
2　共産(土)匪ノ策動 …… 三
(イ)　抗聯第一路軍 …… 一
(ロ)　土匪 …… 五

三 反日（満）思

四 民族思想ノ動向 七

一、各民族及官民ノ思想動向 七

二、重要施政其ノ他特殊事象ニ對スル反響 一二

五 治安関係事項 一三

六 其ノ他 一三

一、労働関係事象 一三

二、宗教関係事象 一三

七 思想對策服務成果 一四

62

62

一、國外ヨリノ對滿策動

イ、蘇聯

該當事項ナシ

ロ、中國

國民党革命軍ノ策動

先月ニ引續キ取調中ニシテ特殊事象ナキモ關係者一名大連沙河口方面ニアリトノ情報アリ之カ事實糾明ニ努ルト共ニ領導

者劉東臣ノ誘致工作ヲ企圖シアリ

二、在滿共產党匪ノ策動

(一)南滿省委

◎南滿省委ハ依然軍政一体化ノ形態ニ依リ抗聯第一路軍直系主力ト行ヲ共ニシアリ七月末來管外安圖縣方面ニ移動消息ヲ絶チアリシカ九月末頃党勢挽回ノ目的ヲ以テ舊地盤タル管内撫松縣、

63

二道砬子溝附近無住地帯ニ進入セルモノ、如キモ其後ノ動靜不明

◎本期間諜知セル宣傳ハ第一方面軍曹亜範残匪権指導員ノ撒布セルト思料セラル、共匪宣傳文ヲ入手セリ

諜知月日場所	種別（題目）	發行機關 同年月日	宣傳ノ概要	諜知機關
九、三 金川縣大肚袋溝裡森林地帯	共産軍宣傳文 馬鹿溝戰鬪ノ亟報（三一[illegible]）	發行機關 不明 民國二十九年四月三[illegible]	日軍ノ掠奪惨虐等共産軍ノ優勢ヲ亟報[illegible]权ノ宣傳ス	金川縣特捜班

仝右

中國報

一二五号 不明

發行機関

（二部）民國二十九年

四月十日

兆銘第[illegible]中央政府」

職重慶政府ト對

立ヲ謀ル

「閩粵抗日戰線

[illegible]独立第〇師潮州附

近ニ於テ日冦山口部隊

ヲ撃滅ス

2 傅作義麾下ノ二萬

大軍五原ヲ奪回残

匪掃蕩中

3 軍渡ニ於ケル賀龍部下

之々大勝

三、前偽國吉林第二教導隊

仝右

64

司令劉東波現任特務班長
同民憤リノ餘リ精神ニ異状ヲ来ス
四日賊撫松ニテ土地没收ヲ開始 陳、王、劉等四大地主ハ既ニ没收サル

仝右

中國報
一二七号
（三部）

民國二十九年
五月二十五日

一、日寇所望ヲ失フ
二、衛立煌麾下ノ十万大軍晋南各地ニ於テ連戰連勝
三、第三次ノ殲滅戰適軍[illegible]ハ時間ノ問題
四、敵軍ヲ猛襲打撃ヲ與フ

仝右

五 新編第十師南昌ニ迫ル

六 我飛機敵艦一隻ヲ破摧

七 八路軍先遣隊熱河テ大活躍

乙、共産（土）匪ノ策動

(イ) 抗聯第一路軍

抗聯第一路軍副司令魏極民ハ今軍直系主力ヲ率ヒ七月末來管外安圖縣方面ニ移動消息ヲ絶チアリシカ九月末頃匪勢挽回ノ目的ヲ以テ

65

部下約七十名ヲ率ヒ舊地盤タル撫松縣三道砬子溝無住地帶ニ侵入セリ

右匪團ハ現在高度ノ分散ヲ為シ撫、樺、安三縣境附近ニ於テ越冬準備シアリ

尚第二方面軍残匪李司令匪約五十名ハ依然安圖、撫松縣境地区ニ於テ分散潜在シアルモノノ如シ

本期間[illegible]路軍[illegible]匪ノ討伐ニ依

ル彼我ノ損害

㊂敵匪側ノ損害

歸順	二
逮捕	一
山寨覆滅	六
小銃	四
仝彈藥	七
拳銃	一

66

仝弾藥　一〇
洋炮　四
㈣我方ノ損害
ナシ
浴安明朗化セル東南部地区ハ再
ヒ抗聯第一路軍主力ノ侵入ヲ見タ
ルカ討伐ノ追及ヲ避ケツヽ彷徨シ
アルニ過キス匪ノ衰退ヲ辿リア
ルモノト判ス

(四)土匪

本期間土匪ノ出没回数九回九十八名ニシテ前期ニ比シ二回七十名ノ増加ヲ示セリ

土匪ノ増加ハ圧五営匪ノ出現ト饑寒ニ喘ク小土匪群ノ衣糧入手ニ活潑ナル掠奪行為敢行ニ因ル

本期間土匪ノ討伐ニ依ル彼我ノ主ナル損害ハ

67

㊙ 敵匪側ノ被害

射殺	一
帰順	一〇
逮捕	一
小銃	八
仝弾薬	七七一
拳銃	一
仝弾薬	一三
山寨覆滅	三

(ハ) 我方被害

ナシ

本期間ニ於ケル特殊ノ治安攪乱状況左表ノ如シ

月日	場所	区分	概況	彼我ノ損害
一〇・七	臨江縣大羊岔西坡	交戦	螞蟻河警察分駐所員八名ハ管内粛正工作中八時頃大羊岔西坡ニ於テ土匪長合以下八名ト遭遇交戦一時間ニシテ之ヲ撃退セリ	敵 遺棄死体 一 小銃 一 弾薬 一三 弾帯・背嚢 其他 我 ナシ

68

一〇、九	撫松縣東崗東南方二粁	掠奪	二十二時上記地点人参畑ニ不詳匪八名出現人参約千三百斤（約四千円）ヲ掠奪監視人一名ヲ拉致東南方ニ逃走ス	
一〇、一四	撫松縣城東方二十満里	仝右	零時半頃不詳匪十名ハ露営中ナル土木課苦力ノ衣類食糧ヲ掠奪三道松河方面ニ逃走ス	
一〇、二	濛江縣大砬子	拉致	八時三十分頃上記地点ニ於テ土匪歴五営以下二十余名ハ濛江縣装ヨ[illegible]三名ヲ拉致二十八日[illegible]臨江縣柳樹[illegible]	

三、反日（満）思想策動
當管内一般官民ノ思想穏健ニ推移シ
アルヲ認メラレ本期間特殊事象ナキ
モ鮮人教育問題ニ関シテハ厳ニ査察
中ナリ
四、民族思想ノ動向
イ、各民族及官民ノ思想動向
(イ)日系官民

69

一般ニ現下非常時局ヲ認識指導民族的自覺ヲ以テ業務ニ服シアルカ一部官民ニ於テ左ノ如キ事象アリタルハ誠ニ遺憾ナリ

イ、官吏ニシテ收賄又ハ金錢ヲ強要セルモノ

ロ、義勇奉公隊幹部ニシテ說諭或ハ暴行ヲ為セルモノ

ハ、在鄉軍人[illegible]シテ[illegible]ハ役義[illegible]夫[illegible]

除セル言動ヲ
具体的事象左ノ如シ
(二)通化縣松川副縣長(前)同平野庶務課長等数名ハ通化龍泉ホテル建築請負北田工務所ニ對シ各資材ヲ融通便宜供與シ返禮ノ意味ニテ相當ノ贈與ヲ受ケ一般ヨリ吏道腐敗等云為セラレアリ
(三)通化警察署經濟係小林警尉ハ職

70

責ヲ奇貨トシ鮮系等ノ營業許
可竝經濟統制取締強化ニ伴フ不
正ニ乘シ相當多額ノ金錢ヲ強要
シアリタルコト判明取調中逃走
セリ
(ハ)防空演習間義勇奉公隊員カ諸
般業務ニ從事セルカ一部幹部
ニ於テ奉公隊ノ眞意ヲ理解セス
徒ラニ權力ヲ[illegible]燈火[illegible]

違反者等ニ[illegible]行ヲ為ス等一般
却説諭
民衆ヨリ義勇奉公隊ニ警察權ア
リヤ云々ト誹謗セラレタリ
(ワ)東辺道開發會社輯安駐在所勤
務海帆徳行（福飛）ハ憲兵特務
ニ左ノ如キ言動ヲ洩セリ
「近ク通化ニ於テ在郷軍人模擬召
集實施セラルモ病氣ヲ理由ニ醫

71

師ノ診断書ヲ添付兵事係ニ提
出セリ
自分ハ昨年通化古見部隊ニ於ケ
ル演習召集服務中病氣ト稱シ
陸軍病院ニ診断ヲ受クヘク外出
軍醫不在ト報告シ途中「カフェー」
ニ立寄リ飲酒ノ上帰隊シ演習ニ
参加セサリシナリ」云々
(ロ) 鮮系官民

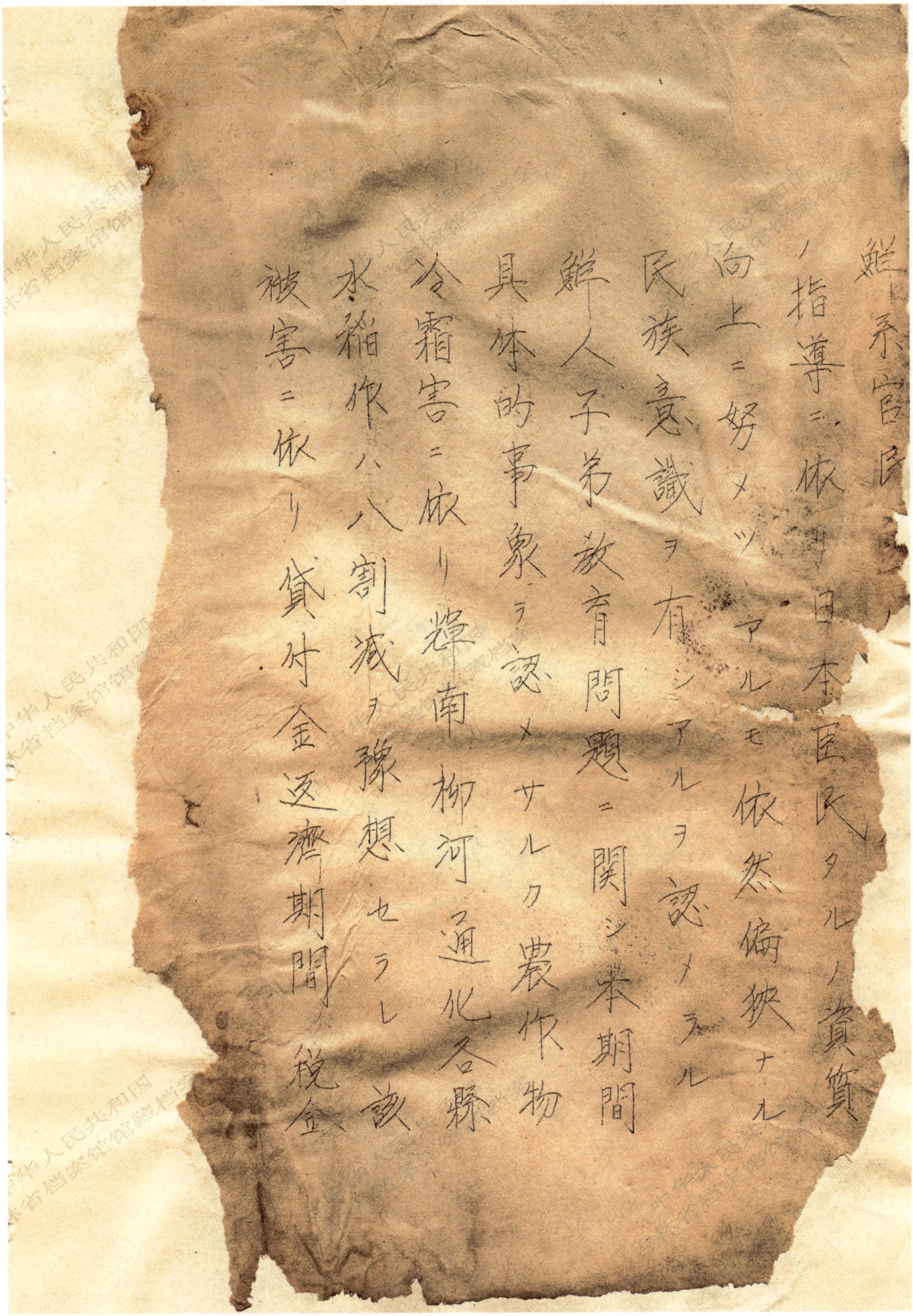
鮮系官民
ノ指導ニ依リ日本臣民タルノ資質
向上ニ努メツヽアルモ依然偏狭ナル
民族意識ヲ有シアルヲ認メアル
鮮人子弟教育問題ニ関シ本期間
具体的事象ヲ認メサルク農作物
冷霜害ニ依リ煇南柳河通化各県
水稲作ハ八割減ヲ予想セラレ該
被害ニ依リ貸付金返済期間ノ税金

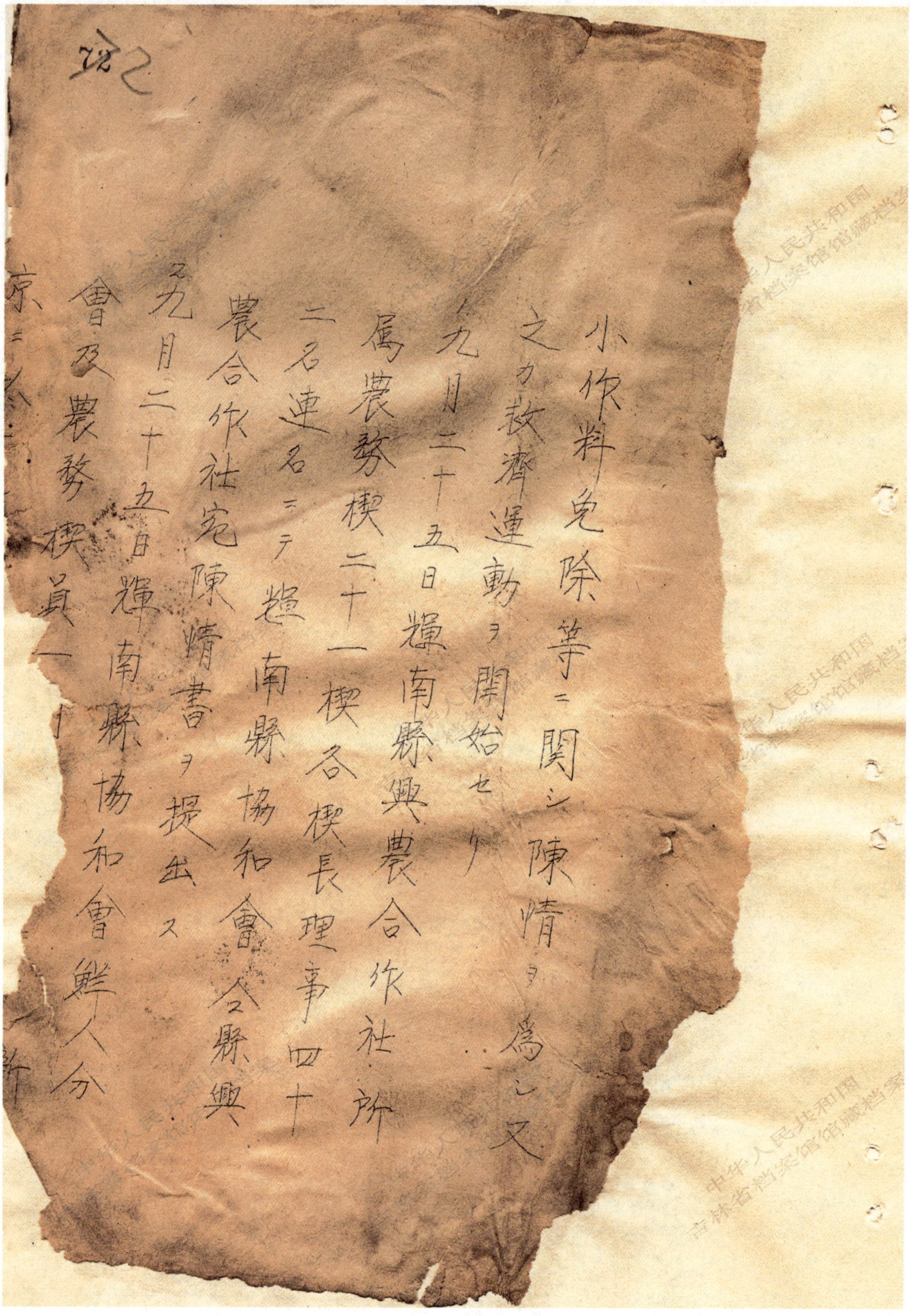

小作料免除等ニ関シ陳情ヲ爲シ又
之カ救濟運動ヲ開始セリ
九月二十五日輝南縣興農合作社所
属農務稧二十一稧各稧長理事四十
二名連名ニテ輝南縣協和會仝縣興
農合作社宛陳情書ヲ提出ス
九月二十五日輝南縣協和會鮮人分
會及農務稧員一

會及事務各々意見ヲ陳リ
班聯合會宛（昭一五、一〇、二五通憲高第四五号参照）
ハ満（蒙）系官民
満蒙系官民共ニ施政ニ順應シアリ
ト雖モ大部ハ無智利己的ニシテ何
レモ時局ノ認識ニ乏シク國家觀念
等ノ徹底ニハ尚遠キモノアリ
⑾通化縣鼎新警察署満系警察官ニ

73 3

名ハ販賣目的ニテ韓安縣羊魚頭
ヨリ燒酒一石ヲ購入韓安驛ニ於テ
運搬馬車賃ノ追求ニ憤慨毆打
暴行セルヲ韓安警察署ニ於テ取
調中ナリ

2. 重要施政其ノ他特殊事象ニ對スル反響

(ロ) 新京附近「ペスト」流行

(イ) 言動

(ロ) 防疫施設

於テハ……
ルハ不可解ナ……
或ハ細菌謀略ニ非ズヤ
（警察署長省日系警佐ノ言）
「ペスト」防疫委員會設置
十月二十四日下時ヨリ通化縣公署
ニ於テ通化縣長副縣長省保健科
特務科　治安部　病院　協和會等ノ
關係者參集協議ノ上「ペスト」防疫

委員會ヲ設置セリ

五 治安関係事項（昭一五、一〇、二九、通憲高第四九號参照）

イ、特殊事象ナシ

六 其他

イ、労働関係事象

(ロ)日満合辧鴨緑江採木公司解散

條約期限延期中

日満合辧

臨江……

日帽兒分局十ト……

夫々解散シ從業員二六二名失職セ

カ各失職者ハ新組織ノ鴨綠林業株

式會社林野局北鮮林業株式會社ニ

就職セルヲ以テ特殊ノ事象ナシ

ス 宗教関係事象

㈠ 満洲大同佛教會通化省支會設立

満洲大同佛教會ハ通化省支會ヲ設立

75

又ヘノ運動中ノ處十月十三日通化
縣城北關胡仙堂ニ設置職員ヲ任命
會員（日鮮滿人六十名）ニテ參會式
ヲ擧行セリ

七 思想對策服務ノ成果

本期間ニ於ケル思想對策服務成果左
ノ如シ

区別	種別	員数
歸	女	

押收				
小銃	同弾薬	拳銃	同弾薬	洋炮
六	一六八	一	二	一二

撫松派遣憲兵ニ帰順取調中ナリシ土匪
四名ハ帰農セシメ本期間帰順者六名中
四名ハ利用二名ハ取調中ナリ

八、所見

76

諸情報ヲ綜合判断スルニ匪
ノ分散配置ニ依リ討伐隊ノ追及
越冬準備ノ為也一二作ニ依リ或ハ匪
行ヲ敢行衣糧ノ入手ニ奔走シアリ又
内部的ニ帰順ヲ希望シアルモノ多キ
ヲ窮ハル、ヲ以テ撫恤派遣憲兵ヲ強化
小数匪團ノ索出互解工作ニ努メ匪根
ノ絶滅ヲ期スル企図シアリ

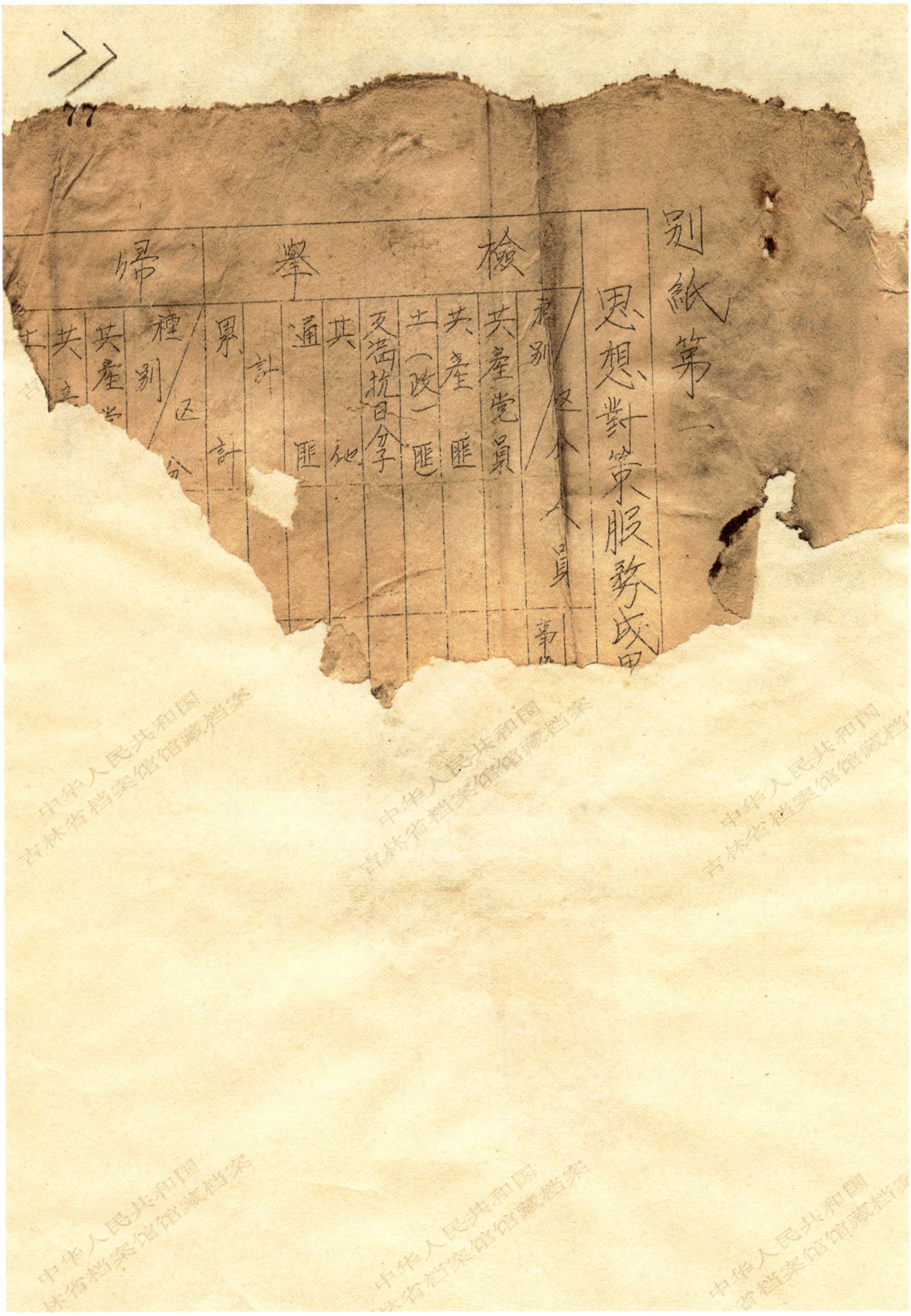
77

別紙第一

思想對策服務成

區分	檢擧						計	歸			
種別	共産党員	共産匪	土（政）匪	反滿抗日分子	共 其他	通匪	計	種別 区分	共産党	共	土
人員											
第											

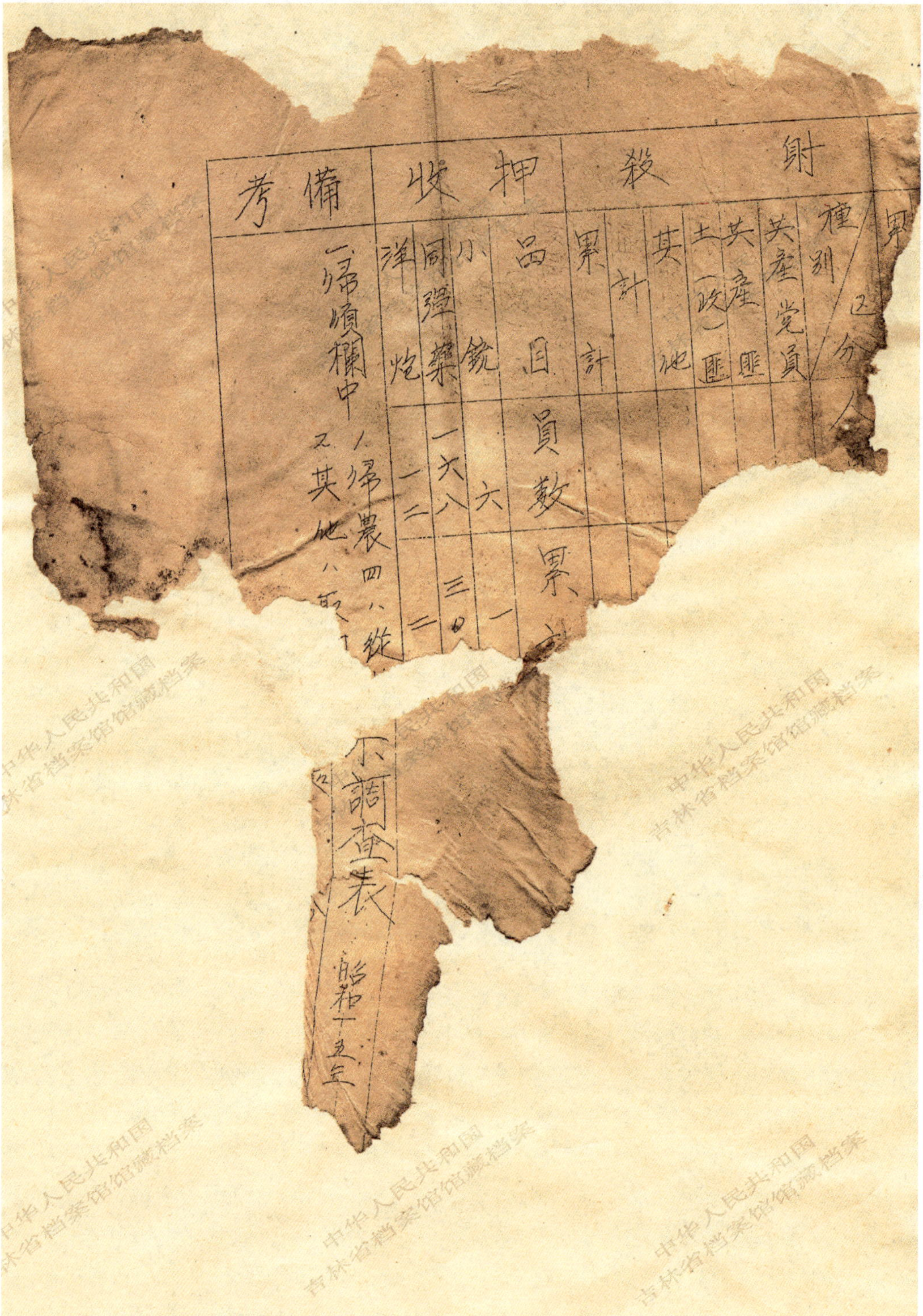
射殺
押收
備考
種別 区分
共產黨員 匪
共產 匪
土(政)匪
其他
計
累計
品目 員數 累計
小銃 六 一
同彈藥 一六八 三〇
洋炮 一二 二
一、帰順欄中ノ帰農四ノ残
又其他ハ
小調查表
昭和十五年

参考译文

昭和十五年十一月七日（1940年11月7日）

思想对策月报（10月）

通化宪兵队本部

目录

一、国外实施的对满策动……………………………………………… 1

1. 苏联……………………………………………………………… 1

2. 中国……………………………………………………………… 1

二、在满共产党匪的策动……………………………………………… 1

1. 南满省委………………………………………………………… 1

2. 共产（土）匪的策动…………………………………………… 3

（A）抗联第一路军 ……………………………………………… 1

（B）土匪 ………………………………………………………… 5

三、反日（满）思□□□ ……………………………………………… 7

四、民族思想的动向…………………………………………………… 7

1. 各民族以及官民的思想动向…………………………………… 7

2. 对重要施政及其他特殊事件的反响……………………………12

五、治安相关事项………………………………………………………13

六、其他…………………………………………………………………13

1. 劳动相关事项……………………………………………………13

2. 宗教相关事项……………………………………………………13

七、思想对策服务成果…………………………………………………14

一、国外实施的对满策动

1. 苏联

无此类事件。

2. 中国

●国民党革命军的策动

接续上个月继续实施调查，未发现任何特殊情况，但有情报称有1名相关人员居住在大连沙河口。于是，我方打算一边努力调查事实真相，一边对领导人刘东臣开展招抚工作。

二、在满共产党匪的策动

1. 南满省委

●南满省委依然以军政一体化的形态，与抗联第一路军直系主力共同行动，7月末转移至辖区外的安图县方面后便中断了消息。然而，9月末左右为了挽回党势，又返回了旧地盘——辖区内的抚松县三道砬子沟附近的无人区，此后行动不明。

●本期内侦查到的宣传情况是，我方得到了疑似第一方面军曹亚范残匪权指导员散布的共匪宣传单。

谍知日期及地点	种类（题目）	发行机关及发行年月日	宣传概要	谍知机关
9月3日 金川县 大脑袋 沟里 森林地带	共产军传单 马鹿沟战争 画报（2份）	发行机关不明 民国二十九年 四月三十日 （1940年 4月30日）	该传单以画报的形式宣传了日军掠夺、残忍虐待等内容，还宣传了共产军的优势。	金川县 特搜班
同上	中国报 一二五号 （2份）	发行机关不明 民国二十九年 四月十日 （1940年 4月10日）	□□汪兆铭等"中央政府"企图与□织重庆政府对立。 二、关里抗日战线 1.我独立第〇师在潮州附近歼灭了日冠山口部队。 2.傅作义麾下的两万大军夺回了五军，目前正在扫荡残匪。 3.军渡的贺龙部下连连获胜。 三、原伪国吉林第二教导队司令刘东波现任特务班班长。 此人由于极度愤恨，精神出现异常。 四、日寇开始在抚松没收土地，陈、王、刘等四大地主的土地已被没收。	同上

（续表）

同上	中国报 一二七号 (2份)	民国二十九年 五月二十五日 (1940年 5月25日)	一、日冠大失所望。 二、卫立煌麾下的十万大军在晋南各地连战连胜。 三、在第三战区的歼灭战中，歼灭敌军只是时间问题。 四、猛攻敌军，给予打击。 五、新编第十师逼近南昌。 六、我水军击沉一艘敌舰。 七、八路军先遣部队在热河一带非常活跃。	同上

2. 共产（土）匪的策动

（A）抗联第一路军

抗联第一路军副司令魏拯民率领该军直系主力部队，7月末转移至辖区外的安图县方面后便中断了消息。9月末左右，为了挽回匪势，他又率领约70名部下闯入旧地盘——抚松县三道砬子沟的无人区。

该匪团现在高度分散，在抚松、桦甸、安图三县境附近做越冬准备。

此外，第二方面军残匪李司令匪约50人匪团依然分散潜伏在安图、抚松县境地区。

本期对第□路军匪的讨伐中，敌我双方的损失情况如下：

●敌方的损失

归顺　　2人

逮捕　　1人

捣毁山寨　　6处

步枪　　4支

步枪子弹　　7发

手枪　　1支

手枪子弹　　10发

洋炮（鸟枪）　　4支

●我方的损失

无

在治安稳定的东南部地区再次发现有抗联第一路军主力入侵的情况，之后判明他们不过是四处逃窜躲避讨伐而已，匪势已不断衰退。

（B）土匪

本期内，土匪出没9次98人，与前期相比增加了2次70人。

土匪人数有所增加主要是由于压五营匪的出现以及饥寒交迫的小土匪团外出抢夺衣服和粮食。

本期讨伐土匪，敌我双方的主要损失情况如下：

●敌方的损失

枪杀	1人
归顺	10人
逮捕	1人
步枪	8支
步枪子弹	771发
手枪	1支
手枪子弹	13发
捣毁山寨	3处

●我方的损失

无

本期内，特殊的扰乱治安状况如下表所示：

日期	地点	区分	概况	双方的损害
10月7日	临江县大羊（译者注：疑为“阳”，下同）岔西坡	交战	蚂蚁河警察分驻所的8名所员在辖区内开展肃正工作时，于8时左右在大羊岔西坡与土匪长合及其下属8人相遇，交战1小时后将其击退。	敌方： 遗弃遗体 1具 步枪 1支 弹药 13发 弹带、背囊及其他 我方： 无
10月9日	抚松县东岗东南方2千米	掠夺	22时，8名不详匪出现在左述地点的人参田，掠夺了大约1300斤（价值约4000日元），绑架了1名监管人员后向东南方向逃去。	

（续表）

10月14日	抚松县城东部20满里	同上	凌晨0时30分左右，10名不详匪掠夺了正在露营的土木课苦力的衣服和粮食，然后向三道松河方向逃去。	
10月21日	濛江县大砬子	绑架	8时30分左右，土匪压五营及其下属20余人在左述地点绑架了3名濛江县特□□□28日在临江县柳树□附近□放。	

三、反日（满）思想策动

辖区内普通官民的思想没有过激的情况，本期内没有发生特殊事项，但鲜人的教育问题仍在严格监察中。

四、民族思想的动向

1. 各民族以及官民的思想动向

（A）日系官民

整体上都能认清当前的非常时局，有指导民族的自觉，坚守在各自的工作岗位上。然而，仍有部分官民存在如下情况，实属遗憾。

（1）官员收受贿赂或索要财物。

（2）义勇奉公队干部教训及殴打他人。

（3）在乡军人□□□□□除的言行。

具体事项如下：

●通化县松川副县长（前任）和平野庶务课长等几人为通化龙泉旅馆建设承包方北田工务所筹措各种资材提供方便，并收受了对方表达谢意的巨额馈赠，因而饱受民众非议，说他们这是官道腐败。

●现查明，通化警察署经济科小林警尉利用职责之便，抓住鲜系等人在加强营业许可及经济统制监管过程中的非法行为，索要巨额金钱。此人在被调查期间逃跑。

●防空演习期间，义勇奉公队员办理各种业务。然而，有一部分干部没有理解奉公队的真正含义，一味地□□权力□□□教训和殴打那些违反灯火

□□□□因而遭到普通民众的非议，质问义勇奉公队难道拥有警察权吗?

●在东边道开发会社驻辑安办事处工作的海帆德行（补充飞行员）向宪兵特务吐露出如下情况：

“最近要在通化举行在乡军人的模拟征召，我找了个生病的理由，还附上了医生的诊断书，提交到兵事科。

“去年通化古见部队实施演习征召，我在那服务期间，称病说要去陆军医院看病，后报告说军医不在，途中我去了咖啡馆，喝完酒后归队，没参加演习。”等等。

（B）鲜系官民

鲜系官民在□□□□□的指导下，努力提高身为日本臣民的资质，但依然存在具有狭隘民族偏见的官民。尽管本期内没有发现鲜人子弟教育问题具体的事项，然而受霜冻灾害影响，辉南、柳河、通化各县的水稻产量预计会减少八成左右，他们便以此次损失为由，就还款期限、免除税金和佃租等问题提出陈情，并发动了救济运动。

（1）9月25日，辉南县兴农合作社的21个农务楔的楔长及理事共42人，联名向辉南县协和会及县兴农合作社提出陈情书。

（2）9月25日，辉南县协和会鲜人分会及农务楔员□□□□□在新京□□□□□分别给□□□会及事务长□□□□□以及联合会发去电报，进行陈情。

[参照昭和十五年十月二十五日（1940年10月25日）通宪高第四五号]

（C）满（蒙）系官民

满蒙系官民虽能按照施政方针行事，但大部分人无知且利己，缺乏对时局的认识，远远没有达到贯彻国家观念的程度。

●通化县鼎新警察署的2名满系警察官从辑安县羊鱼头那里购买了一石烧酒打算卖掉。在辑安车站，上述2人因对方追讨搬运马车费而愤怒，竟实施了殴打暴行。目前辑安警察署正在调查此案。

2. 对重要施政及其他特殊事件的反响

●新京附近“鼠疫”流行

A.言行

●防疫设施□□□□□令人费解□□□□□或许是细菌谋略。

（省日系警佐、警察署长的言论）

B.“鼠疫”防疫委员会的设立

10月24日10时起，通化县县长、副县长、省保健科、特务科、治安部、医院、协和会等有关人员在通化县公署集合，经协议后，成立了“鼠疫”防疫委员会。

[参照昭和十五年十月二十九日（1940年10月29日）通宪高第四九号]

五、治安相关事项

无特殊事项。

六、其他

1. 劳动相关事项

●日满合办鸭绿江伐木公司解散

条约期限延期中□□□□□日满合办□□□□□日帽儿分局在10月□□□□分别解散，162名工作人员失业。这些失业人员前往新组建的鸭绿江林业株式会社林野局北鲜林业株式会社就职，因此无特殊事项发生。

2. 宗教相关事项

●满洲大同佛教会通化省支会成立

满洲大同佛教会正在运作成立通化省支会。10月13日，在通化县城北开胡仙堂成立支会，并任命了职员，（日鲜满人60名）会员举行了成立仪式。

七、思想对策服务成果

本期内，思想对策服务成果如下：

分类	种类	数量	□□
归□	共□ 共□	□□□	
收缴	步枪	6	
	步枪子弹	168	
	手枪	1	
	手枪子弹	2	
	洋炮（乌枪）	12	

归顺抚松派遣宪兵、正在接受调查的4名土匪，已经归农。本期有6名归顺人员，其中4人被利用，2人正在接受调查。

八、意见

综合各种情报判断□□通过□□的分散配置□□讨伐队的追讨。为了准备越冬，匪团或通过地下工作，或实施匪行，设法解决衣服、粮食问题。匪团内部有相当多人希望归顺，故要强化抚松派遣宪兵工作，搜出小股匪团，努力做好互解工作，以彻底根除匪患。

附件一

思想对策服务成果			
	类别 种别	人数	□□□
逮捕	共产党员		□□□
	共产匪		□□□
	土（政）匪		□□□
	反满抗日分子		□□□
	其他		□□□
	通匪		□□□
	计		□□□
	累计		□□□

（续表）

归顺	类别 种别	□□□	□□□
	共产党□	□□□	□□□
	共产□	□□□	□□□
	土□□	□□□	□□□
	□□□	□□□	□□□
	累计	□□□	□□□
射杀	类别 种别		□□□
	共产党员		□□□
	共产匪		□□□
	土（政）匪		□□□
	其他		□□□
	计		□□□
	累积		□□□
收缴	物品	数量	累计
	步枪	6	1□
	步枪子弹	168	30□
	洋炮（鸟枪）	12	2□
备注	一、在归顺栏中： 1. 4名归农者是从□□□□□ 2. 其他□□□□□		

（翻译：柳泽宇　整理：王忠欢　校译：李星、陈景彦）

通化宪兵队长 玉冈严

关东宪兵队司令官 竹内宽 阁下

根据1940年7月18日关宪高第五五〇号，标题之件以附册的形式进行报告(通牒)。

3

1941年

（以下文字为99、101页参考译文）

1941年1月7日

通宪高第九号

关于提交思想对策月报之件的报告

（通牒）

发送至：关宪司，奉天、新京、延吉各队

抄送至：队□，满洲第136、356部队，野副讨伐队，八军顾，八宪，警务厅，通铁警

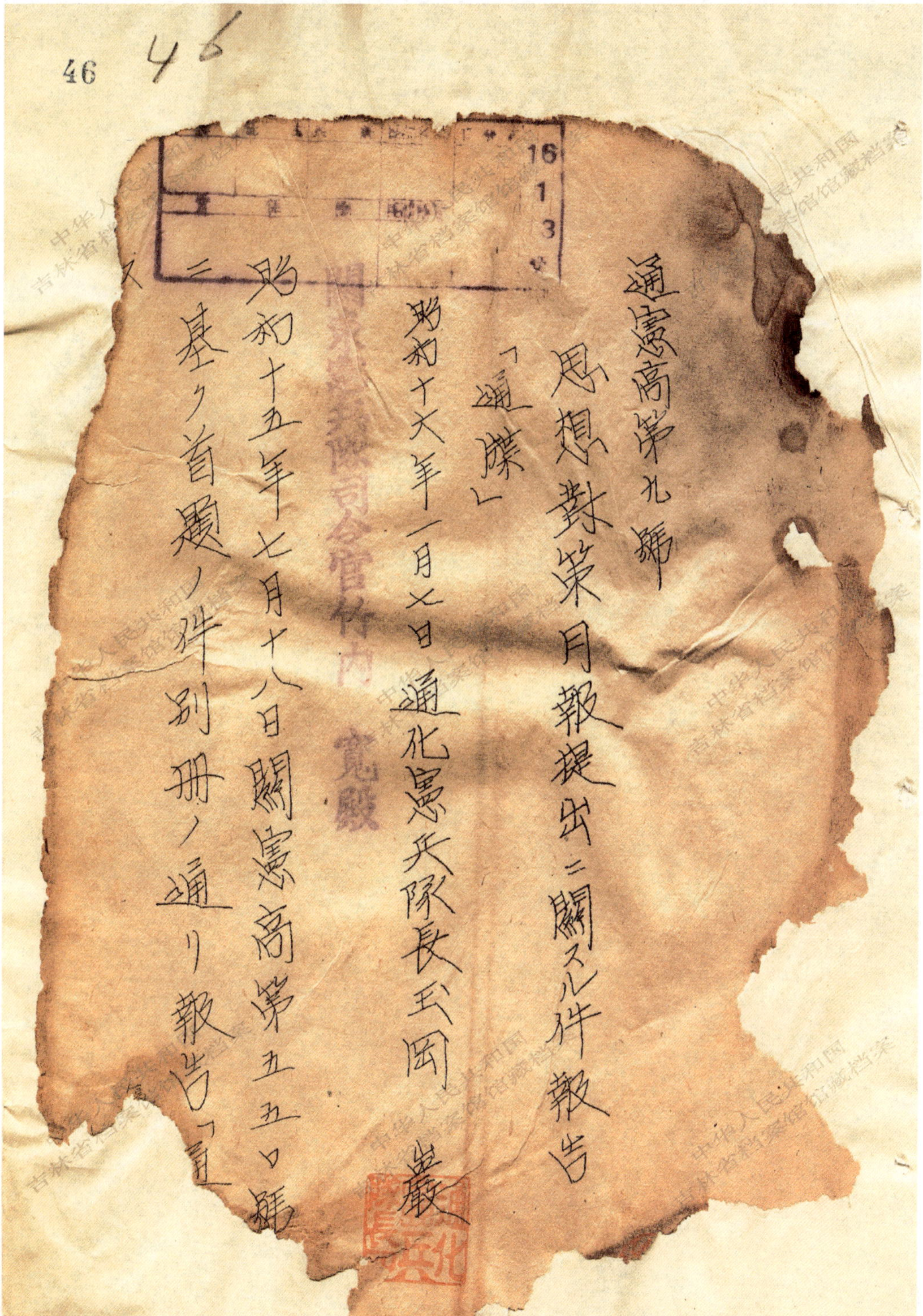

46 46

16
1
3

通憲高第九號

思想對策月報提出ニ關スル件報告

「通牒」

昭和十六年一月七日 通化憲兵隊長 氏岡 巖

關東憲兵隊司令官竹内寛殿

昭和十五年七月十八日關憲高第五五〇號

ニ基ク首題ノ件別冊ノ通リ報告ス

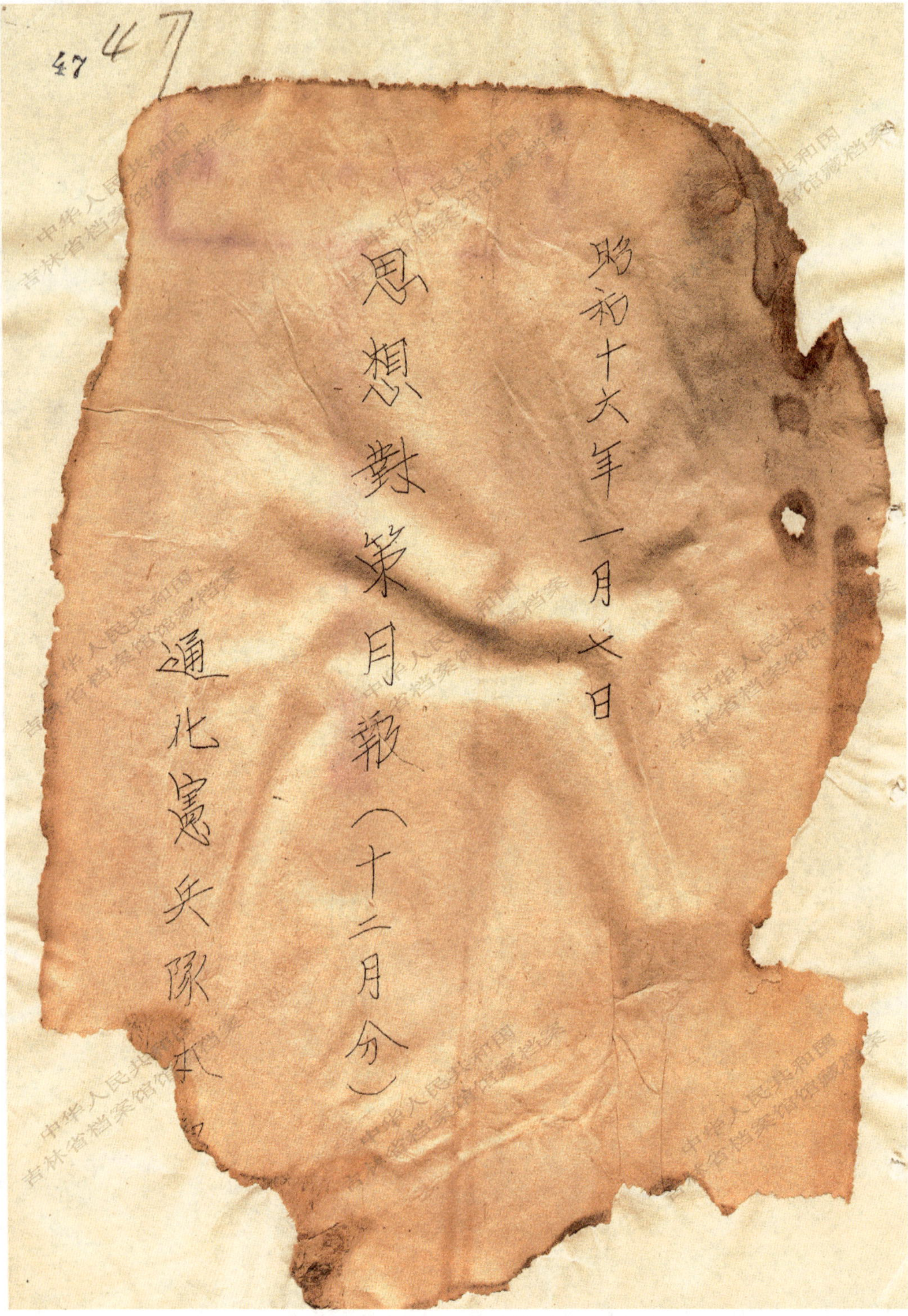
47

昭和十六年一月六日

思想對策月報（十二月分）

通化憲兵隊

48 48

關憲司、奉天、新京、延吉各隊 憲隊

満洲第136 356部隊 野副討伐隊

八軍顧 八憲 警務廳 通鐵警

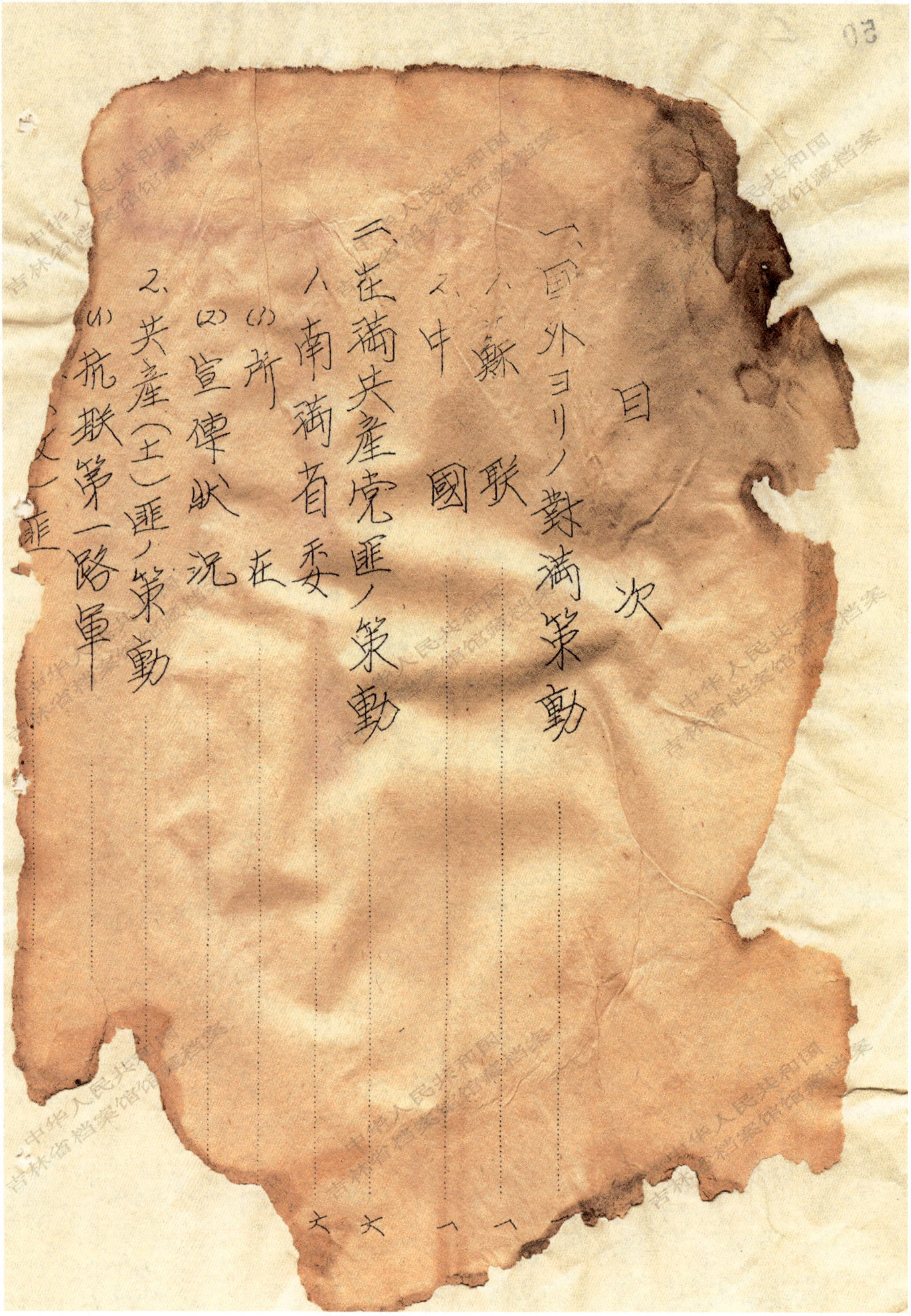

目次

一、國外ヨリノ對滿策動 一
イ、蘇联 一
ロ、中國 一
二、在滿共產黨匪ノ策動 六
イ、南滿省委 六
(1) 所在
(2) 宣傳狀況
2、共產(土)匪ノ策動
(1) 抗联第一路軍
(文)匪

49

四、民族思想ノ動向
1、各民族及官民ノ思想動向
(イ)日系官民
(ロ)鮮系官民
(ハ)滿系官民
2、特殊事象
五、治安關係事象
六、其他
1、宗教關係事象
2、勞働關係事象

51

七、思想对策服务成果

八、所见

附表第一 思想对策服务成果调查表

附表第二 蟠踞匪分布要图

三、匪数概数表

77

一、國外ヨリノ對滿策動
1、蘇聯
該當事項ナシ
2、中國
(川)國民黨革命軍ノ策動
八月十日通化警務廳ニ於テ一齊檢擧
セル孫具五以下十一名ハ具体的證
ク積極的運動並工作ヲ爲シア
月セルヲ以テ爾後工作ニ利

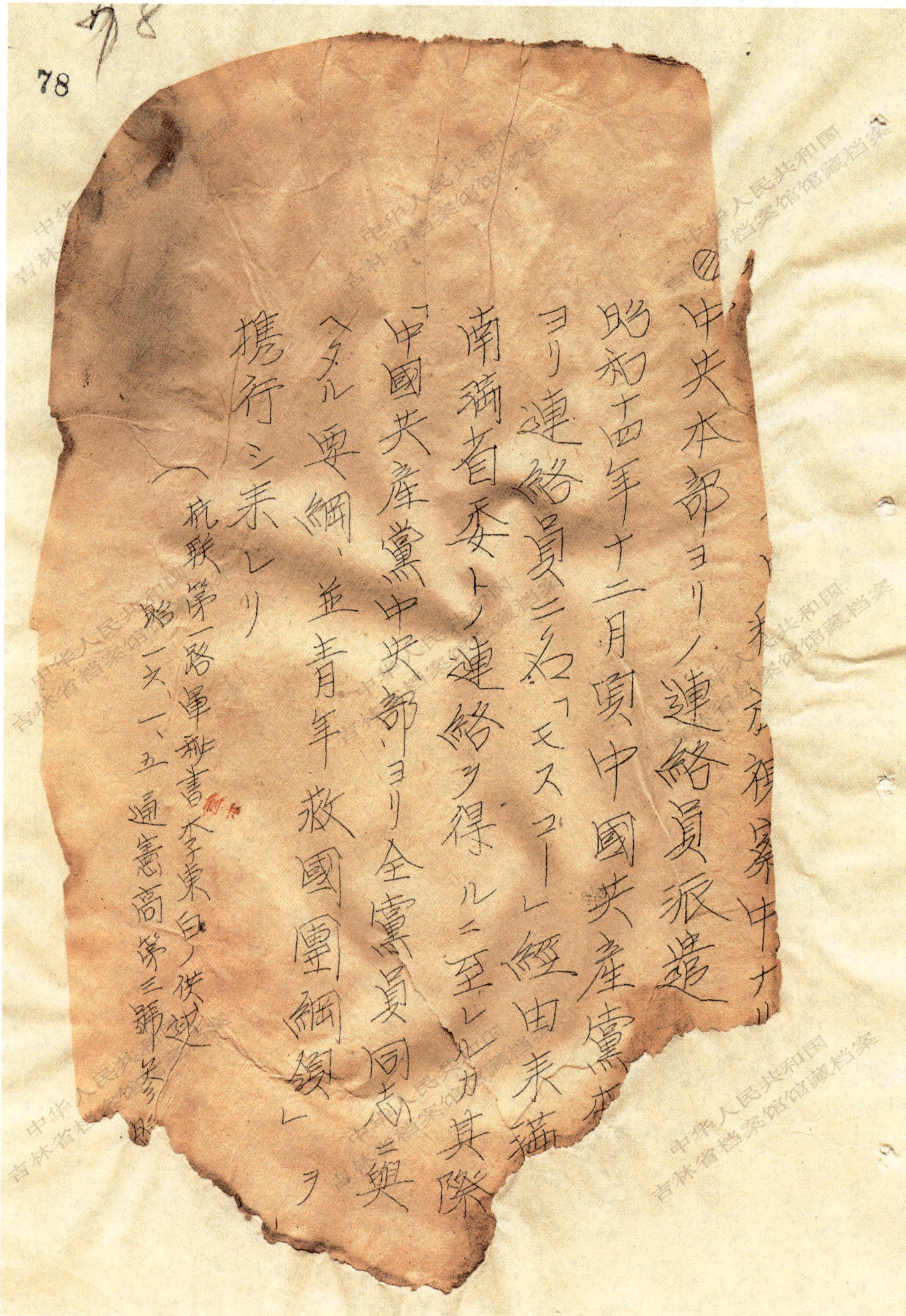

78

……ト称ス複案中ナリ

(四)中央本部ヨリノ連絡員派遣

昭和十四年十二月頃中國共産黨中央

ヨリ連絡員二名「モスコー」經由來満

南満省委トノ連絡ヲ得ルニ至レルカ其際

「中國共産黨中央部ヨリ全黨員同志ニ與

ヘタル要綱、並青年救國團綱領」ヲ

携行シ来レリ

(抗聯第一路軍秘書處李東白ノ供述

昭一六、一、五 通憲高第三號参照)

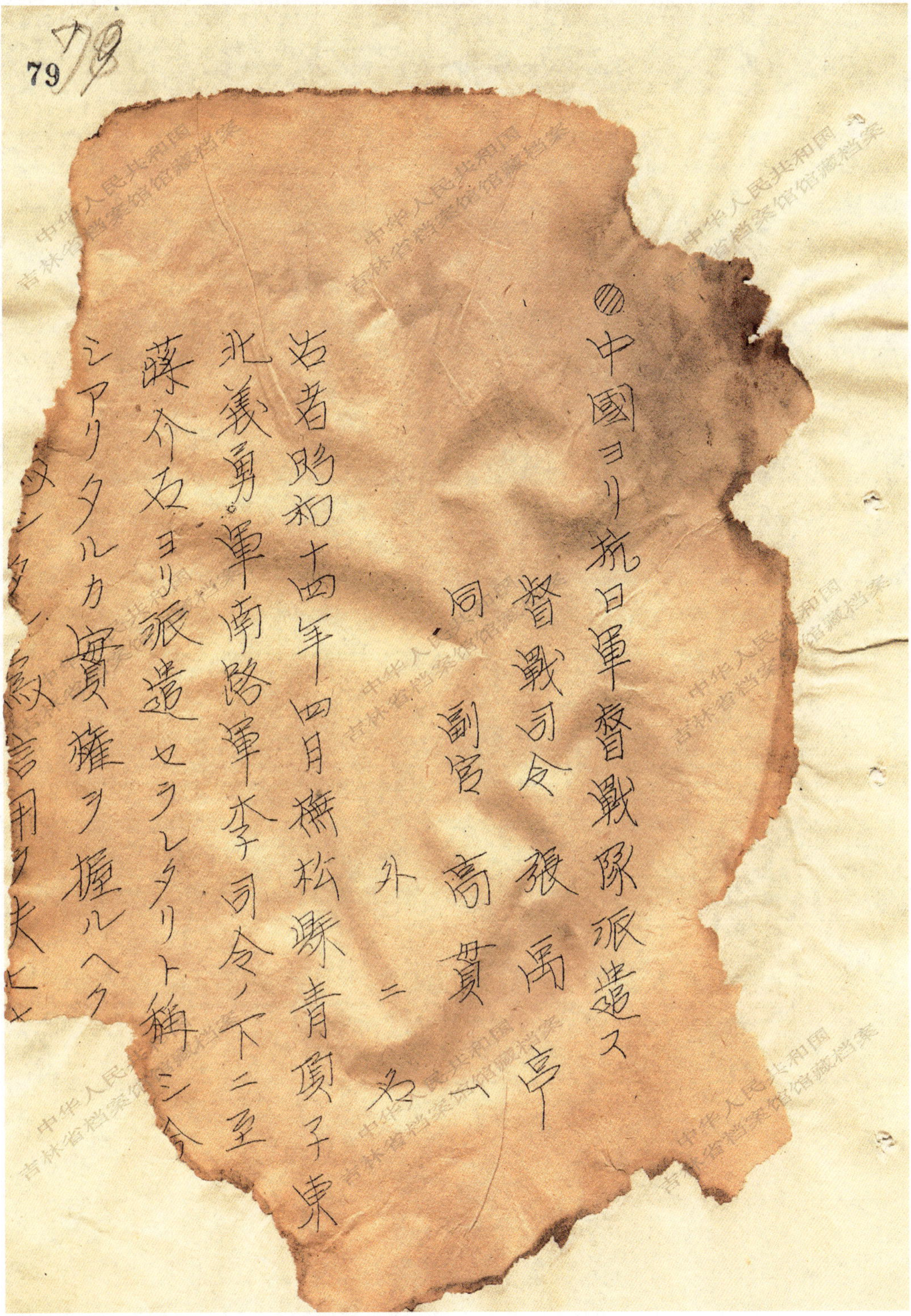
79 78

◎中國ヨリ抗日軍督戰隊派遣ス
督戰司令 張禹亭
同 副官 高貫一
外 二 名
右者昭和十四年四月撫松縣青頂子東
北義勇軍南路軍李司令ノ下ニ至
蔣介石ヨリ派遣セラレタリト稱シ合
シアリタルカ實權ヲ握ルヘク
[illegible]シ多ク、[illegible]言ヲ用ヒ夫[illegible]

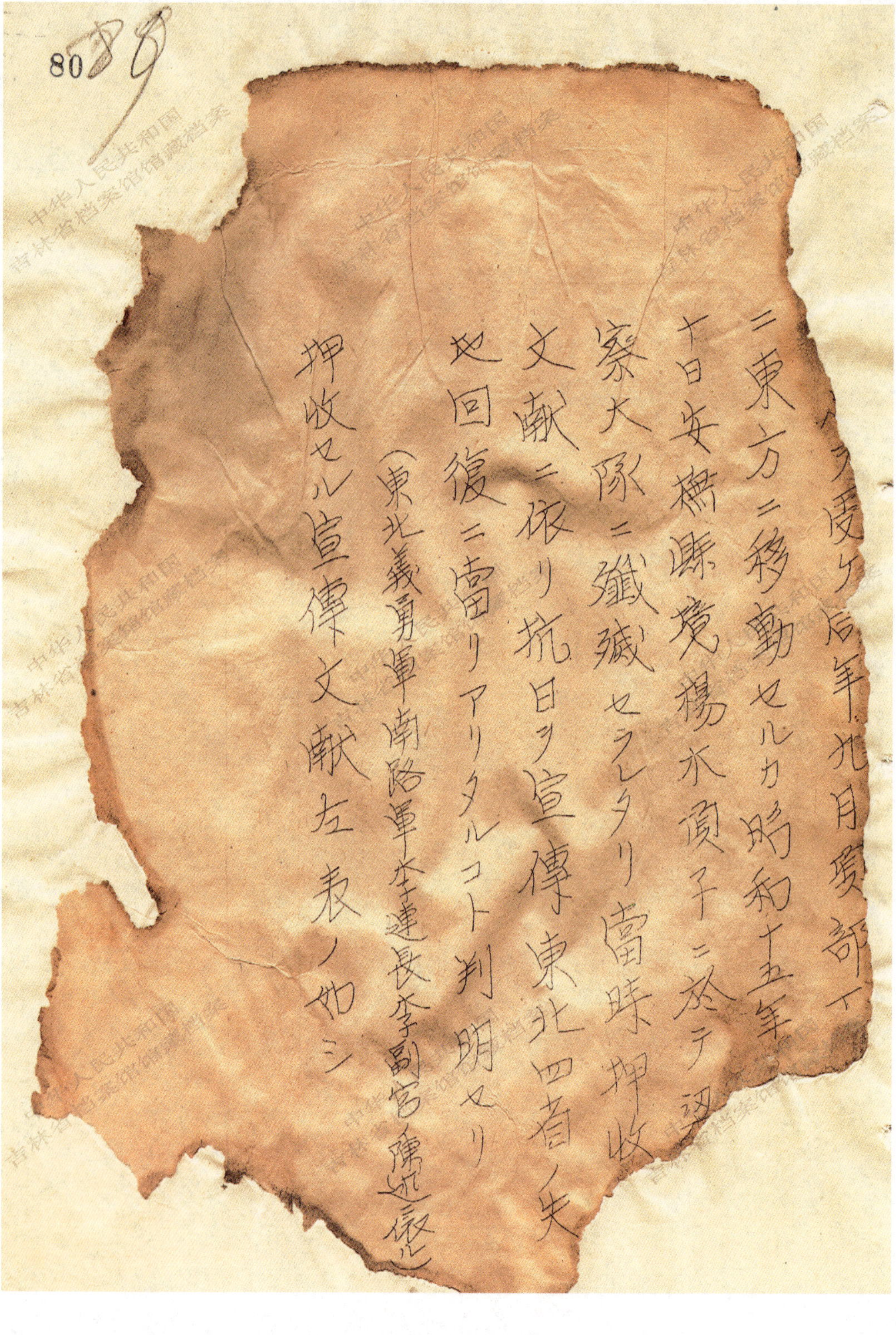

80

ヲ受ケ后年九月愛部下
ニ東方ニ移動セルカ昭和十五年
十日安撫縣覚楊木頂子ニ於テ羽
察大隊ニ殲滅セラレタリ當時押收
文献ニ依リ抗日ヲ宣傳東北四省ノ失
地回復ニ當リアリタルコト判明セリ
（東北義勇軍南路軍李達長李副官ノ陳述ニ依ル）
押收セル宣傳文献左表ノ如シ

81

諜知月日	三二日
種別（題目）	印刷文 満軍及一般武裝隊同胞ニ告ク 祖国抗日大戰ニ響應スルノ書
發行機関 年月日	十二月十九日安撫縣境楊木頂子西南方三粁ノ地点ニ於テ桑營參大隊カ鹵獲シ張鳳亭カ所持シアリタルモノ
宣傳ノ概要	1.我全民ハ已ニ自己ノ職業ヲ財産ヲ放棄シ救国ノ刀ヲ執テ抗日戰線ニ參加シ日寇ト血戰ニ參加セリ 2.祖国抗日戰線ニ參加シ日寇ノ離間分散政策ニ乗セラレ更ニ迷フコト勿レ 3.抗日戰線ニ參加セヨ抗日ヲ除キテ他ニ策ナシ抗日救国ハ唯一光明ノ事業ナリ躊躇逡巡スル勿レ 4.全体諸子ヨ諸君カ參戰スルヲ歓迎ス
諜知機関	桑營

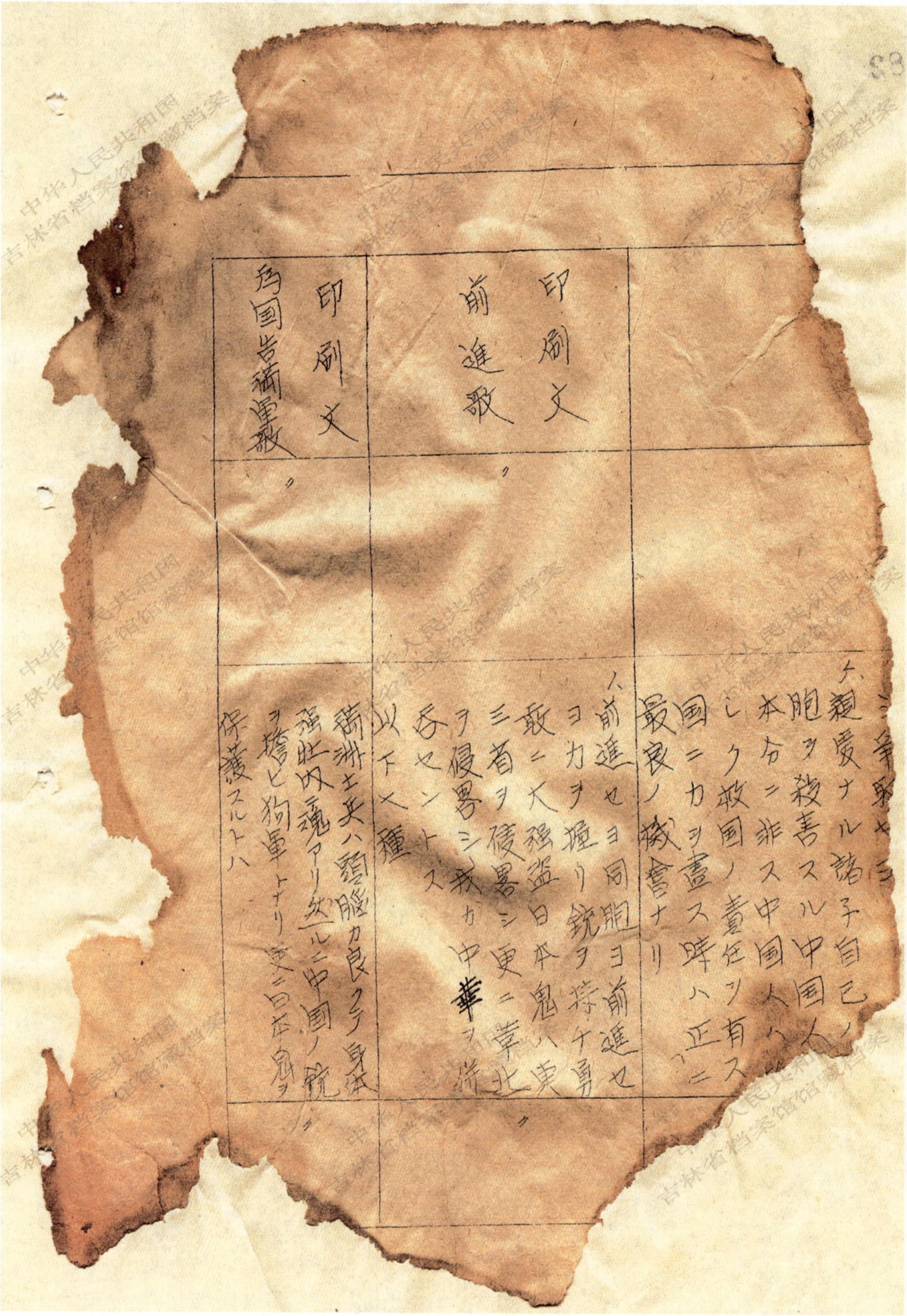

	印刷文 前進歌	印刷文 為国告満軍歌
	〃	〃
…争取セヨ 大、親愛ナル諸子自己ノ 胞ヲ殺害スル中国人 本分ニ非ス中国人ハ シク救国ノ責任ヲ有ス 国ニカヲ盡ス時ハ正ニ 最良ノ機會ナリ	八、前進セヨ同胞ヨ前進セ ヨカヲ握リ銃ヲ持チ勇 敢ニ大強盗日本鬼ハ東 三省ヲ侵略シ更ニ華北 ヲ侵略シ我カ中華ヲ併 呑セントス 以下文種	満洲士兵ハ頭脳力良ク身体 強壮以魂アリ然ルニ中国ノ銃 ヲ擔ヒ狗卑トナリ更ニ日本鬼ヲ 保護スルトハ

83

一三、二〇

印刷文 警醒抗日大戦歌	〃	驚天動地ノ中日大戦ハ開始セリ我大中華国ハ国共合作全国軍民一致シテ抵抗シ更ニ英米仏ノ援助ト国青ノ統合アリ日寇駆逐最後ノ勝利ハ我等ニ帰ス
印刷文 反日歌	〃	勇敢ナル反日軍隊ハ三千万民衆ヲ救ヒ東北省ハ日本軍ノ侵略ニ陥リ殺害サレル同胞ヲ奮起シ康徳五色旗ヲ倒シ紅旗ヲ獲ヘシ白系ノ狗ヲ殺シ財産土地ヲ没収セヨ我等ノ同胞ハ一致協力新中華ヲ建設スルハ青少年ノ双肩ニアリ
印刷文	〃	東北領土ハ三千万同胞ガ祖先カラ受ケタ遺産ナリ暴動ヲ起シ実要前進シ奪回セサレノ…テ後已マサルヲ誓フ 工…

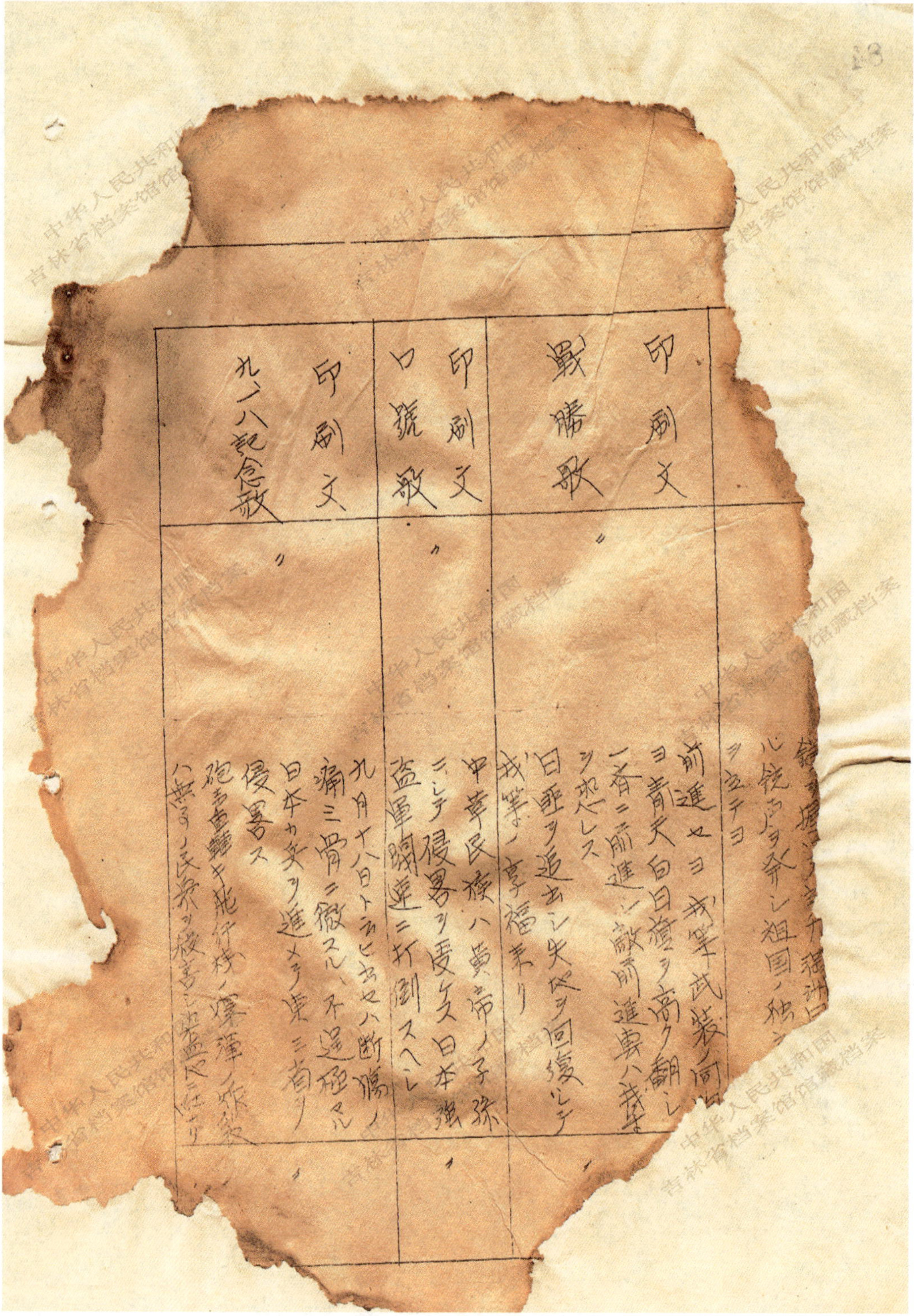

		鐵蹄…満洲…心鋭ニ之ヲ斧シ祖国ノ独立…ヲ立テヨ
印刷文 戰勝歌	〃	前進セヨ我軍武装ノ同胞ヨ青天白日旗ヲ高ク翻シ一斉ニ前進シ敵前進專ハ我等ヲ恐レス日匪ヲ追出シ失地ヲ回復シテ我等ノ享福来リ
印刷文 口號歌	〃	中華民族ハ黄帝ノ子孫ニシテ侵略ヲ受ケス日本強盗軍閥逆ニ打倒スヘシ
印刷文 九一八記念歌	〃	九月十八日ト云ヒ云セハ断腸ノ痛ミ骨ニ徹スル不逞極マル日本カ兵ヲ進メテ東三省ノ侵略ス砲声轟キ飛行機ノ爆弾ノ炸裂ハ無辜ノ民衆ヲ殺害シ鮮血ニ紅ナリ

85 84

一三〇

印刷文
打日本敵

印刷文
偽満洲国美
自嘆彼女愁ヘ
傷ノ謌

印刷文

ッ

ッ

東北ノ広漠タル荒野ニ革命ノ焔
ガ挙ル三千万民衆ハ前進セヨ奮
起セヨ三千万民衆団結シテ日本ヲ
打倒ノ戦線ニ立チ我等最后ノ
勝利ヲ安居楽業ヲ招来スルタメ

ニ

八月ハ済ヘテ畫ニ似タリ満洲兵ハ歩
哨ニ立チ憂愁ノ反感ヲ抱キツヽ
銃ヲ握リテ悲涙自嘆ス

2. 毎日大豆ノ満洲粟ハ食費
ヲ引イテ何モナイ
家族ヲ養フ全モナク一家ハ
衣食ニ困窮ス
以下十種

ニ

中華民国ハ正ニ亡国ノ奴隷トナラ
ントス中華大国ハ目前ノ危機
ニ瀕ス
民族大聯合ノ全民統一戦

一三二〇

国際労働節叙

印刷文

[illegible]我カ[illegible]

旗派別ヲ別タズ宗教信仰
籍貫職ヲ論セズ只管反日
ノ多メニ奮ニ蘇合シ日本帝国主
義ヲ打倒シ我カ中国ヲ創造
スルノミ

一切ノ抗日民衆ヲ領導シ朝
鮮台湾ト共同団結シ一切ノ我カ
祖国ヲ奪回シ牛馬ノ生活ヒ
国生活ヲ解放ス英勇ナル同志
ヨ前進シ満洲国ヲ覆滅シ日
本ヲ追ヒ出シ民族ノ革命戦
争ニテ弱小民族解放運動
ヲ完成ス

夜襲ニ依リ勝利ヲ得ヨ四海ニ
名ヲ揚ケシ敵ノ游裏ノ獲物ハ
別天地走狗ヲ殲スニ又最良ノ
策ヲ要ス

87

86

印刷文	義勇軍ノ出 游撃歌
	襲撃ハ集合分散神出鬼没 秋ノ游撃ハ身心旺盛、夏ノ游 撃我等寧ヲ守ル抗日ノ将来ハ 幸福ニアリ冬ハ天寒風ニ耐ヘ 忍ビ冬ノ游撃ハ衣物ヲ利用シ 厳ハ雪落ケノ悪路ヲ行動ス 花ハ香リテノ游撃ハ鳥歌ヒ春ノ 游撃ハ別天地暖満地 ニ碧草ヲ布ク

二、在満共産黨匪ノ策動

1、南満省委

1）所在

1）委ハ共黨軍一本ヲ本制

88

一運動ヲ繼續シアルモ間断
ニ追ハレ省委首脳部モ分散シ
八部下約三十名ト共ニ樺安撫
境地區ニ全光八部下二十五、六名ト共
樺樹縣境附近樺甸縣内ニ潜居シ
アルモノノ如シ

(2) 宣傳狀況

抗聯第一路軍秘書李東白ノ供述ニ
依レバ宣傳狀況左ノ如シ

89

(イ)「レーニン旗」(旧名戰旗)三、一月刊、中國共
單行本、画報、普通宣傳文等ニ依リ
黨員並一般民衆ニ對シ夫々鮮滿兩
文ヲ以テ民族意識、抗日思想ノ注入
ニ努メアリ
(ロ)宣傳文ノ配布状況
一切ノ宣傳文献ハ秘書處ニ於テ
印刷シ各部隊ニ割當配布
セルモノハ部隊行動等ニ

99

文又ハ様木ニ口
ニテ公示ス
(ハ)印刷用品ノ購入状況
従来農民ヲ利用購入シアリシカ
十四年ノ方振聲カ樺甸縣方面ニテ在
家裡教徒ヲ利用一般物資購入ノ際
印刷用品モ相當多数購入シアリ當
分購入ノ要ナシ
(ニ)秘書處ノ機構

91 90

秘書處ハ本隊トハ別行動ニ可及的安
全地帯ニ固定シ本隊ト緊密ナル連
絡ヲナシ活動ス
本年六月現在ノ人員ハ
秘書長　韓時光（鮮）
秘書　李東白（鮮
炊事員　金光波（
三名ヲ常任トシ金光ノ秘書ノ
手ニテ之ヲ扱ヒ且上長也

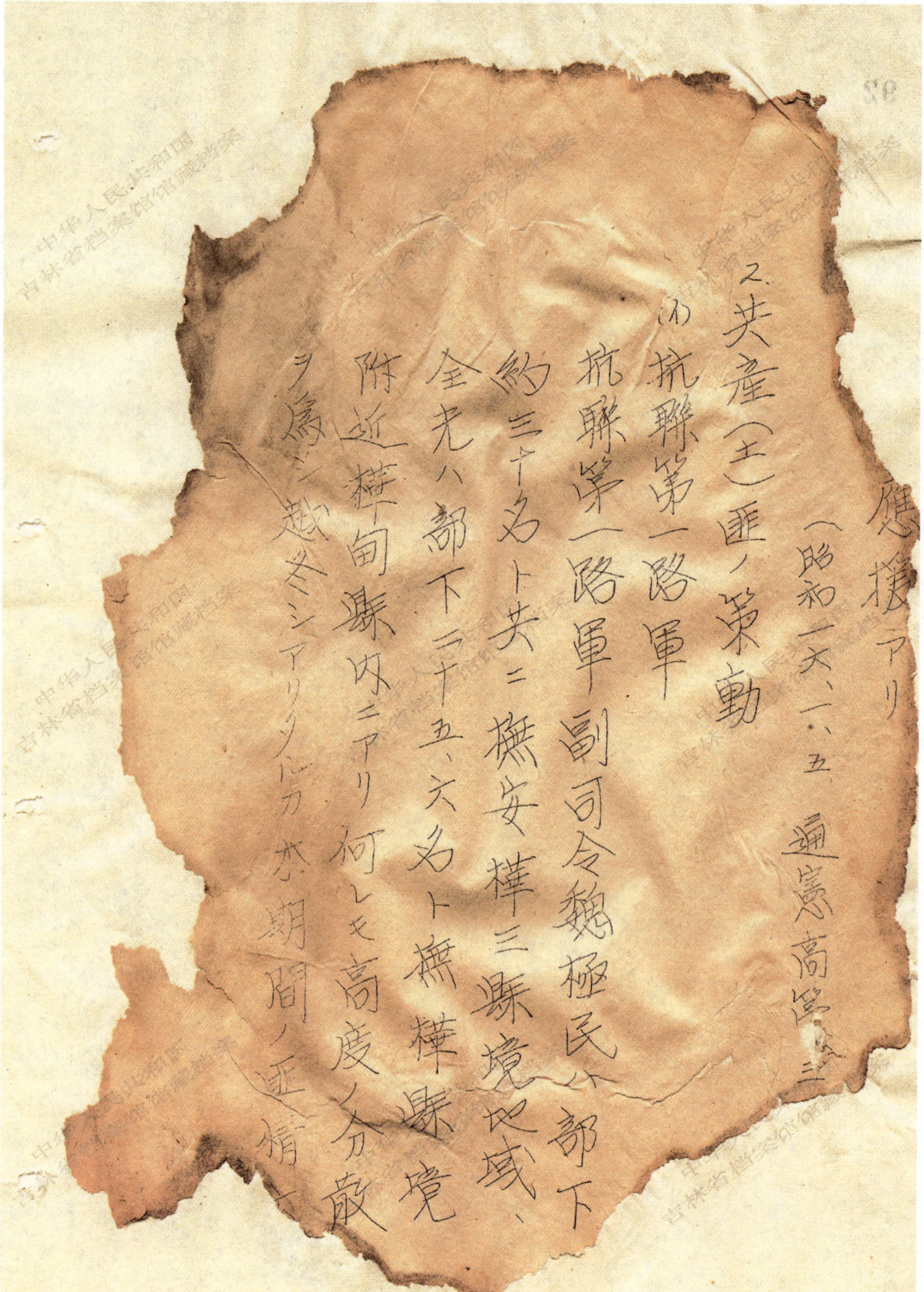
應援アリ
（昭和一六、一、五 通憲高第三
乙、共産(土)匪ノ策動
(イ)抗聯第一路軍
抗聯第一路軍副司令魏極民ハ部下
約三十名ト共ニ撫安樺三縣境地域、
全光ハ部下二十五、六名ト撫樺縣境
附近樺甸縣内ニアリ何レモ高度ノ分散
ヲ爲シ越冬シアリツツアルカ本期間ノ匪情一

四百十四名ニシテ前期ニ大差ナク何レモ其
ノ都度討伐隊ヨリ徹底的打撃ヲ受
ケ彷徨シ漸ク餘命ヲ保持シアル状況ナリ
本期間彼我ノ損害左ノ如シ
敵匪側ノ損害
射殺　一五
逮捕　三（通匪）
山寨覆滅　七一
（[illegible]）

銃 四挺

同彈藥 二〃五發

拳銃 四挺

同彈藥 一三發

洋砲 一挺

我方ノ損害

戰死 一（警士）

本期間ニ於ケル主ナル討伐狀況左表ノ如シ

月日	場所	系統匪首匪數	種別概況要	彼我損害
			安圖縣神探隊六十名八十一時頃上記地點ニ於テ	彼射殺 鹵獲 小銃

94

一一、二八	撫松縣 大沙河 東南部	系統不明 十五、六名	交戦	[illegible]系統不明匪十五、六名潜伏ノ山寨ヲ發見交戦約三時間ニシテ匪ヲ同地東方ニ撃退潰走セシメ追撃セルモ日没トナリ匪影ヲ失ヘリ	同彈薬 一〇〇 拳銃 一 同彈薬 七 衣類食糧 多数 我 ナシ
一二、一	撫松縣 金銀別口子 南方十二粁	魏極民ノ 約二十名	交戦	安圖縣范警察大隊ハ魏極民匪ヲ索メテ行動中十一時十分頃密林中ノ山寨一ヲ發見接近スルヤ射撃ヲ受ケ應戦西北方ニ四散逃セシメタリ	彼 射殺 二 鹵獲 小銃彈 三二 彈帯 二 食品 其他 我 戦死 一
一二、三	撫松縣 五道荏子東北方 四〇三高地	魏極民ノ 約三十名	交戦	追撃中ノ范警察大隊ハ上記地点ニ於テ山寨ニヲ發見包囲交戦約一時間半ニシテ匪ヲ東南方ニ潰走セシメタリ	彼 射殺 鹵獲 小[illegible]
[illegible]	[illegible]縣	[illegible]系統不明	[illegible]交戦	満軍北政隊ハ十一時三十分[illegible]上記地点[illegible]東方二粁[illegible]	[illegible]

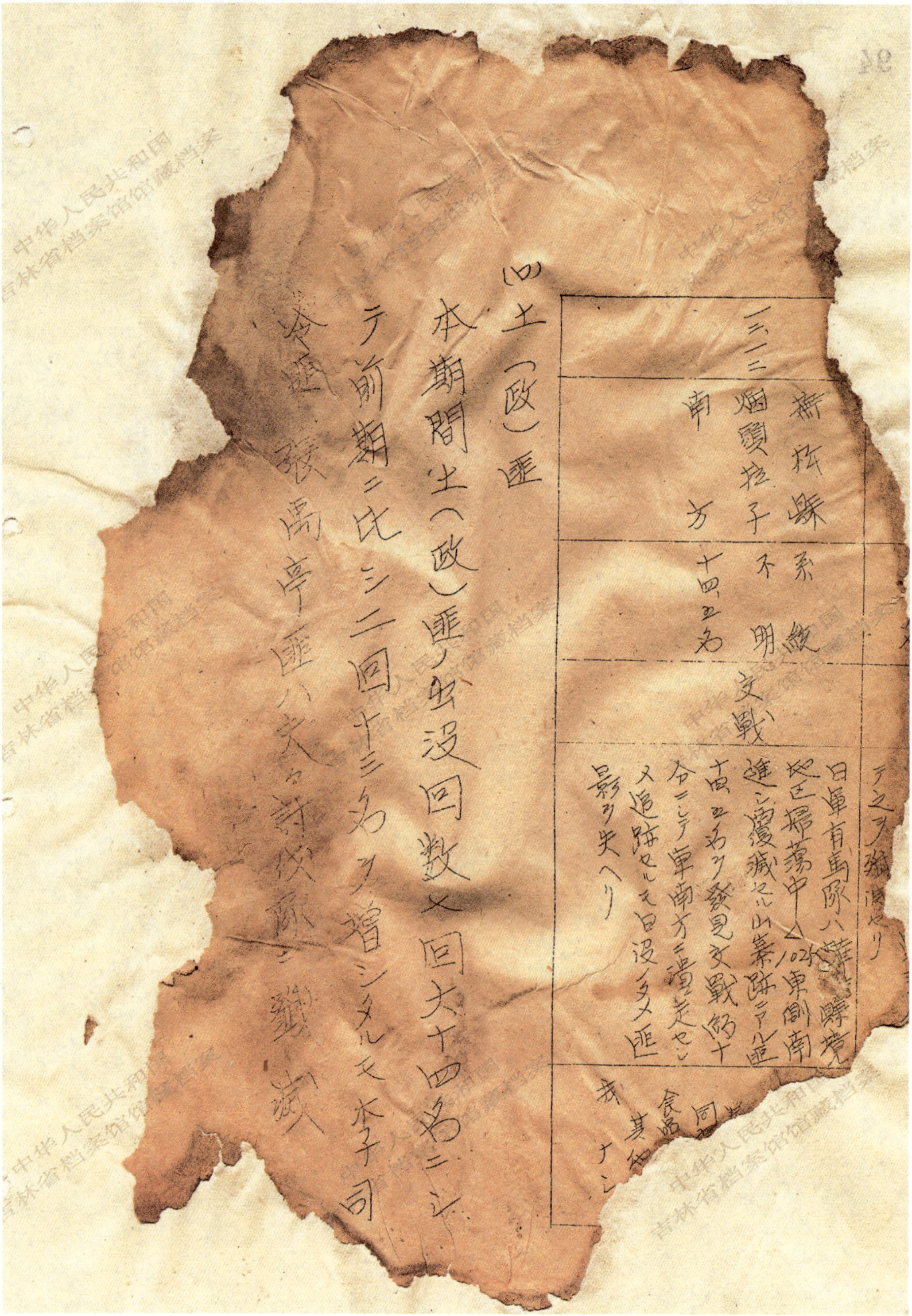

テ之ヲ殲滅セリ

三、一二	新[illegible]縣烟霞拉子南方	系統不明 十四、五名	交戰	日軍有馬隊ハ饒[illegible]縣境地区掃蕩中△102ノ東側南進シ隱藏セル山寨跡ニアル匪十四、五名ヲ發見交戰約十分ニシテ東南方ニ潰走セシメ追跡セルモ日没ノタメ匪影ヲ失ヘリ
同	[illegible]	食品 其他		我ナシ

(四)土(政)匪

本期間土(政)匪ノ出没回数ハ四回六十四名ニシテ前期ニ比シ二回十三名ヲ増シタルモ李子司令匪張禹亭匪ハ大ナル討伐隊ニ殲滅[illegible]

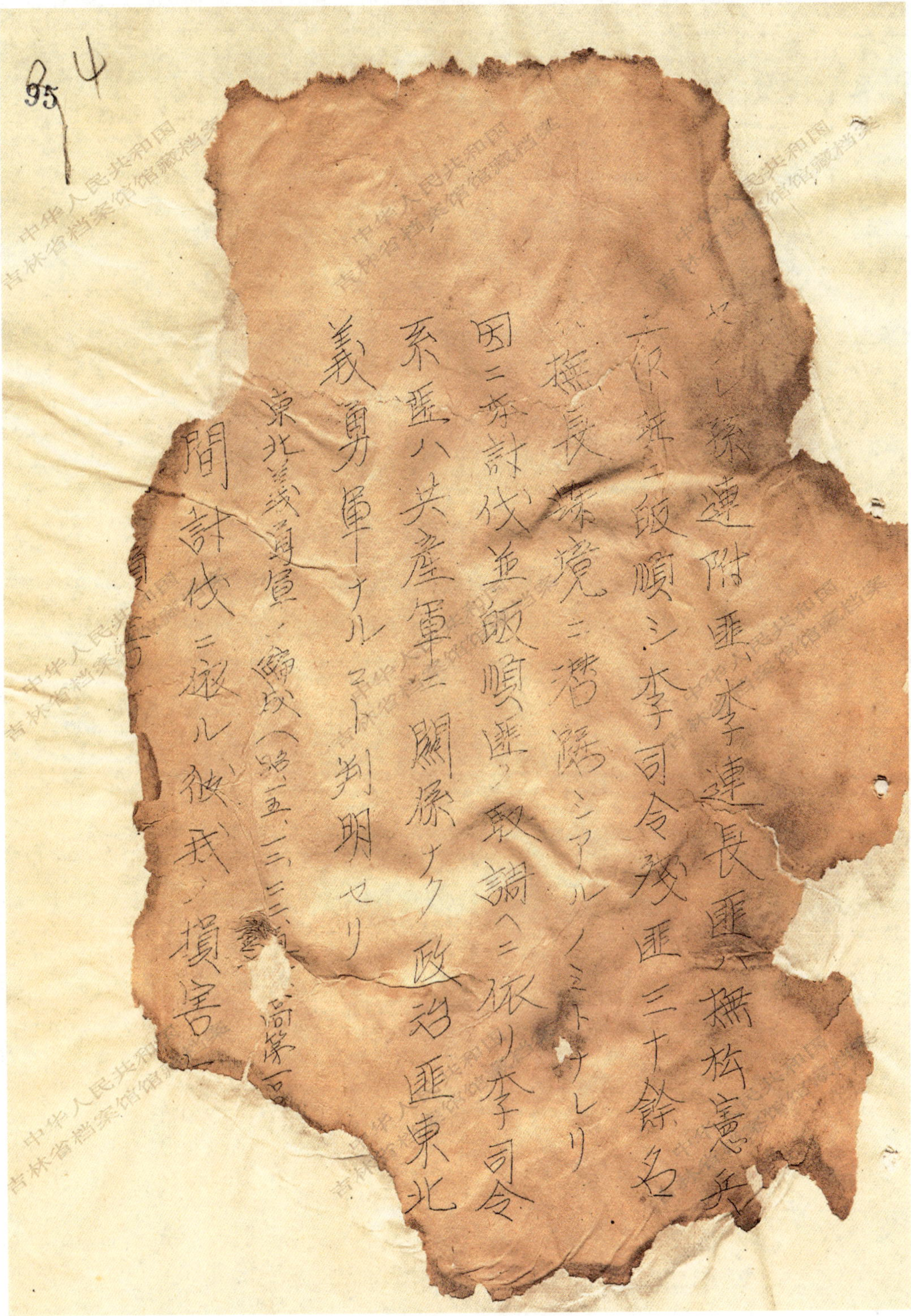
95
セシ孫連附匪、李連長匪與撫松憲兵
ニ依リ共ニ反順シ李司令殘匪三十餘名
ハ撫長孫境ニ潜跡シアルノミトサレリ
因ニ無討伐並反順匪ノ取調ヘニ依リ李司令
系匪ハ共産軍ニ関係ナク政治匪東北
義勇軍ナルコト判明セリ
東北義勇軍員ノ編成（昭五、二、二三、
高等
間討伐ニ依ル彼我ノ損害
員

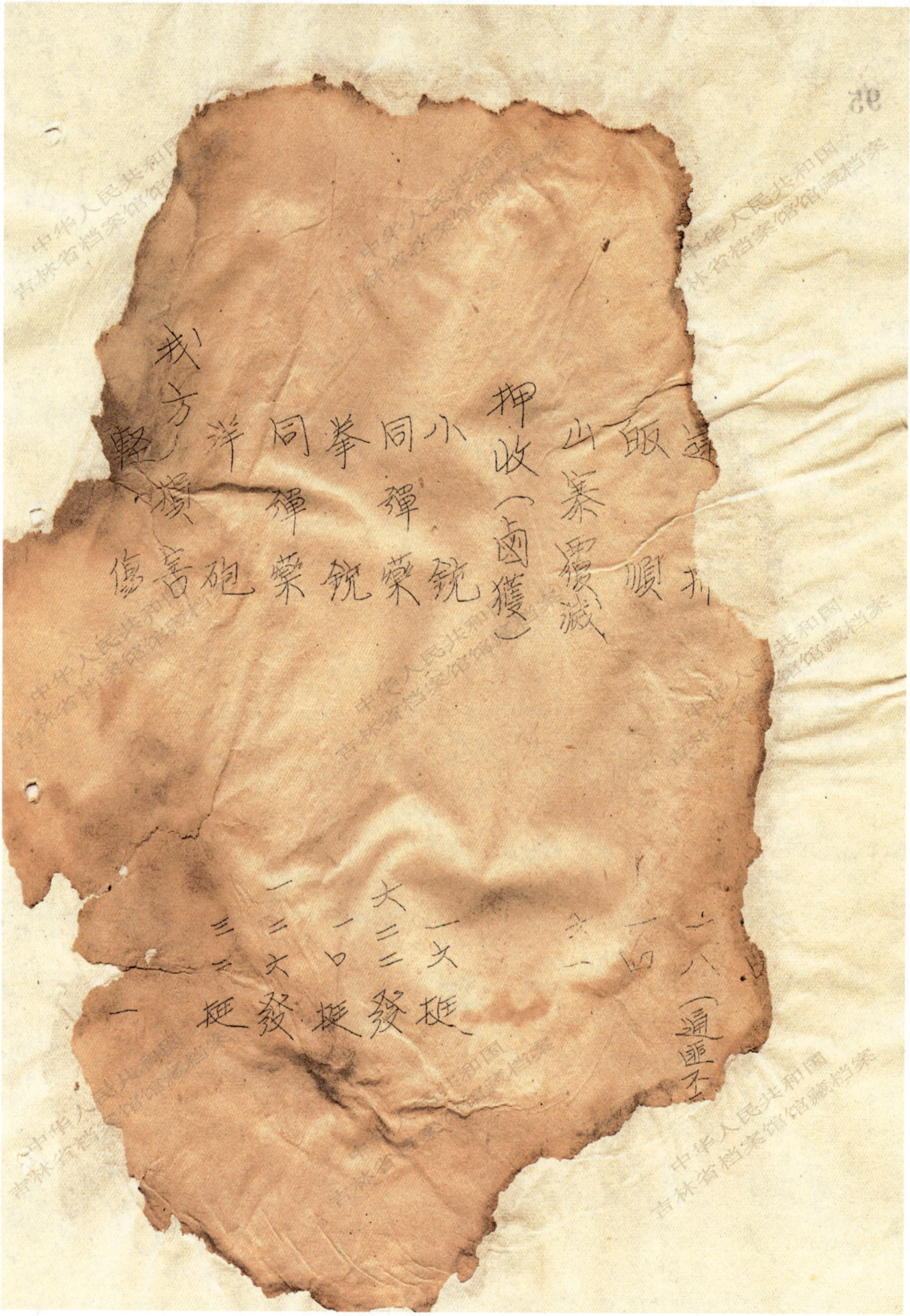
95
逃……
皈順　一百
山寨覆滅　六一
押收（鹵獲）
小銃　一六挺
同彈藥　六二二發
拳銃　一〇挺
同彈藥　一二六發
洋砲　三三挺
我方
輕傷害　一
（通匪不……）

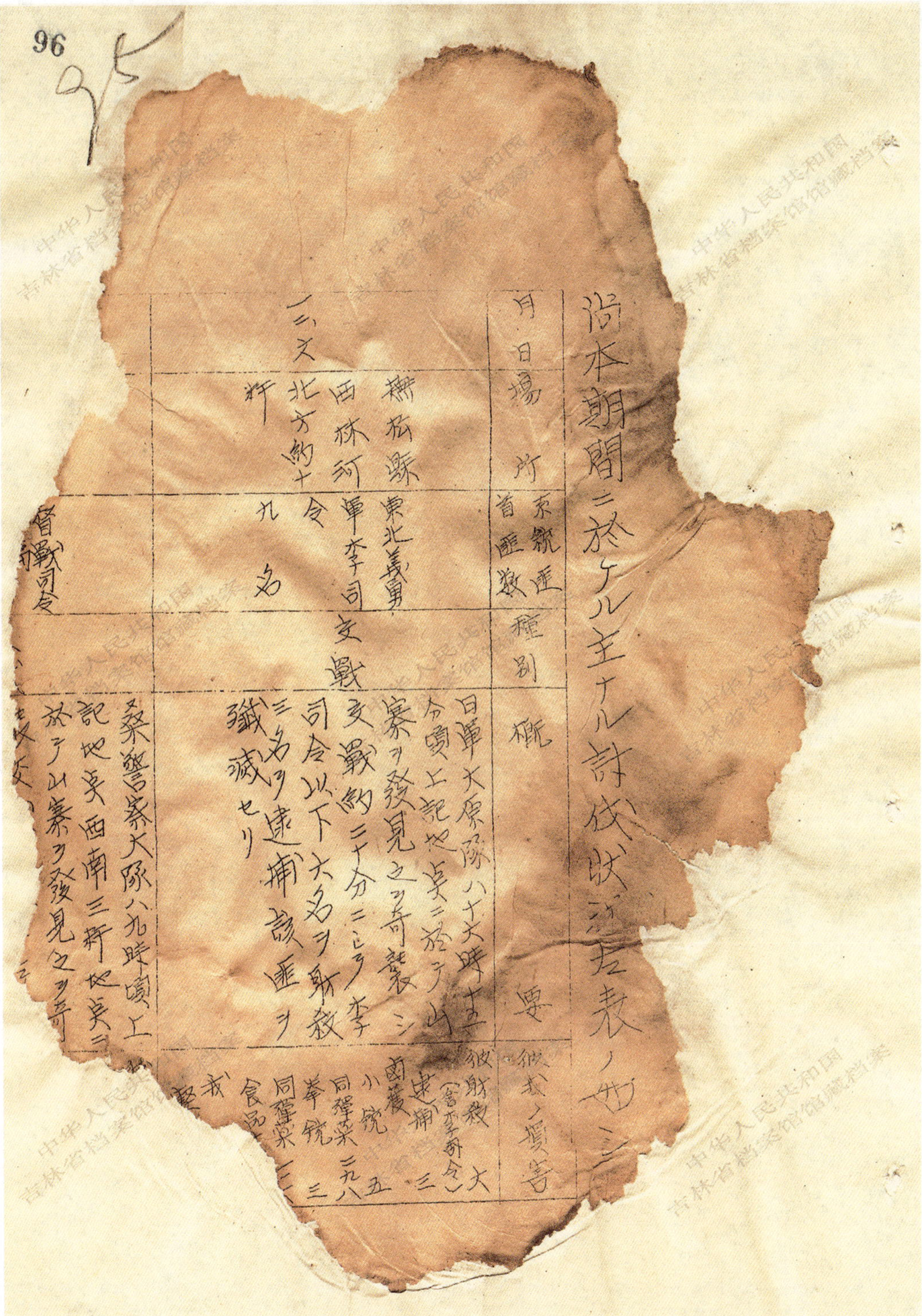
96

尚本期間ニ於ケル主ナル討伐状況左表ノ如シ

月日	一二、六		[illegible]
場所	撫松縣西林河北方約十粁		
首匪数 衆匪	東北義勇軍李司令 九名		曾戰司令
種別	交戰		[illegible]
概要	日軍大原隊ハ十六時十五分頃上記地点ニ於テ山寨ヲ發見之ヲ奇襲シ交戰約二十分ニシテ李司令以下六名ヲ射殺三名ヲ逮捕該匪ヲ殲滅セリ		森警察大隊ハ九時頃上記地点西南三粁地点ニ於テ山寨ヲ發見之ヲ奇
彼我ノ損害	彼 射殺 六（含李司令） 逮捕 三 鹵獲 小銃 五 同弾薬 二九八 拳銃 三 同弾薬 一二 食品 衣服		

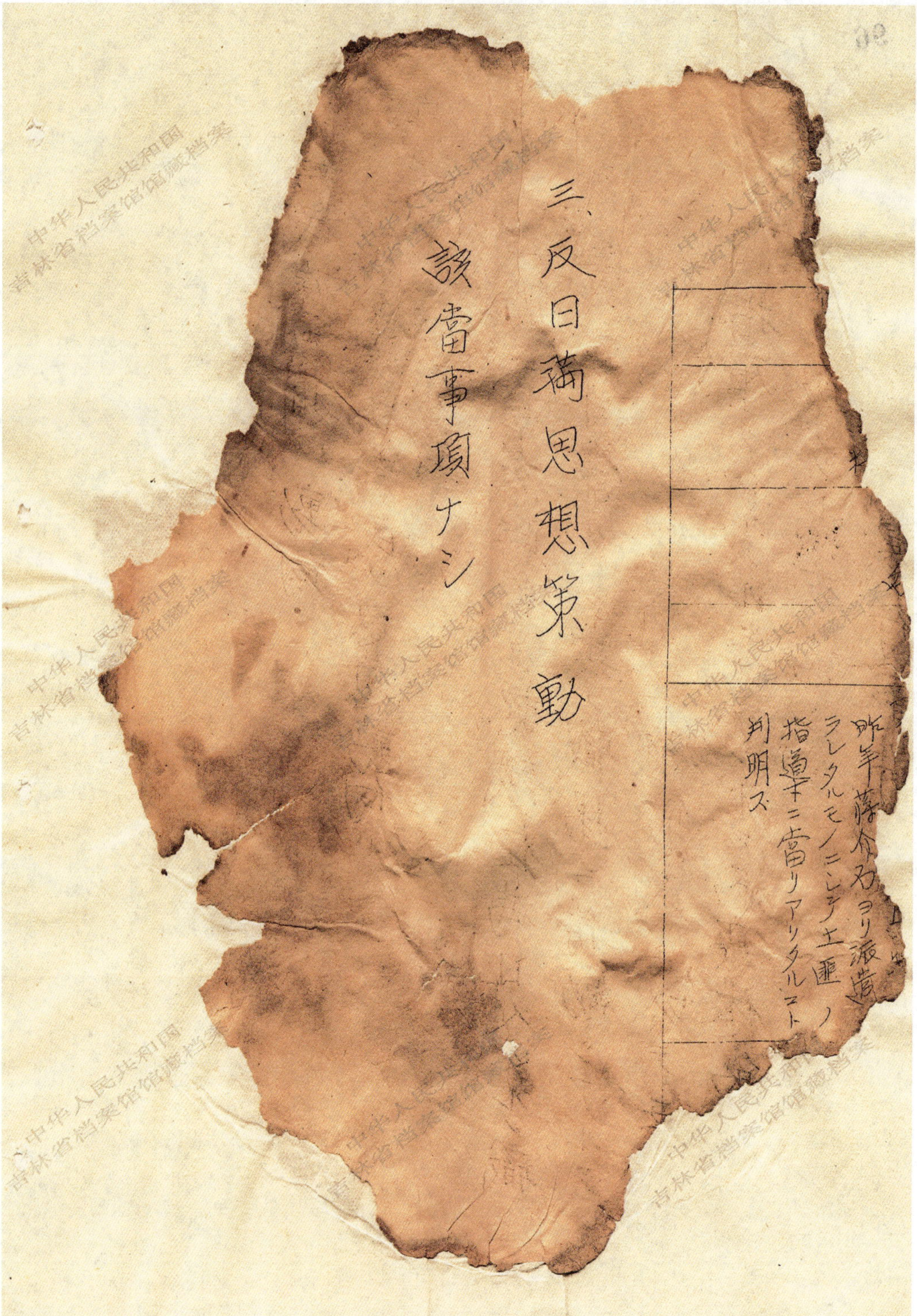
昨年蒋介石ヨリ派遣
ラレタルモノニシテ土匪ノ
指導者ニ當リアリタルコト
判明ス

三、反日滿思想策動

該當事項ナシ

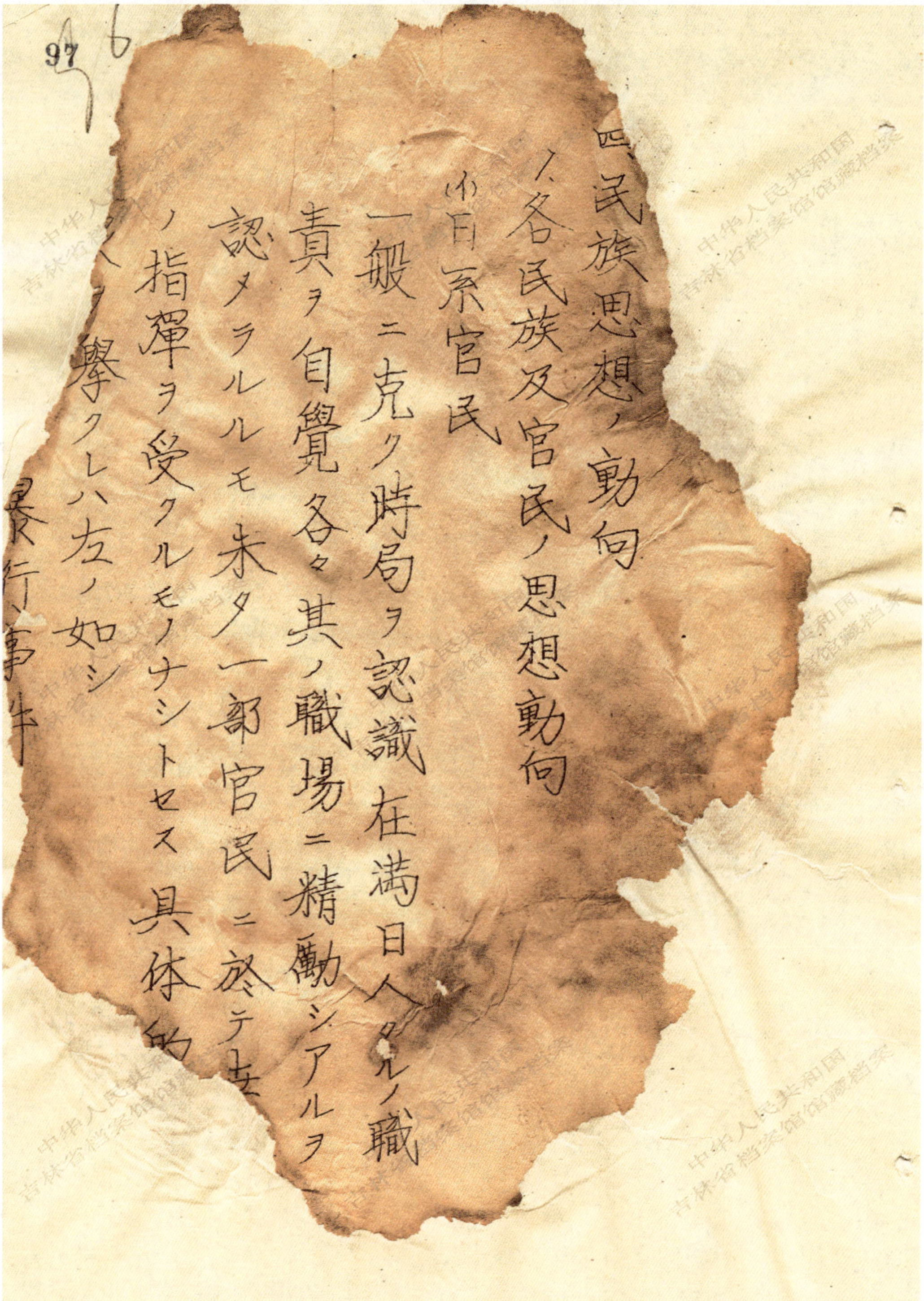
97

四、民族思想ノ動向

(一)、各民族及官民ノ思想動向

(イ)日系官民

一般ニ克ク時局ヲ認識在満日人タルノ職責ヲ自覺各々其ノ職場ニ精勵シアルヲ認メラルルモ未タ一部官民ニ於テ[illegible]ノ指導ヲ受クルモノナシトセス具体的[illegible]擧クレハ左ノ如シ

暴行ノ事件

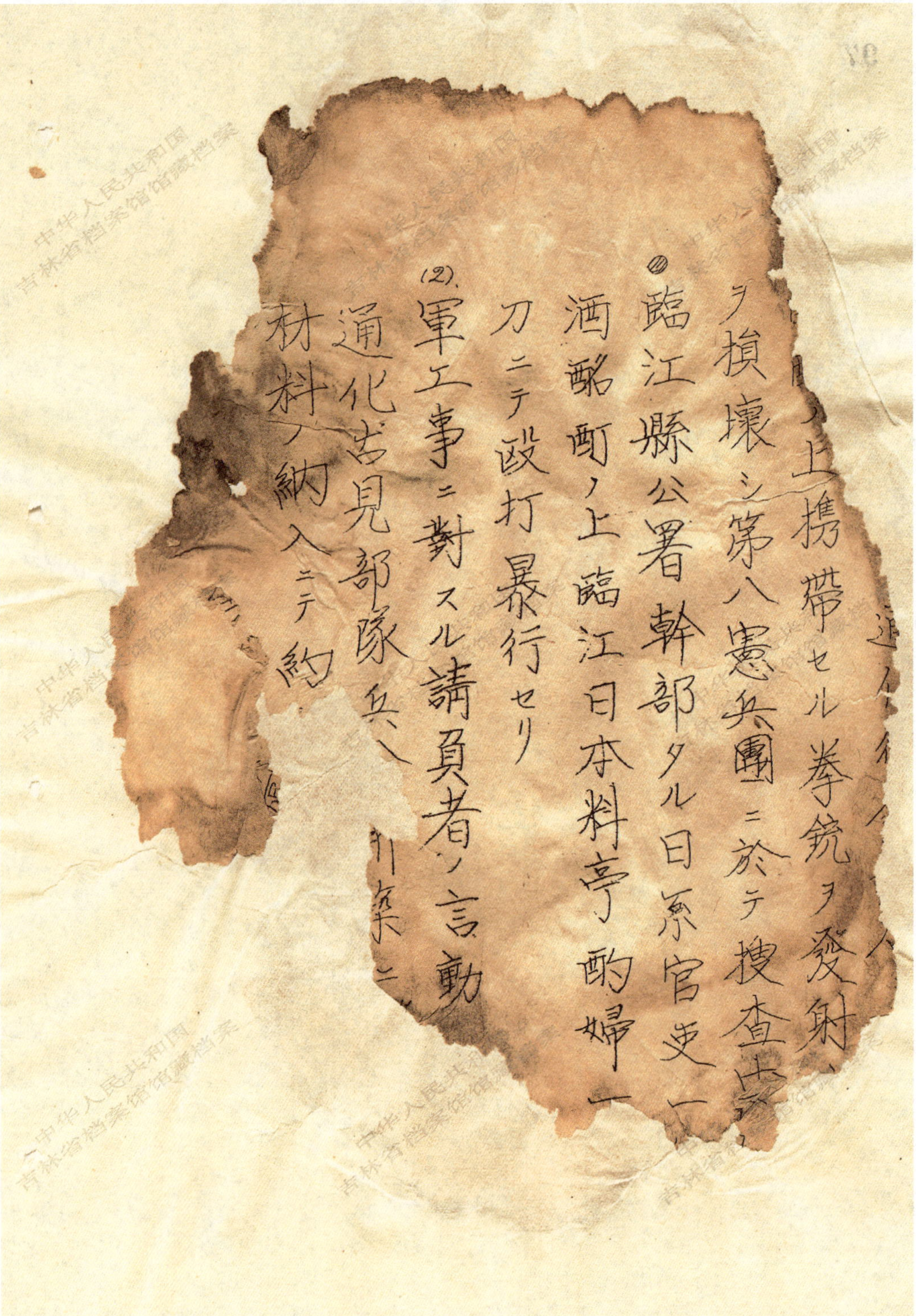

ノ上携帯セル拳銃ヲ發射シ
ヲ損壊シ第八憲兵團ニ於テ捜査中
◎臨江縣公署幹部タル日系官吏一
酒酩酊ノ上臨江日本料亭酌婦一
刀ニテ殴打暴行セリ
(2) 軍工事ニ對スル請負者ノ言動
通化古見部隊兵ヘ
材料ノ納入ニテ約

98

97

数量ノ雑貨ニ納入セネハ
ナシノ突キ返サレル全ク戦時ナレ
然シ今日ノ様ニ物資カ統制統ト
困難ノ際損シテ迄軍ニ盡ス必要
今後軍關係請負ハ真平タ
(3) 風紀取締ニ對スル言動
最近風紀諸營業ノ取締ニ當局
ヤリアルモ深夜ニ酩酊シ又、

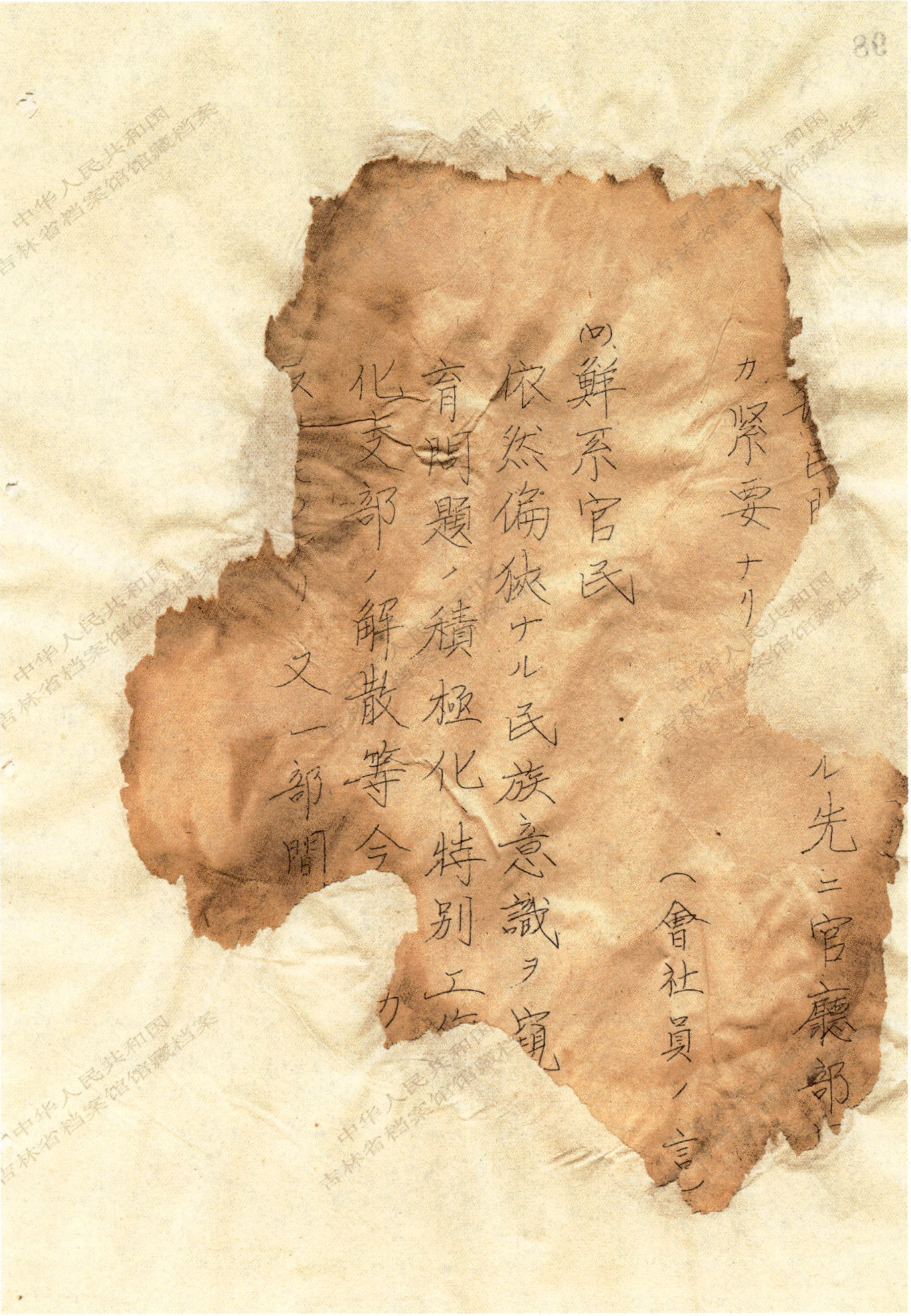
86

ル先ニ官廳部

カ緊要ナリ

（會社員ノ言）

(四)鮮系官民

依然偏狭ナル民族意識ヲ寬

育問題ノ積極化特別工作

化支部ノ解散等今カ

リ又一部間

99

98

シテ不正ヲ敢テシ暴利
ノアリ
(3) 朝鮮總督府教育調査團來滿
朝鮮總督府派遣鮮人教育調査
三班ハ自十二月七日至十三日間通化、輯安
ル教育状況視察ノ上途歸鮮セルカ訪
査團ハ現地教育状況視察スル
當事者ト懇談會ノ席上
同

99

……ノ開陳セリ

鮮人有力者ハ差別的待遇ヲ受……

ヤノ觀念濃厚ニシテ今後ノ動向注意ヲ

要スルモノアリ

（昭一五、三、三 通憲高第九九號……

㊙東南地區特別工作後援會……

解散

東南地區特別工作後援會ハ無……

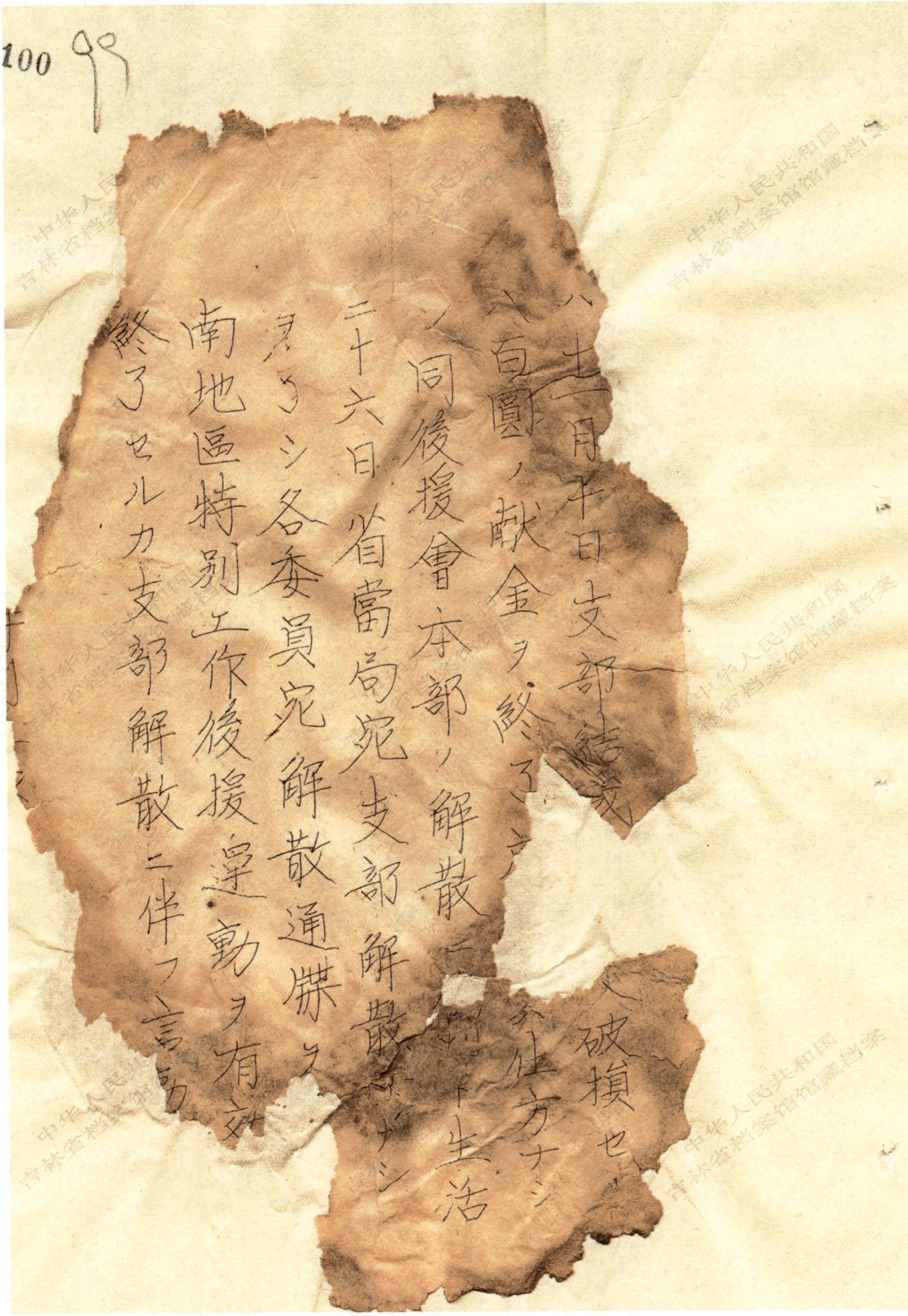
100 99

八、十一月十日支部結成……ハ破損セ
六百圓ノ献金ヲ終了シ……分仕方ナシ
人同後援會本部ノ解散ニ……リ生活
二十六日省當局宛支部解散ヲナシ
ヲナシ各委員宛解散通牒ヲ
南地區特別工作後援運動ヲ有效
終了セルカ支部解散ニ伴フ言動

……ノ部結成以來解散ニ至ル迄……
局ノ援助ヲ得サルノミナラス誤解……
アリタルハ實ニ遺憾トス
今後斯ル主旨ノ運動アルモ行……
成果ハ不可能ナルヘシ（涌化セ……

㊃新京本部ノ解散ニ關シテ……
對シアリタル如キモ當……
全ヲ……的ト……シタルモ……

参考译文

昭和十六年一月七日（1941年1月7日）

思想对策月报（12月）

通化宪兵队本部

目录

一、国外实施的对满策动……………………………………………… 1

1. 苏联……………………………………………………………………… 1

2. 中国……………………………………………………………………… 1

二、在满共产党匪的策动……………………………………………… 6

1. 南满省委……………………………………………………………… 6

（1）位置 ………………………………………………………………… 6

（2）宣传情况 …………………………………………………………… □

2. 共产（土）匪的策动………………………………………………… □

（A）抗联第一路军 …………………………………………………… □

□□□匪 ……………………………………………………………………… □

□□□□□策动 …………………………………………………………… □

四、民族思想的动向…………………………………………………… □

1. 各民族及官民的思想动向………………………………………… □

（A）日系官民 ………………………………………………………… □

（B）鲜系官民 ………………………………………………………… □

（C）满系官民 …………………………………………………………17

2. 特殊事项………………………………………………………………17

五、治安相关事项………………………………………………………19

六、其他……………………………………………………………………19

1. 宗教相关事项…………………………………………………………19

2. 劳动相关事项………………………………………………………… □

七、思想对策服务成果……………………………………………………………………□
八、意见……………………………………………………………………………………□
附表一　思想对策服务成果调查表
附表二　盘踞匪分布要图
附表三　匪数概数表

一、国外实施的对满策动

1. 苏联

无此类事项。

2. 中国

●国民党革命军的策动

8月10日，通化警务厅在实施集中抓捕时将孙具五及其下属11人逮捕。没有掌握上述11人的具体证□仅判明其积极地开展运动及工作□□在今后的工作中加以利用□□□将其释放监视中。

●中央本部派遣联络员

昭和十四年十二月（1939年12月）左右，中国共产党本□派遣2名联络员经莫斯科来到满洲，与南满省委取得了联系。当时，他们二人带来了《中国共产党中央部致全体党员同志的纲领及青年救国团纲领》。

[抗联第一路军秘书李东白的供述，参照昭和十六年一月五日（1941年1月5日）通宪高第三号]

●中国派遣抗日军督战队

督战司令　　　张禹亭

督战副官　　　高贯一及另外两人

上述人员于昭和十四年四月（1939年4月）加入抚松县青顶子东北义勇军南路军李司令的麾下，自称是蒋介石派来的。为了掌握实权□□□□失去了信用，受到□□□同年9月左右，部下□□□向东部转移，昭和十五年（1940年）□□月10日在安图、抚松县境杨木顶子被梁□察大队歼灭。根据当时收缴的文献判断，他们负责宣传抗日，收复东北四省失地。

（根据东北义勇军南路军李连长李副官的陈述）

收缴的宣传文献如下表所示：

谍知月日	种类（题目）	发行机关及年月日	宣传概要	谍知机关
12月20日	印刷文 告满军及一切武装队同胞响应祖国抗日大战之书	12月19日在安图、抚松县境杨木顶子西南方向3千米处被桑警察大队歼灭。 该文件为张禹亭持有。	1.我全民族业已放弃自己的职业及财产，拾起救国之矛，参加抗日战线，与日寇血战。 2.加入祖国抗日战线吧！不要被日寇的离间分散政策所蒙骗，更不要迷茫。 3.加入抗日战线吧!除了抗日别无他法。抗日救国是唯一光明的事业，切勿踌躇徘徊。 4.各位！诸君！欢迎参战□□争取□□ 5.亲爱的各位，杀害自己的□胞不是中国人的本分。中国人要有救国的责任，而现在，就是为国效力最好的时机。	桑□察□□
	印刷文 前进歌	同上	1.前进！同胞们！前进！握紧力量，拿起枪，勇敢起来！大强盗日本鬼子侵略东三省，还要侵略华北，吞并我中华等7种。	同上
	印刷文 为国 告满军歌	同上	满洲士兵头脑灵活，身体强壮，拥有灵魂，却扛着中国的枪，成为狗军，还保护日本鬼子。	同上
	印刷文 响应中日大战歌	同上	惊天动地的中日大战开始了。我大中华国展开国共合作，全国军民一致抵抗，还有英、美、法的援助以及各国的同情。 驱逐日寇，最后胜利将属于我们。	同上
	印刷文 反日歌	同上	勇敢的反日军队是解救三千万民众的。东北被日军侵略沦陷，同胞被残忍杀害。同胞们振作起来，推翻康德五色旗，杀死日寇走狗，没收财产土地吧！我们同胞团结一致，建设新中华的任务就在青少年的双肩上。	同上
	印刷文 □□□	同上	东北领土是三千万同胞从祖先那里继承下来的遗产。我们要发起暴动，突击前进，不夺回东北领土决不罢休。工□□□手握镰刀，打响□□满洲国的枪声□□祖国独立！	同上
	印刷文 战胜歌	同上	前进吧！我们武装的同胞！高举青天白日旗，共同前进，在敌人面前进击，我们无所畏惧。 追击日寇，收复失地，我们便能迎来幸福。	同上

（续表）

12月20日	印刷文 口号歌	同上	中华民族是炎黄子孙，是不可侵犯的，速速打倒日本强盗军阀。	同上
	印刷文 九一八 纪念歌	同上	提起9月18日，就会感到肝肠寸断、刻骨之痛。为所欲为的日本举兵侵略东三省。炮声轰鸣，飞机投下的炸弹杀害了无辜民众，将大地染成血红色。	同上
	印刷文 打日本歌	同上	革命之火在东北广漠的荒野燃起。三千万民众前进吧！奋起吧！为了我们最后的胜利、安居乐业，三千万民众要团结一致，统一战线，打倒日本。	同上
	印刷文 伪满洲国 士兵自叹 妓女愁伤 之调	同上	1.月光皎洁，恰似白昼。满洲士兵站岗放哨，满是忧愁，手握枪支，悲泣叹息。 2.每日6元的满洲票只够自己的伙食费，没有钱养家，一家人整日为衣食发愁等10种。	同上
	印刷文 □□	同上	中华民国马上就要沦为亡国奴。中华大国已到最危急的时刻。 民族大联合的全民统一战线□□□□□我们不分民族派别，不论宗教信仰、籍贯、职业，团结一致共同反日，打倒日本帝国主义，创造我们的中国。	□□
	印刷文 国际 劳动节歌	同上	领导一切抗日民众，与朝鲜、台湾团结一致，夺回我们祖国的一切，将大众从牛马生活、亡国生活中解放出来。英勇的同志们，前进吧！推翻满洲国，驱逐日本。通过这场民族革命战争，完成弱小民族的解放运动。	同上
	印刷文 义勇军 四海 游击歌	同上	发动夜袭，取得胜利，扬名四海。秋季游击的战利品别有洞天，击毙走狗也需要最佳的策略。 袭击的战术就是集合分散，神出鬼没。秋季游击精力充沛，夏季游击我们也义不容辞。抗日的结果就是迎来幸福生活。烈日热风让我们汗流浃背。春季游击要利用地上的东西，让敌人在雪融化后的险道行动。那里花儿散发芳香，鸟儿放声歌唱。春季游击别有洞天，春暖满地，碧草连天。	同上

二、在满共产党匪的策动

1. 南满省委

（1）位置

□□省委依然在党军一体的体制下继续□□运动，然而在遭到□□□不间断地追击后，省委首脑部也分散□□□□与约30名部下一起潜伏在桦甸、安图、抚松县境地区，全光与二十五六名部下潜伏在靠近抚松县境的桦甸县内。

（2）宣传情况

根据抗联第一路军秘书李东白的供述，该军的宣传情况如下：

（A）该军利用《列宁旗》（原名《战旗》）、《三一月刊》、《中国报》、单行本、画报、普通传单等，分别用鲜、满两种文字向党员及普通民众灌输民族意识及抗日思想。

（B）传单的散发状况

所有的宣传文献均是在秘书处□□印刷后，按份数配发给各部队□□□部队行动时□□□□□进行公示。

（C）印刷用品的购入状况

以前，该军一直利用农民购买印刷用品，昭和十四年（1939年）方振声在桦甸县方面利用在家里教徒购买普通物资时，也购买了大量的印刷用品，暂时没有必要购买。

（D）秘书处的机构

秘书处与本队分别行动，尽可能固定在安全地带，与本队紧密联络，开展活动。

截至今年6月的人员情况如下：

秘书长	韩时光（鲜）
秘书	李东白（鲜）
炊事员	金光淑（鲜）

上述3人是秘书处的常务，全光的秘书□□□□□应援。

[昭和十六年一月五日（1941年1月5日）通宪高第□三□]

2. 共产（土）匪的策动

（A）抗联第一路军

抗联第一路军副司令魏拯民与部下约30人盘踞在抚松、安图、桦甸三县境地区，全光与部下二十五六人盘踞在抚松与桦甸县境附近的桦甸县内，均采取高度分散的方式过冬。本期内的匪情有6次114人，与前期没有太大差别。但是他们每次出动都会遭到讨伐队的沉重打击，四处逃窜，勉强维持生存。

本期内敌我双方的损失情况如下：

敌匪方面的损失

射杀　　15人

逮捕　　3人（通匪）

捣毁山寨　　71处

□□（缴获）

步枪　　4支

步枪子弹　　205发

手枪　　4支

手枪子弹　　13发

洋炮（鸟枪）　　1支

我方的损失

战死　　1（警士）

本期内的主要讨伐情况如下表：

日期	地点	系统匪及首匪数	种类	概要	敌我的损失状况
11月28日	抚松县大沙河东南岔	系统不明十五六人	交战	11点左右，安图县神撰队的60人在左述地点发现有十五六名系统不明的匪贼盘踞在山寨，便与之交战，约3小时后匪贼向东部逃去。虽然发动了追击，但由于日落，没有搜到匪贼的踪影。	敌方： 射杀3人 缴获： 步枪□ 步枪子弹180发 手枪1支 手枪子弹7发 衣服粮食大量 我方：无

（续表）

12月1日	抚松县金银别口子南部12千米	魏拯民？约20人	交战	安图县范警察大队在搜索魏拯民匪时，11点10分左右发现了密林中的山寨。刚一接近山寨就遭到射击，随即应战，之后该匪向西北方向四散逃亡。	敌方： 射杀2人 缴获： 步枪子弹22发 弹带2个 食品及其他 我方：战死1人
12月3日	抚松县五道拉（译者注：疑为"砬"，下同）子东北方403高地	魏拯民？约30人	交战	追击中的范警察大队在左述地点发现两个山寨，包围交战约一个半小时，该匪向东南方向败走。	敌方： 射杀□ 缴获： □□□□□
□□□	□□县境□□	系统不明□□□	交战	满军北政队于11点50分左右在左述地点东部2千米□□□将其歼灭。	□□□□□
12月12日	抚松县烟头拉子南部	系统不明十四五人	交战	日军有马队在桦甸、□□县境地区扫荡期间，在向1025高地东侧南进时，发现有十四五名匪贼盘踞在被捣毁的山寨废墟处，与之交战约10分钟，该匪向东南方向败逃。虽然发动了追击，但由于日落，没有搜到匪贼的踪影。	□□□□□ 食品□□ 其他 我方：无

（B）土（政）匪

本期内，土（政）匪出没7次64人，与前期相比增加了2次13人。但由于李司令匪、张禹亭匪被讨伐队歼灭，孙连附匪、李连长匪归顺了抚松宪兵工作班，所以仅有30余名李司令的残匪潜伏在抚松、长白县境。

经过本次讨伐行动以及对归顺匪的审讯可知，李司令系匪与共产军没有任何关系，是政治匪东北义勇军。

东北义勇军的编成

[昭和十五年十二月二十二日（1940年12月22日）通宪高第一〇〇□□]

□□□讨伐造成的敌我损失的情况如下：

□□□的损失

□□	□0□
逮捕	18人（通匪不□□）
归顺	14人
捣毁山寨	61处
收缴（缴获）	
步枪	16支
步枪子弹	622发
手枪	10支
手枪子弹	126发
洋炮（鸟枪）	32支
我方的损失	
轻伤	1人

本期内的主要讨伐情况如下表：

日期	地点	系统及首匪数	种类	概要	敌我的损失
12月6日	抚松县西林河北部约10千米	东北义勇军李司令9名	交战	16点15分左右，日军大原队在左述地点发现了山寨，发动了偷袭，与匪贼交战约20分钟后，射杀了李司令及其下属6人，逮捕了3人，将该匪歼灭。	敌方： 射杀6人（含李司令） 逮捕3人 虏获： 步枪5支 步枪子弹298发 手枪3支 手枪子弹111□发 食品□□□ 我方： 轻□□□

（续表）

□□□	□□□	督战司令□禹□	交战	9点左右，桑警察大队在左述地点西南方向3千米处发现了山寨，发动了偷袭，与之交战□□□□□现已判明，该匪是去年蒋介石派遣来满的，主要负责指导土匪。	□□□□□

三、反日满思想策动

无此类事项。

四、民族思想的动向

1. 各民族及官民的思想动向

（A）日系官民

日系官民普遍能很好地认清时局，自觉认识到身为在满日本人的职责，各自在工作岗位上兢兢业业。然而，仍有一部分官民受到世人的指责，具体列举□□如下：

□□□暴行事件

□□□□□拿出随身携带的手枪开枪，打坏了□□□目前，第八宪兵团正在开展搜查。

●临江县公署的一名日系干部酩酊大醉后，持刀殴打了日本饭馆的一名陪酒女。

（2）承包商关于军事工程的言行

通化古见部队士兵□□□□□因要交材料□□□□□必须按照数量如实缴纳□□□□被拒收，完全没有战时□□□□然而，在如今天这般反复强调物资统制□□□困难之际，即使损失也要为军队尽全力。今后再也不承包军队相关业务了。

（3）关于风纪监管的言行

最近当局加强了对风纪、各种经营的监管。然而，深夜酩酊大醉□□□

□□首先，官厅部□□□是非常重要的。

（会社职员的言论）

（B）鲜系官民

在鲜系官民中依然可以窥见偏执狭隘的民族意识，关于积极推进教育问题，特别工作□□□化以及支部的解散等，现在□□□□□而且，还有一部分人□□□竟然从事非法行为，谋取暴利。

●朝鲜总督府教育调查团来满

朝鲜总督府派遣朝鲜人教育调查□□三班于12月7日至12月13日期间，视察了通化、辑安的教育现状后返回朝鲜。该□查团在视察当地教育情况□□在恳谈会上与当事人□□□□□

鲜人有实力者认为鲜人受到差别待遇的观念浓厚，有必要对其今后的动向予以注意。

[参照昭和十五年十二月二十二日（1940月12月22日）通宪高第九九号]

●东南地区特别工作后援会通□□解散

东南地区特别工作后援会□□□在11月10日成立支部□□□仅筹到800元捐款。该后援会本部被迫解散，26日向省当局发出通牒，告知支部解散，随后又向各委员发出了解散通牒，有效地结束了□南地区特别工作后援运动。然而，随着支部解散出现了以下言行：

□□□□□从支部成立到解散，不仅没有得到□□局的援助，还遭人误解，真是令人遗憾。

今后再有这种主旨的运动，也不可能取得这样的成果了。（通化支□□□

●关于新京本部的解散□□□□□

（译者注：以下残损严重，不收录在册。）

（翻译：王枫　整理：李万彦　校译：柳泽宇、陈景彦）

思对

㊙

通化宪兵队长 玉冈严

关东宪兵队司令官 原守 阁下

根据1940年7月18日关宪高第五五〇号，标题之件将在附件中进行报告（通牒）。

（完）

4

1941年

（以下文字为149～150页参考译文）

1941年6月5日

通宪高第一三六号

关于提交思想对策月报之件的报告

（通牒）

发送至：关宪司，奉天、新京、延吉各队

抄送至：队下，满洲第136、356部队，八宪顾，八宪，奉检

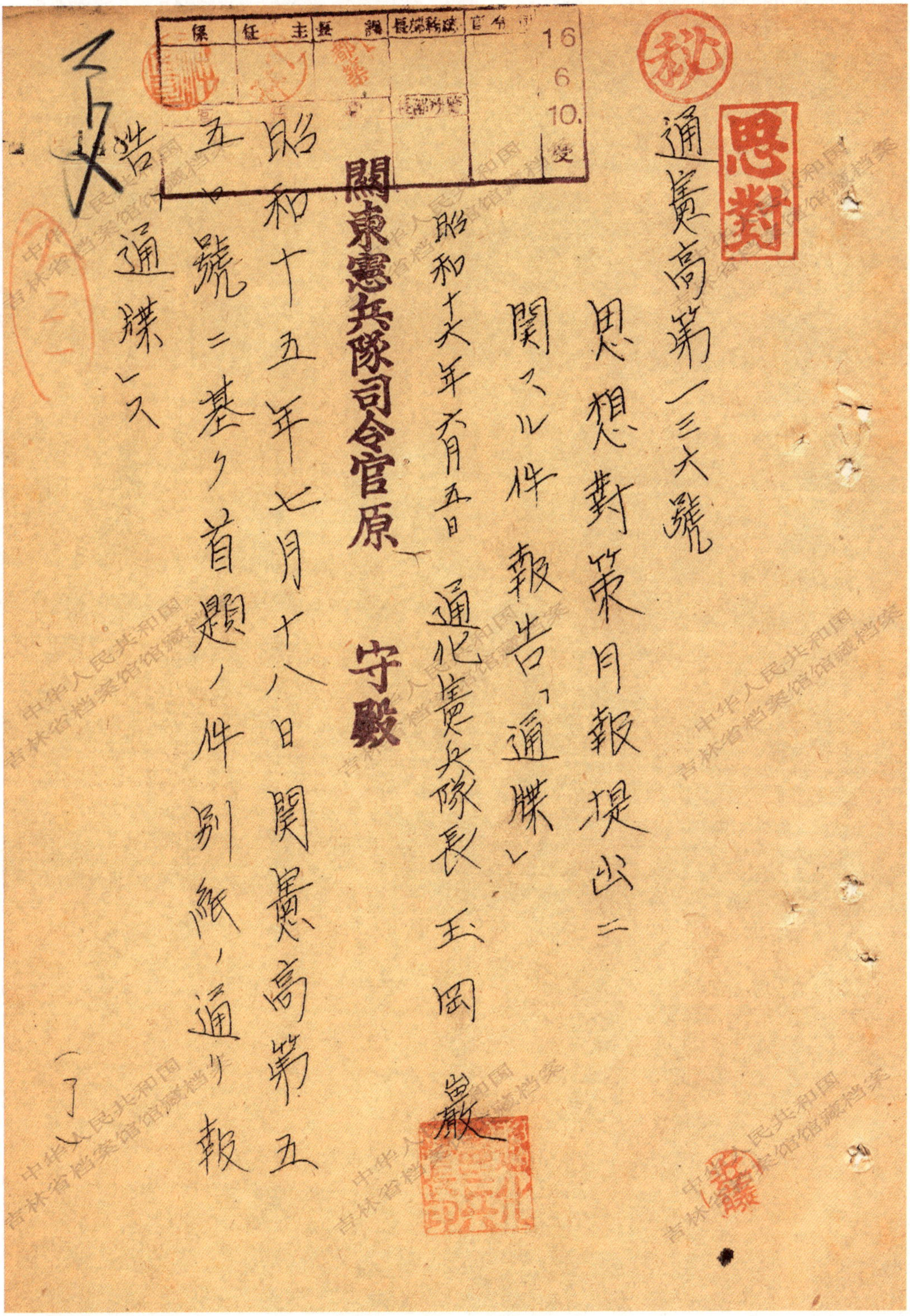

秘
思對
16
6
10.
受

通憲高第一三六號
思想對策月報提出ニ
關スル件報告「通牒」
昭和十六年六月五日　通化憲兵隊長　玉岡　巖
關東憲兵隊司令官原　守殿
昭和十五年七月十八日關憲高第五
五〇號ニ基ク首題ノ件別紙ノ通リ報
告「通牒」ス
（了）

發送先

関憲司、奉天、新京、延吉各隊　寫隊下

満州第136/356部隊、八憲顧、八憲、奉機

149

昭和十六年六月

思想對策月報（五月分）

通化憲兵隊本部

150

目次

一、國外ヨリノ對滿策動……一
二、在滿共産党（匪）ノ策動……一
1、南滿省委……一
2、共産、土（政）匪ノ策動……一
三、反日滿思想策動……三
四、民族思想ノ動向……五
五、治安関係事象……六
六、其他……一二

七 思想對策服務成果……一二

八 所見……三

附表 第一 思想對策服務成果一覽表

第二 匪數概數表

151

一、國外ヨリノ對満策動

該當事項

二、在満共産党(匪)ノ策動

1、南満省委

再建ノ動向認メラレス

2、共産(土)匪ノ策動

(イ)抗聯第一路軍

本期間抗聯軍ノ残存匪十餘名ノ

出没ヲ見タルノミニシテ特殊ノ動向

ヲ認メス前月ニ比シ二四十五名ノ減
少ヲ見タリ
本期間彼我ノ損害左ノ如シ
敵匪ノ損害
　逮捕　一
　射殺　一
　山寨覆滅　三
押收
　洋砲　六

152

小銃　八

彈薬　四七五

我　損害ナシ

(四)土(政)匪

土匪壓五營ハ解氷期ニ入リ蠢動活潑トナリ本期間四回延数四七名ニ達シ樹草繁茂期ニ入リ益〻活潑化スルヲ豫想セラル

2

尚匪ハ約四十名ニシテ二隊ニ
分散行動シアルモノヽ如シ
本期間彼我ノ損害左ノ如シ
敵匪側
逮捕　三（通匪二）
射殺　一
山寨覆滅　二
押收
小銃　一

153

仝弾薬　二四
拳銃　一
仝弾薬　三〇
我
損害ナシ
主ナル討伐状況左ノ如シ

月日	場所	系統 匪首 匪数	種別	概要	彼我ノ損害
五、六	撫松縣	土匪	交戦	漫江部落民ヲ拉致セラレタル情報ニ依リ漫江警察署員	彼我損害ナシ

3

	西崗西南方楊毛河	匪五營二十餘名		二十三名ハ楊匪中六日十六時三十分楊毛河附近ニ不詳匪二十餘名ト遭遇交戦約三十分ニシテ匪ヲ南方ニ撃退尚引續キ捜索中（匪五營匪ト思料セラル）	

三、反日（軍）思想動向

本期間憂慮スヘキ事象ノ發生ヲ見サルカ反日的落書及流言蜚語各一件アリタリ

（1）流言蜚語

151

五月十日頃ヨリ撫松縣城内一般民衆間
ニ
◎北支ニ於ケル日支両軍ノ戦闘ニ依リ日
軍全滅シ之カ為警察討伐隊ハ日
軍ニ代リ近ク熱河方面ニ出動ス
◎共産軍ハ遂次満洲國ヲ侵犯シ以前
ノ如ク中華民國ノ支配下トナラン
云々ノ流言アリ
内査ノ結果近ク熱河方面ニ出動スル警

察討伐隊員ノ一部ノ臆測ヨリ出テタルコト判明セリ

（昭一六、五、二四通憲高第一二六號參照）

(2)、落書

月日	場所	策動人物	種別	概要	處置
五、二三	臨江縣石人溝採炭所工人宿舍	不詳	反日落書	東側壁上ニ鉛筆ヲ以テ打倒日本帝國主義ト落書シアリタリ	憲兵發見抹消ノ上容疑者發見ニ努メアリ

四、民族思想ノ動向

155

(一) 各民族及官民ノ思想動向

(1) 日系官民

管内日系官民ハ一般ニ現下非常時局ヲ認識シ在満日本人タルノ地位ヲ自覚シ各々職場ニ精勵シアリテ特ニ憂慮スヘキ思潮ヲ認メサルモ一部官民ニシテ泥酔暴行ヲ為スモノ、要注意言動ヲ洩スモノナシトセス 尚注意ヲ要スルモノアリ

◎五月七日輯安鉄道警護隊員ハ輯安縣城内ニ於ケル送別會ニ飲酒泥酔シ抜剣喧争スルニ至リ鎮撫セントセル店主、女中ニ對シ顔面、大腿部ニ全治約五日ノ傷害ヲ與ヘタリ

◎言動

○現在満洲ニ於ケル一般日本人ノ地位ハ満人ト同一視セラレアリトノ観アリ斯ル状態ニ於テ如何ニ日本人カ指

157
156

導的民族ナリト云フモ満人ニハ何等ノ効果ナク反テ之等ヲ増長セシメアリ

斯リテハ日本人ノ大陸發展ハ到底望ミ得ス退歩ノ止ムナキニ至ルヘシ（日人有識者ノ言）

○風紀諸營業並經濟統制ニ對シ當局ニ於テ喧シク取締リアルカ之ヲ犯スモノハ職權ヲ有スル官公吏警

6

察官等ニシテ法規破壊ノ先駆者ナリ一般民衆ヲ取締ル先ニ官吏ノ粛正ヲ必要トス

（日人有識者ノ言）

(ロ) 鮮系官民

當局ノ指導ニ依リ漸次思想還善セラレアルカ利己的観念ニ奔リ不正ヲ敢テ為スモノ偏狭的観念アリ陳情ヲ為シ又ハ教育費ノ負担増加ヲ

157

リ動揺シアルモノアリ

◎非行

本期間輯安縣警務科ニ於テ取扱ヒタル阿片法違反五件六名ニシテ押收阿片一五四兩ニ及ヒアリ

之等ハ鮮側居住鮮人ト結託入手シアリ

◎紛争

輯安縣鮮人學校組合（移讓前ヨリ存續シアリ）

7

ハ設立以來各組合員ヨリ等級別
ニ組合費ヲ徴收子弟教育ニ充
當維持シ來レルカ組合費ノ査定
不公平ニ依ル不平並同組合ノ負
債二萬一千圓整理ノ爲昭和十五年
度強制徴收ヲ爲シ昭和十六年度
教育向上ノ爲児童ノ入學費授
業料ヲ徴收スルコトニ決定實施シ
タルタメ通學ヲ中止スル者、納金

158

不能ヲ陳述シ來ルモノ等アリテ
紛争ヲ醸シアルカ組合當局ハ之
カ説得慫慂等ニ依リ善處方
ニ努力メアリ
（昭一六、六、六通化憲高第一三七號参照）

(八)、滿系官民

一部有識者ニ於テハ時局ニ對スル認
識ヲ有シイルモ大部ハ無智蒙昧ニシテ
統制經濟強化ニ伴フ生活ノ不安並

配給不圓滑ニ對スル不滿的言動ヨリ
津スモノ多ク亦之ニ伴フ官吏ノ不正
行為其跡ヲ絶タズ民心離反ノ因トナ
リ注意ヲ要スルモノアリ

◎非行

○五月十九日臨江縣三岔子滿洲土木株
式會社ニ森林警察隊員三名侵入
シ來リ地下足袋ヲ強要セルカ應ゼ
サル為鮮系職員ヨリ毆打暴行セリ

- 159

○輯安縣頭道崴子警察署長ハ五月二十一日辞表ヲ提出セルカ在職中阿片密賣買及收賄等ニ依リ約四千圓ノ不正利得ヲ為シアリト非難セラレアリ

○五月十五日臨江縣公署属官一ハ阿片密賣容疑者トシテ家宅捜索ノ結果約二千圓ノ阿片ヲ隠匿シアリタリ

◎言動

○我等ハ生活必需品ノ不足ニ困窮シアルニ不拘警察官ニ於テハ餘分ニ購入シ之ヲ知己或ハ友人其他ニ譲渡シアリ

取締官憲ハ経済統制ヲ破壊シアリ

（住民多数者ノ言）

○中小商業者ニ於テハ商品並利潤ノ制限ヲ受ケ甚シク制限ヲ受ケア

160

リ将來ニ對スル成算ナク本年中ニ
ハ轉業、廢業スルモノ相當數ニ上
ルヲ豫想セラル
（滿人有力商人）

○必要物資ハ官吏ノミニ厚ク民間ニ
配給セラレサルカ如キアリ日本内地
官吏一律ノ配給ヲ切望ス
（滿人有識者）

（二）特殊事象ニ對スル反響

1、臨江街居住民移轉問題

臨江縣都邑建設局ニ於テハ臨江街建設計画ニ基キ築堤用地家屋ノ移轉ヲ下命シタルニ該地住民ハ當局ノ處置苛酷ナリトテ四月二十一日之カ對策ノ善處方ヲ縣當局及協和會ニ陳情セリ

（昭、一六、五、一三通憲高第一二一號參照）

五、治安関係事項

161

該當事項ナシ

六、其他

1、勞働問題

五月二十四日開發會社大通溝採炭所工人二十六名ハ勞銀ノ減額ニ起因シ就業セス罷業スルニ至レルカ滿警及會社勞務係ノ說得ニ依リ勞銀增額方本社ニ申請スルコトヽシ條件トシテ二十五日十四時復業スルニ至レリ

（昭一六、六、二通憲高第一二九號参照）

乙、鮮満農民ノ紛争

柳河縣安口鎮樺皮甸子開拓鮮農ハ四月十八日警備道路修理中ノ満農ヨリ通行ヲ阻止セラレタルニ起因シ仝日二回ニ亘リ乱闘トナリ死傷者十一名ヲ出スニ至レリ

縣警務科ニ於テハ関係者ヲ取調ノ上満農五名ヲ傷害致死罪、鮮農十一名ヲ公

102

安危害罪トシテ五月六日事件送致
セリ
七、思想對策服務成果
本期間發見押收セル隱匿兵器左ノ如シ
洋砲　三（四一八號身ノミ）
八、所見
警備兵力ノ移動及樹草繁茂期ニ入
リ殘存匪土匪ノ糾合蠢動活潑化ヲ豫
想セラレ治安尚樂觀ヲ許サス沈潜匪ノ活

索出皈順匪ノ査察ニ一段ノ努力ヲ要スル
モノアリ

（了）

別紙第八

思想對策服務成果表

昭一六、五、末調

檢擧

種別 \ 已分	人員	處分別：事件送致	嚴重処分	說諭	其他
共產黨員					
共產匪					
土（政）匪					
反滿抗日分子					
其他					
累計	一	一			

歸順

種別 \ 已分	人員	處分別：歸農	利用	國外追放	其他
共產黨員					
共產匪					
土（政）匪					
其他					
通匪					
累計	五	五			

射殺

種別 \ 區別	人員
共產黨員	
共產匪	
土（政）匪	
其他	
計	
累計	

押收

品目	員數	累計	品目	員數	累計
小銃		三	洋砲	三	大
同彈藥		七九			
拳銃		二			

備考

参考译文

昭和十六年六月（1941年6月）

思想对策月报（5月）

通化宪兵队本部

目录

一、国外实施的对满策动……1
二、在满共产党（匪）的策动……1
1. 南满省委……1
2. 共产、土（政）匪的策动……1
三、反日满思想策动……3
四、民族思想的动向……5
五、治安相关事项……10
六、其他……11
七、思想对策服务成果……12
八、意见……12
附表
第一，思想对策服务成果一览表
第二，匪数概数表

一、国外实施的对满策动

无此类事件。

二、在满共产党（匪）的策动

1. 南满省委

本期内没有发现有东山再起的动向。

2. 共产（土）匪的策动

（A）抗联第一路军

本期内只发现有抗联军残存的10多名匪贼出没，此外没有特殊动向，与上月相比减少了2次15名匪贼。

本期内敌我双方的损失情况如下——

敌匪的损失：

被捕	1人
击毙	1人
捣毁山寨	3处
收缴：	
洋炮（鸟枪）	6支
步枪	8支
子弹	475发

我方：没有任何损失

（B）土（政）匪

土匪压五营自进入解冻期后便开始蠢蠢欲动。本期内共出现了4次，总匪数达47人次，估计进入草木繁茂期后，其活动会越发活跃。

此外，压五营匪约有40人，分散成两队行动。

本期内敌我双方的损失情况如下——

敌匪方面：

被捕	3人（通匪2人）
击毙	2人
捣毁山寨	2处
收缴：	
步枪	1支
步枪子弹	24发
手枪	1支
手枪子弹	30发

我方：没有任何损失

主要讨伐状况如下表所示：

日 期	地 点	系统、匪首、匪数	种 类	概 要	敌我的损失状况
5月6日	抚松县西岗西南方向杨毛河	土匪压五营20多人	交战	接到漫江部落民遭绑架的情报，漫江警察署的23名署员便开展搜匪行动。6日16时30分，在杨毛河附近遇到了系统不明的20多名匪贼，交战约30分钟后，将匪贼击退，匪贼向南方逃去。目前仍在搜索中。（疑似压五营匪）	敌我双方没有任何损失。

三、反日（军）思想动向

本期内没有发生值得担忧的事件，但是出现了具有反日性质的涂鸦及流言蜚语各1件。

（1）流言蜚语

大概5月10日起，抚松县城内普通民众间开始传播以下流言蜚语：

●日支两军在北支交战，日军被全歼。因此，警察讨伐队将代替日军，于近期出动，前往热河方面。

●共产军逐步侵犯满洲国，满洲国将会同以前一样重新回归中华民国的统治下。

暗中调查后发现，这些流言蜚语是近期将前往热河方面的警察讨伐队员中的一部分人臆测出来的内容。

[参照昭和十六年五月二十四日（1941年5月24日）通宪高第一二六号]

（2）涂鸦

日 期	地 点	策动人物	种 类	概 要	处 置
5月23日	临江县石人沟采矿所工人宿舍	不详	反日涂鸦	有人在东侧墙壁上用铅笔涂写“打倒日本帝国主义”。	宪兵发现上述涂鸦后将其抹消，然后积极搜查嫌疑人。

四、民族思想的动向

（一）各民族及官民的思想动向

（A）日系官民

辖区内的日系官民普遍能够认清当前的非常时局，自觉认识到在满日本人的地位，在各自的工作中兢兢业业，没有发现特别值得担忧的思潮。但是，仍有部分官民存在酗酒后暴行，还有人流露出需要注意的言行，要予以关注。

●5月7日，辑安铁道警护队员在辑安县城内举行的送别会上喝得酩酊大醉，进而拔剑对峙，还殴打了企图上前安抚的店主和女服务员，致使其脸上和大腿部受伤，大约需要5天才能痊愈。

●言行

○现在出现一种观点，即认为在满的普通日本人与满人地位相同。这种状态下，即便口口声声说日本人是指导民族，也不会对满人产生任何效果，反而会助长他们的气焰。

如此，根本无法期望日本人在大陆会有所发展，最终只能被迫退让。

（日本有识之士的话）

○当局针对风纪、各种经营及经济统制实施了严格的监管，但违反的人却是拥有职权的官员和警察官等人，他们带头破坏法规。因此，在对普通民众加强监管前，有必要先对官员进行整饬。

（日本有识之士的话）

（B）鲜系官民

在当局的指导下，鲜系官民的思想逐步得到改善。但是有人偏执己念，冒险干一些违法之事；有人偏执狭隘，提交陈情；还有的人因为教育费的增加而产生了动摇。

●不良行为

本期内，辑安县警务科处理的违反鸦片法的不良行为有5件共6人，收缴了154两鸦片。

他们6人与居住在鲜内的鲜人勾结，得到了这些鸦片。

●纠纷

辑安县鲜人学校组合（转让前就存在了）自成立以来，一直按照等级向各组合成员收取组合费，充当子弟教育费用。然而，由于组合费用的核定有失公允，引起了组合成员的不满。并且，为了解决该组合21000元的负债，昭和十五年（1940年）度实施了强制征收；昭和十六年（1941年）度为了提高教育水平，该组合又决定征收儿童的入学费及授课费。因此，有人终止学业，还有人说自己交不起费用，从而引发了纠纷。组合当局正在通过劝说和怂恿等手段积极妥善处理此事。

[参照昭和十六年六月六日（1941年6月6日）通宪高第一三七号]

（C）满系官员

虽然部分有识之士对于时局有所认识，但是大部分人都是无知愚昧的。自统制经济强化后，许多人对于生活的不安定性以及配给不顺畅等情况流露出了不满的言行，同时官员的非法行为也没有得到彻底根除，反而加速了民心离反，对此要予以注意。

●非法行为

○5月19日，有3名森林警察队员闯入了临江县三岔子满洲土木株式会社，强行索要胶底布袜。然而，对方没有答应他们的要求，于是他们就殴打了鲜系职员，实施了暴行。

○5月21日，辑安县头道崴子警察署长提交了辞职信。有人批判他说道，他在职期间通过秘密销售鸦片及受贿等行为获取了大约4000元的非法所得。

○5月15日，对1名秘密贩卖鸦片的嫌疑人——临江县公署的官员的房屋进行了搜查，结果发现其家中藏有价值约2000元的鸦片。

●言行

○我们为生活必需品的不足而发愁，但警察官却能多买，转让给自己的知己、友人及其他人。

监管官宪正在破坏经济统制。

（多数居民的言论）

○中小商人在商品及利润方面受到了限制，而且是极大的限制，以致对将来不抱任何希望。估计今年会有很多人转业或停业。

（有实力的满人商人）

○必要物资仅对官员大量供给，没有给民间配给。希望能够享受与日本内地官员同样的配给待遇。

（满人有识之士）

（D）对于特殊事件的反响

1. 临江街居民的转移问题

临江县都邑建设局根据临江街建设计划，命令转移筑堤用地上的房屋。对此，当地住民认为当局的处置方法严苛，4月21日前往县当局及协和会提出陈情，要求采取对策，妥善处理此事。

[参照昭和十六年五月十三日（1941年5月13日）通宪高第一二一号]

五、治安相关事项

无此类事项。

六、其他

1. 劳动问题

5月24日，开发会社大通沟采矿所的26名工人因为薪资减额举行了罢工。在满警及会社劳务员的劝说下，以向本社申请增加薪资为条件，25日14时复工了。

[参照昭和十六年六月二日（1941年6月2日）通宪高第一二九号]

2. 鲜、满农民的纠纷

4月18日，柳河县安口镇桦皮甸子开拓鲜农被修建警备道路的满农阻止通行。由此，双方在当天发生了两次殴斗，造成11人伤亡。

县警务科在对有关人员实施审讯后，判处5名满农伤害致死罪，判处11名鲜农治安危害罪，于5月6日进行了案件移交。

七、思想对策服务成果

本期内发现并收缴的隐藏武器如下：

洋炮（鸟枪）　3支（其中有1支只有枪身）

八、意见

在警备兵力转移及进入草木繁茂期后，估计残存各匪团会纠集土匪积极开展行动。因此，在治安方面尚不容乐观，要进一步努力搜出潜在的匪贼，监视归顺匪等。

（完）

思想对策服务成果表
昭和十六年五月（1941年5月）末调

<table>
<tr><td rowspan="10">逮捕</td><td rowspan="2">分类
种类</td><td rowspan="2">人数</td><td colspan="4">处分类别</td></tr>
<tr><td>案件移交</td><td>严重处分</td><td>训诫</td><td>其他</td></tr>
<tr><td>共产党员</td><td></td><td></td><td></td><td></td><td></td></tr>
<tr><td>共产匪</td><td></td><td></td><td></td><td></td><td></td></tr>
<tr><td>土（政）匪</td><td></td><td></td><td></td><td></td><td></td></tr>
<tr><td>通匪者</td><td></td><td></td><td></td><td></td><td></td></tr>
<tr><td>反满抗日分子</td><td></td><td></td><td></td><td></td><td></td></tr>
<tr><td>其他</td><td></td><td></td><td></td><td></td><td></td></tr>
<tr><td>计</td><td></td><td></td><td></td><td></td><td></td></tr>
<tr><td>累计</td><td>1</td><td>1</td><td></td><td></td><td></td></tr>
<tr><td rowspan="9">归顺</td><td rowspan="2">分类
种类</td><td rowspan="2">人数</td><td colspan="4">处分类别</td></tr>
<tr><td>回乡务农</td><td>利用</td><td>驱逐国外</td><td>其他</td></tr>
<tr><td>共产党员</td><td></td><td></td><td></td><td></td><td></td></tr>
<tr><td>共产匪</td><td></td><td></td><td></td><td></td><td></td></tr>
<tr><td>土（政）匪</td><td></td><td></td><td></td><td></td><td></td></tr>
<tr><td>其他</td><td></td><td></td><td></td><td></td><td></td></tr>
<tr><td>通匪者</td><td></td><td></td><td></td><td></td><td></td></tr>
<tr><td>计</td><td></td><td></td><td></td><td></td><td></td></tr>
<tr><td>累计</td><td>5</td><td>5</td><td></td><td></td><td></td></tr>
</table>

（续表）

	分类 种类	人数				
射杀	共产党员					
	共产匪					
	土（政）匪					
	其他					
	计					
	累计					
收缴	物品	数量	累计	物品	数量	累计
	步枪		3	洋炮（鸟枪）	3	6
	步枪子弹		79			
	手枪		2			
备注						

（翻译：张雪　整理：宋畅　校译：周岩、陈景彦）

㊙

思对

通化宪兵队长 玉冈严

标题之件将在附册中进行报告（通牒）。

5

1941年

（以下文字为189页参考译文）

1941年12月27日

通宪高第四一〇号

思想对策半年报（甲目标）之件的报告

（通牒）

发送至：关司，新京、奉天、延吉队，满136、356部队

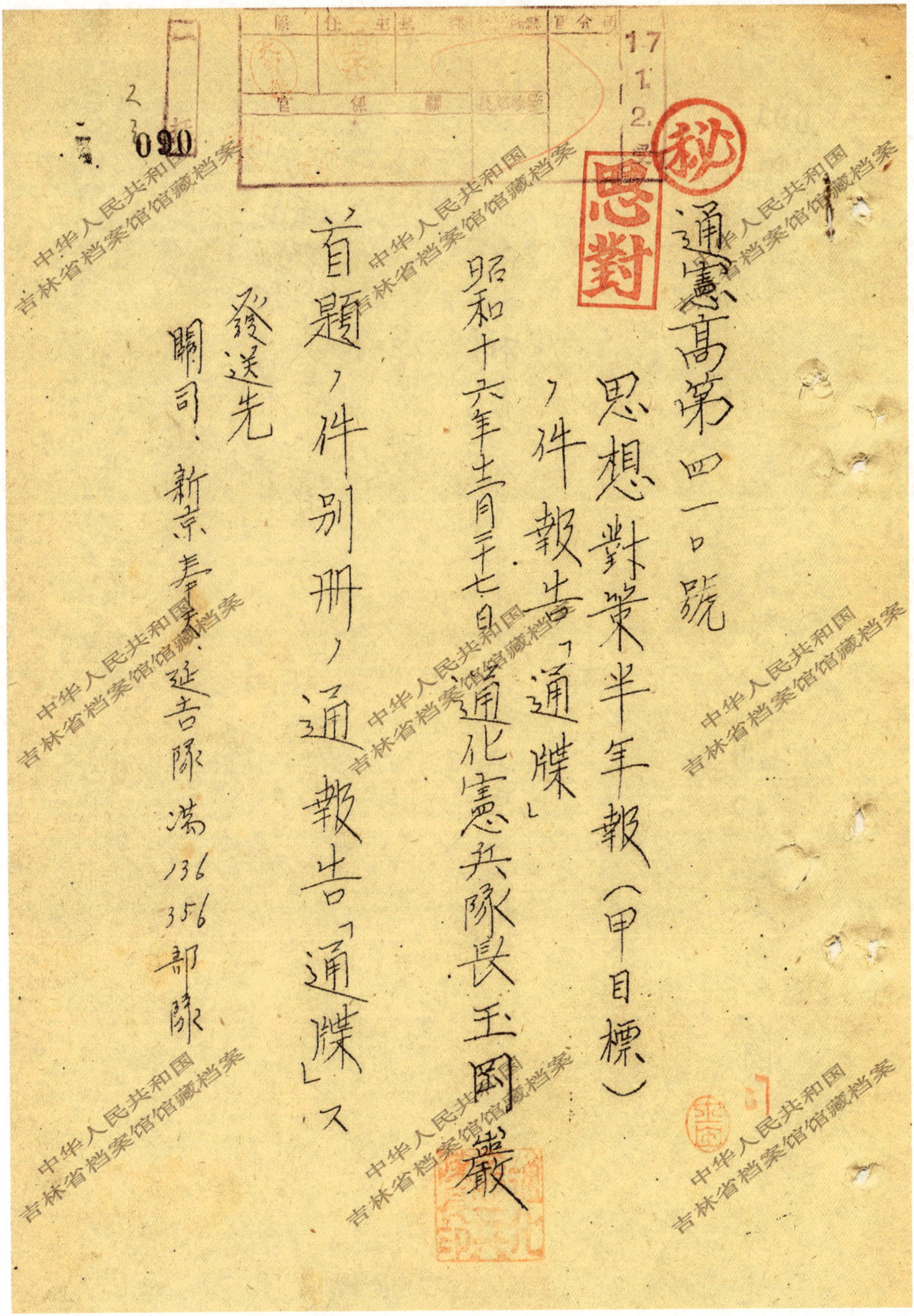

秘
思對

17.1.2

020

通憲高第四一〇號

思想對策半年報（甲目標）

ノ件報告「通牒」

昭和十六年十二月二十七日 通化憲兵隊長 玉岡巖

首題ノ件別冊ノ通報告「通牒」ス

發送先

關司、新京、奉天、延吉隊 滿136 356部隊

091

自昭和十六年六月
至昭和十六年十二月

思想對策半年報（甲目標）

通化憲兵隊

092

目次

一、概況 …… 一
二、在満共產党ノ状況 …… 三
三、在満匪賊ノ活動状況 …… 三
四、党匪外郭團体ノ状況 …… 七
五、在満共產党ノ宣傳状況 …… 七
六、在満共產党ノ士兵工作 …… 七
七、國外ヨリスル對満策動ノ状況 …… 八
八、思想對策服務成果 …… 一〇
九、其他 …… 一一
一〇、将来ニ對スル判断並對策 …… 一二
一一、密謀隊系統表 …… 別紙第一
一二、匪賊ノ治安攪乱事案統計表 …… 別紙第二

思想對策成果一覧表

別紙第三

093

一、概況

1、國共、蘇共、中共ノ在滿共產党ニ對スル指導

該當事項ナシ

2、在滿共產党ノ狀況

累次ニ亘ル日滿軍警ノ討伐ニ因リ南滿省委ハ根底ヨリ覆滅セラレ本期間特殊動向トシテ認ムヘキモノナシ

3、在滿匪賊ノ狀況

皈順後豹變セル庄五營匪約四十八名ハ

依然トシテ東北部省境ニ蟠踞シアリテ目下日満軍ノ討伐ニ遇ヒ潜匿シアル外二、三名ヨリナル強盗類似匪ハ数回ニ亘リ出没シタルモ特異ナル策動ナシ

4、党匪外廓團体ノ状況

該當事項ナシ

5、在満共産党匪ノ宣傳状況

該當事項ナシ

6、在満共産党ノ士兵工作

094

該當事項ナシ

7、國外ヨリスル對滿策動狀況

中共第九路軍派遣諜略員檢擧一件

及第八路軍系參諜隊員ノ檢擧一件

アリ

（昭和一六、七、三〇 通憲高第二一四號
同 一六、八、一四 同 第二四四號參照
同 一六、一〇、一六 同 第三四〇號）

8、思想對策服務成果

檢擧二件十八名、歸順一件二名、押收

物件ハ十一点（兵器彈藥等）アリタリ

9、其他

治安攪乱事象ト認ムヘキ流言流布並東邊道開發会輔導工人及特殊工人ノ逃走等アリ

095

二、在滿共産党ノ狀況

從来東辺道一帯ヲ地盤トシアリタル南滿省委並抗日聯軍第一路軍ハ幹部ノ射殺並殘存匪ノ北上ト累次ニ亘ル日滿軍警討伐ニ因リ南滿省委ハ其ノ根底ヨリ覆滅セラレ本期間特殊ノ動向トシテ認ムヘキモノナシ

三、在滿匪賊ノ活動狀況

（一）一般的動向

（イ）東北抗日聯軍第三路軍

抗聯第一路軍首脳部ハ前期ニ於テ完全
ニ覆滅シ其残存匪約十名モ樺、橅県境
ヲ彷徨シ討伐隊ノ鋭鋒ヲ避ケアリタルガ
本年八月頃北方ニ移動シタルモノノ如
ク其匪影ヲ見ス

(ロ)土(政)匪

元東北義勇軍系匪五営匪ハ前期末依
然トシテ白頭山麓ニ約二十名ヲ以テ蟠踞
シ其部下食苟好以下十名、干隊長以下

096

約十四名、牛班長以下約四名計約四十八名ハ臨、長、撫、縣ニ分散蟠踞シ九月末ノ日満軍ノ討伐隊ニヨリ四散シ一時良民ヲ装ヒ討伐ヲ避ケアル状況ニシテ大ナル策動ヲ認メス其他系統不明ナル強盗類似不詳匪ハ管内数個所ニ出没掠奪ヲ敢行ス

又、活動状況

(イ)東北抗日聯軍第一路軍

本期間抗聯第一路軍残存匪ハ日満軍警

ノ寧日ナキ許、或ハ治標工作ニヨリ積極的活動ヲ完全ニ封殺サレ襲撃宣傳其他治安攪乱事象トシテ認ムヘキモノナキモ主ナルモノヲ擧クレハ左ノ如シ

月日	場所	系統匪首匪数	種別	概要	被我損害
七、四	撫松縣樺樹林子附近	不明 三名	强奪	上記附近ニ於テ不詳匪三出現(小銃拳銃一)郵便遞送夫ヲ拉致密林中ニ於テ行嚢三及衣類ヲ強奪且満軍警ノ警備状況ヲ訊問ノ上釈放セリ	郵便行嚢三及衣類若干 彼ナシ
				上記地点ニ於テ藥草採取中	

097

	撫松縣萬良鎭	不明 二八名	拉致	ノ満人ヲ拉致渡河用筏運ヲ強要シタルモ不可能ナルヲ以テ拉致一釈放セリ	我被ナシ
八四	濛江縣双金屯	不明 二名	掠奪	上記地点ニ於テ同地住民ヨリ糧食若干並地下足袋、シャツ、毛皮各一ヲ掠奪ス吾等ノ背後ニハ約四十名ノ匪團アリト自称シ東南方ニ逃走セリ 糧食若干 地下足袋毛皮衣類各一	我被ナシ

(四)土（政）匪

臨長撫縣境附近ニ沈潜シアリタル元抗日

義勇軍系厓五營匪ハ討伐隊ノ鋭鋒ヲ

避ケツツ繁茂期ヲ利用匪賊的ニ糧食掠奪ヲナスノ外大ナル活動トシテ認ムヘキモナシ
其他匪賊モ同様ナルカ其主ナルモノ左ノ如シ

月日	場所	匪號首匪匪数	種別	概要	我ノ損害
二七	撫松縣第三区小営子附近	王五営部下千隊長以下十五名	交戦	上記附近ニ於テ王五営ノ部下五名出現農耕中ノ満人ヨリ糧食ヲ強奪シタルヲ以テ届出ニヨリ小営子警察署員五名出動之ヲ追撃セルニ千隊長以下十五名ト遭遇之ヲ北方ニ潰走セシム	我ナシ 彼十
				上記地点警察分駐所ニ侵入	

二 098

八、三一	輯安縣石廟子部落	便衣着用不詳匪三名	掠奪	小銃ニ同弾薬二〇発、及部落雑貨店ヨリ金品若干掠奪北方山中ニ逃走セリ	我 小銃 同弾薬二〇発 金品若干 彼 ナシ
九、一	桓仁縣馬圈子沟大南沟	右匪 小銃二	交戦	右匪情ニ依リ追撃中、輯安警務科特捜班五名ハ上記点ニ捕捉交戦三十分ニシテ匪影ヲ失ス	我 負傷一 彼 ナシ
九、二	輯安縣台上村新安屯部落	右同	掠奪	上記部落ニ侵入満人旅館ニ宿泊中ノ満人一ヨリ四千九百円及附近部落民ヨリ百九十五円其他衣類ヲ掠奪西南方ニ逃走ス	我 現金五千九十五円 其他若干 彼 ナシ
九、五	通化縣第三区高麗城子	小銃不詳匪三名	強奪	上記地点ニ拳銃一、三八式小銃二ヲ所持スル不詳匪三名出現通行中ノ満人ヨリ国幣十円ヲ強奪ス	我 国幣十円 彼 ナシ

6

				外逃走ス	／
九、二〇	通化県第三区東小叢林	右同	襲撃	上記地点ニ右匪ト覚シキ匪賊三名出現村公署ヲ襲撃シタルモ現金ナキタメ同村甲隆商店ニ到リ現金百八十円牛肉缶詰巻烟脚絆若干強奪逃走ス	我 ／ 同[illegible]十円 牛缶巻烟脚絆 彼ナシ
九、二四	撫松県大営	左、五営 二五名	掠奪	上記地点ニ於テ左五営匪二十五名出現満人農家ニ於テ糧食掠奪シ東南方ヘ逃走ス	我 糧食若干 彼ナシ
九、二八	臨江県螞蟻河林牤牛河沟門	左五営匪 三三名	襲撃	上記地点ニ於テ左五営匪三十五名出現シ其部下タル牛作舟匪七八名ト合流シ同村ヲ襲撃スルモ掠奪スル所ナク南方ヘ移動ス	我彼ナシ

099

匪賊ノ治安攪乱事象統計表別紙第二ノ如シ

四、党匪外郭團体ノ状況

該当事項ナシ

五、在満共産党ノ宣傳状況

本期間諜知セルモノ筆モ左ノ如キ共産主義目的不穏落書三件アリタリ

月日	場所	策動人員	種別	概況
六、九	鴨大線大栗子駅第七六一列車内	不明	共産主義的落書	車掌車扉内側ニ焼火箸ヲ以テ"自由平等ハ和ヒ"ト記シアリ（大栗子警護隊員発見抹消ス）

六、一七	大栗子溝採鉱所坑内入口	〃	反日的落書	大栗子採鉱所大平溝工人宿舎西側便所内三ヶ所ニ白墨ニテ「大日本小王八」「小日本大王八」「投軍救戦走」ノ落書アリ（〃）
六、一八	〃坑内入口	〃	同右	大栗子溝採鉱所坑内入口ニ煉瓦ヲ以テ「小日本大王八」ノ落書アリ（憲兵発見抹消ス）

六、在満共産党ノ士兵工作

二 100

該當事項ナシ

七、國外ヨリスル對滿策動ノ狀況

イ、蘇聯

該當事項ナシ

ロ、中國

(イ)共產第八路軍密諜隊員潛入

昭和十三年三月一日共產第八路軍ヨリ對滿工作資料收集ノ指令ヲ受ケ一味六名ヨリナル密諜隊ヲ編成苦力ニ應募入滿

東辺道一帯採(鉱)炭所ニ潜入諜報活動シナシアリタル者其ノ一名ヲ臨江憲兵分隊ニ於テ検挙事件送致セリ

指令事項左ノ如シ

◎共産第八路軍系分子ノ動向並ニ反日同志ノ獲得

◎満洲各地ニ於ケル日軍其他警備状況ノ諜査

◎工作期間ハ概ネ二ケ年ト限定シ其期間中ニ帰還スルコト

101

(ハ) 在満中ハ連絡セス細部ハ馮工作班長ノ
指示ニヨリ行動スヘシ
（昭和一六、七、三〇 通憲高第二二四號
同 一六、八、二四 同 第二四四號 参照）
密謀隊系統表別紙第一ノ如シ
(ロ) 第九路軍ヨリ謀略員派遣
第九路軍便衣差遣大尉 鄭徳富
右ノ者中國ニ於テ警察官トシテ服務中第
九路軍便衣大隊長 邵魁武ヨリ入隊方
慫慂セラレ遂ニ入隊シ昭和十六年四月

十九日本籍地タル通化省柳河縣樹河子林鄭家窪ニ歸還ニ際シ左ノ如キ諜報謀略ノ指令ヲ受ケ歸滿シ同部落民ノ獲得ニ努メ自衛團長林鳳仁以下十六名ヲ獲得同年七月十六日梅輯線柳河驛腰嶺驛間ニ於ケル列車運行妨害事件敢行憲鐵協力捜査ノ結果一味十五名ヲ檢擧事件送致セリ

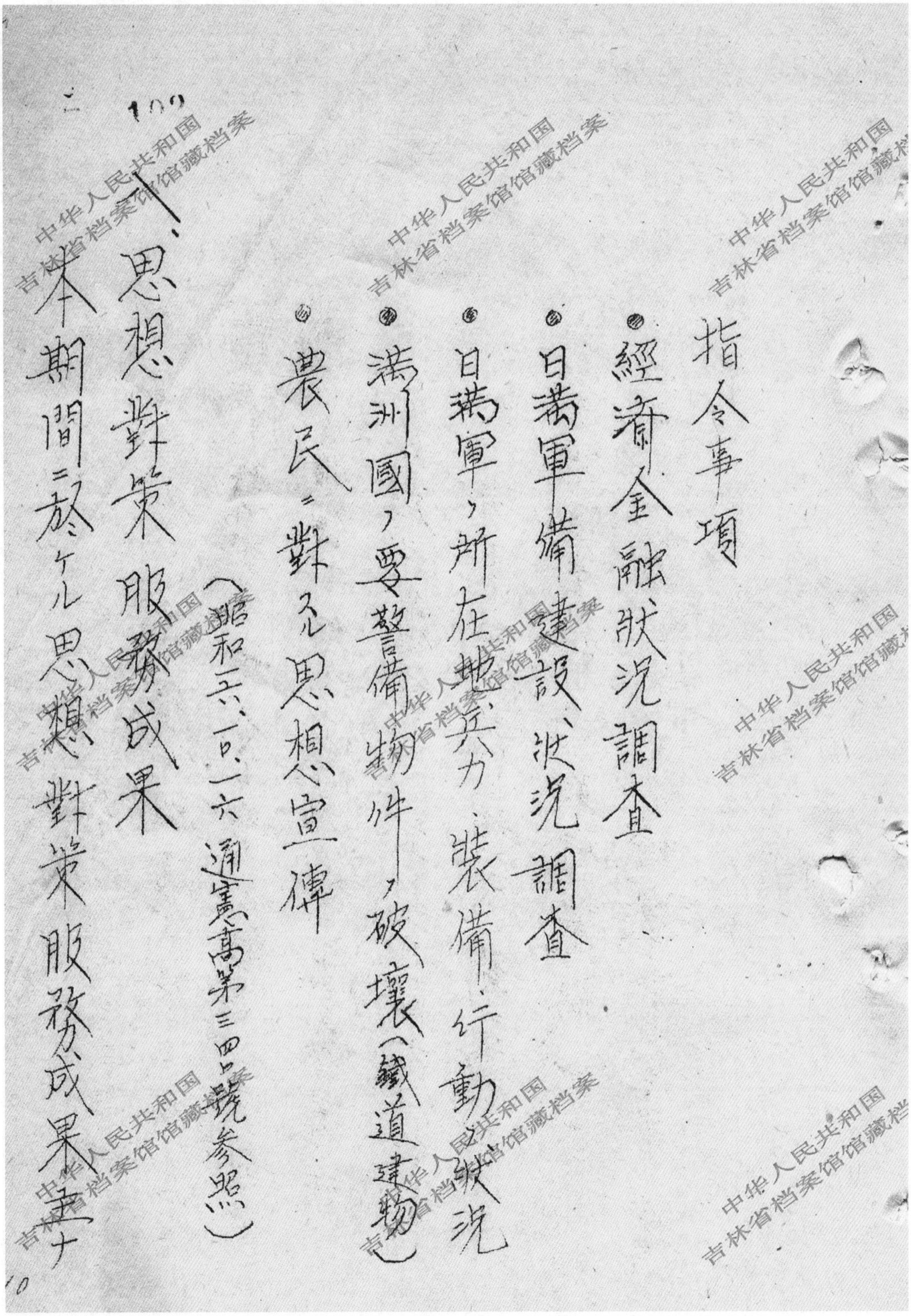
二　109

指令事項

◎經濟金融狀況調査

◎日滿軍備建設、狀況調査

◎日滿軍ノ所在地兵力、裝備、行動狀況

◎滿洲國ノ要警備物件ノ破壞（鐵道建物）

◎農民ニ對スル思想宣傳

（昭和一六、一〇、一六　通憲高第三四〇號參照）

一、思想對策服務成果

本期間ニ於ケル思想對策服務成果左ノ

10

ルモノ左ノ如シ

● 帰順　一件　二名

内訳（土匪）二名

● 検挙　二件　十六名

内訳（第九路軍謀略員十五名（四名放遣）
第八路軍密偵謀略隊員一名）

● 押収　十一点

内訳

小銃　一口

同弾薬　二四

拳銃　五

同弾薬　三口

手榴弾　四、
洋砲　七
指揮刀　一

思想對策成果一覧表別紙第三ノ如シ

九、其他

（ハ）治安攪乱事象ト認ムヘキ流言

◎九月中旬濛江縣濛江街ニ於テハ蘇炳石ハ張學良ヲシテ所屬軍隊（馬占山、于學忠、萬福麟）ヲ指揮セシメ蘇聯領ヲ經テ滿蘇國境ニ轉進シ滿洲國ヘハ

境地区ノ攪乱ヲ企圖シアリト云々ノ流言
流布セラレアリタリ
(2)東辺道開発会社輔導工人及特殊工人
逃走
◎東辺道開発会社ニ於テハ労力不足ノタメ
軍ノ支援下ニ中國軍俘虜中ヨリ
採炭夫トシテ希望スルモノヲ北支軍選
定ニヨル身体強健ニシテ悪習ナク労働
者トシテ適當ナル者五〇〇名ヲ募集採

104

（鉱）炭所ニ就労セシメタルカ内四名逃走セリ

●北支共産地區ニ於テ軍ノ支援下ニ強制募集セル特殊工人七七〇名ヲ同様就労セシメタルカ内三〇〇余名逃走セリ

（内一二名逮捕）

一〇、將來ニ對スル判斷並對策

（1）判斷

イ、前期ニ於テ抗聯第一路軍（南満省委）ハ主脳部ノ射殺ニヨリ根底ヨリ覆滅セラレタルカ其残存匪及抗日義勇軍系庄五營匪並系統不明匪ハ繁茂期ヲ利用シ蠢動ノ徴候アリタルヲ以テ本年九月末日満軍ノ討伐ニ遇ヒ該匪ハ四散分離シ匪影ヲ没シタルカ之等ハ良民ニ装ヒ地下ニ潜行シアルモノノ如ク判断セラル

ロ、逼迫セル國際情勢ト經濟統制ノ強化ニヨリ物資ノ欠乏ヲ豫想シ生活難或ハ從来

105

ヲ隨性ヨリ敏順匪ノ再匪化其他開発會
社各種工人ノ逃走等益々増加ヲ豫想セラレ
嚴戒ヲ要ス
（乙）對策
時局ハ當ニ決戰體制ニ移行シアル折柄
不逞分子ノ策動抬頭セハ事態容易ナ
ラサルニ到ルモノト思料セラルルヲ以テ益々
思想對策服務ヲ強化シ特ニ山間僻
地民衆ノ匪民分離工作ノ徹底ヲ期ス

13

沈潛匪ノ索出檢擧及開發会社自体ノ防諜指導ト各種工人ノ適切ナル管理ヲナサシムルト共ニ不穏策動ノ警防並偵諜網ノ強化ヲ企圖シアリ

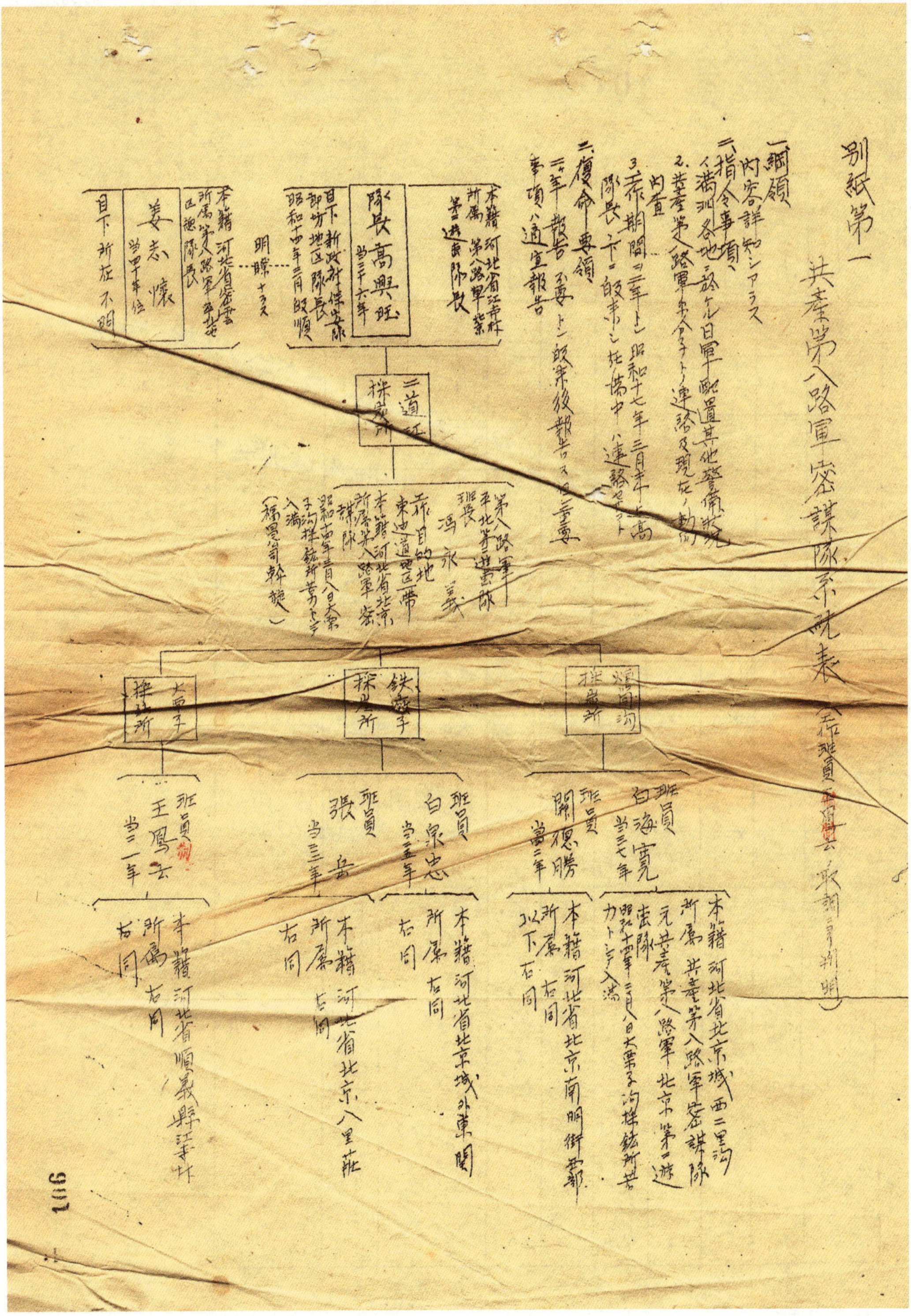

別紙第一

共產第八路軍密諜隊系統表（工作班員王鳳雲ノ取調ニ依リ判明）

一、綱領
内容詳知シアラズ

二、指令事項
1、満洲各地ニ於ケル日軍配置其他警備状況
2、共產第八路軍ト分子トノ連絡及現在ノ動向
内査
3、工作期間ハ二年トシ昭和十七年三月末ト高隊長ノ下ニ帰来シ在満中ハ連絡セサルコト

三、復命要領
二ヶ年報告ノ要ナシ帰来後報告スルヲ要
事項ハ適宜報告

本籍 河北省江寺村
所属 第八路軍紫第二遊撃隊隊長
隊長 高興旺 当三十六年
目下新政府保安隊部坊地区隊長
昭和十四年三月帰順

明瞭ナラス

本籍 河北省密雲
所属 第八路軍第十五区総隊長
姜志懐 当四十年位
目下所在不明

二道江採買所

第八路軍平北第二遊撃隊
班長 馮永義
工作目的地 東辺道地区一帯
本籍 河北省北京
所属 第八路軍密諜隊
昭和十四年三月八日大栗子溝採鉱所苦力トシテ入満
（福昌公司斡旋）

湾溝採買所

班員 白海寛 当三十七年
本籍 河北省北京城西二里溝
所属 共產第八路軍密諜隊
元共產第八路軍北京第二遊撃隊
昭和十四年三月八日大栗子溝採鉱所苦力トシテ入満

班員 關德勝 当二十年
本籍 河北省北京南明街
所属 右同
以下右同

鉄廠子採買所

班員 白泉忠 当二十五年
本籍 河北省北京城外東關
所属 右同
右同

班員 張岳 当二十三年
本籍 河北省北京八里荘
所属 右同
右同

大栗子採鉱所

班員 王鳳云 当二十一年
本籍 河北省順義県江寺村
所属 右同
右同

107

107

別紙第二

匪賊ノ治安攪乱事象統計表

区分＼月	六月	七月	八月	九月	十月	十一月	計
襲撃			1	2			3
交戦	1			1			2
出没		1	2	3			6
匪方損害							
我方ノ損害 負傷				1			1
我方ノ損害 拉致		1	1				2
我方ノ損害 小銃			2				2
我方ノ損害 同弾薬			200				200
我方ノ損害 現金			11円	5285円			5296円
我方ノ損害 糧食及其他	糧食若干	郵便行李及衣類	糧食地下足袋衣類等多数	糧食及巻脚絆			

参考译文

自昭和十六年六月至昭和十六年十一月（1941年6月至1941年11月）

思想对策半年报（甲目标）

通化宪兵队

目录

一、概况……………………………………………………………… 1

二、在满共产党的状况…………………………………………… 3

三、在满匪贼的活动状况………………………………………… 3

四、党匪外围团体的状况………………………………………… 7

五、在满共产党的宣传状况……………………………………… 7

六、在满共产党的士兵工作……………………………………… 7

七、国外实施的对满策动状况…………………………………… 8

八、思想对策服务成果……………………………………………10

九、其他……………………………………………………………11

十、对将来的判断及对策…………………………………………12

密谋队系统表　附件一

匪贼扰乱治安事项统计表　附件二

思想对策成果一览表　附件三

一、概况

1. 共产国际、苏共及中共对在满共产党的指导

无此类事项。

2. 在满共产党的状况

受日满军警多次讨伐的影响，南满省委彻底覆灭。本期内，没有发现任何特殊动向。

3. 在满匪贼的状况

归顺后叛变的压五营匪约48人依然盘踞在东北部省境，目前遇到日满军警的讨伐而藏匿起来。除此以外，由两三人组成的类似强盗的匪团数次出没，但没有任何异常策动。

4. 党匪外围团体的状况

无此类事项。

5. 在满共产党匪的宣传状况

无此类事项。

6. 在满共产党的士兵工作

无此类事项。

7. 国外实施的对满策动状况

逮捕中共第九路军派遣谍略员　　　1件

逮捕第八路军系密谋队员　　　1件

[参照昭和十六年七月三十日（1941年7月30日）通宪高第二一四号、昭和十六年八月十四日（1941年8月14日）通宪高第二四四号、昭和十六年十月十六日（1941年10月16日）通宪高第三四〇号]

8. 思想对策服务成果

逮捕2件18人，归顺1件2人，收缴物品81件（武器、子弹等）。

9. 其他

存在散布扰乱治安的流言蜚语、东边道开发会辅导工人及特殊工人逃走等情况。

二、在满共产党的状况

一直以来，以东边道一带为活动区域的南满省委及抗日联军第一路军，由于受到干部被射杀、残存匪北上以及日满军警多次讨伐等因素的影响，南满省委被彻底消灭，本期内没有发现任何特殊动向。

三、在满匪贼的活动状况

1. 一般动向

（A）东北抗日联军第一路军

抗联第一路军首脑部在前期已被彻底消灭，约10名残匪在桦甸、抚松县境彷徨，躲避讨伐队的锋芒。他们似乎在今年8月左右向北方转移，目前已不见踪影。

（B）土（政）匪

原东北义勇军系压五营匪留下约20人，自前期以来一直盘踞在白头山脚下。其部下合局好及其下属10人，于队长及其下属约14人，牛班长及其下属约4人，总计约48人分散盘踞在临江、长白、抚松县，因9月末日满军警实施的讨伐行动而四处逃散，暂时假装成良民躲避讨伐，目前没有发现他们有较大的行动。其他系统不明的类似强盗的不详匪在辖区内的数个地方出没，实施抢劫。

2. 活动状况

（A）东北抗日联军第一路军

本期内，由于日满军警持续不断的讨伐以及治标工作，抗联第一路军残匪的积极行动遭到完全封杀，没有发生袭击、宣传及其他扰乱治安的事件。列举主要事件如下：

日期	地点	系统、匪首、匪数	类别	概要	敌我双方的损失
7月4日	抚松县桦树林子附近	不明 3人	抢夺	3名不详匪贼（步枪2支、手枪1支）在左述地点附近出现，绑架了邮递员，在密林中抢夺了他的3件行囊及衣物，询问了日满军警的警备状况，然后将其释放。	我方： 邮件行囊3件及衣物若干 敌方： 无
	抚松县万良镇	不明 28人	绑架	该匪团在左述地点绑架了1名采药的满人，强行索要渡河的筏子，后因索要不成而将其释放。	我方： 被绑架1人 敌方： 无
8月14日	濛江县双岔屯	不明 2人	抢夺	这2人在左述地点抢夺了当地居民的若干粮食及胶底布袜、衬衫、毛皮各1件，自称“我们背后有约40人的匪团”，说完后向东南方向逃去。	我方： 粮食若干，胶底布袜、毛皮、衣服各1件 敌方： 无

(B) 土（政）匪

在临江、长白、抚松县境附近潜伏的原抗日义勇军系压五营匪一边躲避讨伐队的锋芒，一边利用草木繁盛期，如老鼠般抢夺粮食，除此之外没有较大的活动。其他匪贼也同样，其主要活动如下：

日期	地点	系统、匪首、匪数	类别	概要	敌我双方的损失
6月7日	抚松县第二区小营子附近	压五营部下于队长及其下属15人	交战	压五营的1名部下在左述地点附近出现，抢夺了正在田地里耕种的满人的午餐。小营子警察署根据此人的报告，出动5人实施追击，遇到了于队长及其下属共15人，迫使其向北方溃逃。	我方：午餐 敌方：无
8月31日	辑安县石庙子部落	穿便衣的3名不详匪	掠夺	3名不详匪闯入了左述地点的警察分驻所，抢夺了2支步枪、200发步枪子弹，还从部落的杂货铺里抢走了若干财物，之后向北方山中逃去。	我方：步枪2支、步枪子弹200发、财物若干 敌方：无
9月10日	桓仁县马圈子沟大南沟	上述匪贼步枪2支	交战	根据上述匪情，辑安警务科特搜班出动了5人，在左述地点发现他们，交战30分钟后，匪贼不见踪影。	我方：受伤1人 敌方：无
9月11日	辑安县台上村新安屯部落	同上	掠夺	左述匪贼闯入左述部落，从投宿在满人旅馆的1名满人手中抢走了4900日元，又从附近部落民处抢走了195日元及衣服等，然后向西南方向逃去。	我方：现金5095日元及其他物品若干 敌方：无
9月15日	通化县第三区高丽城子	系统不明匪3人	抢夺	持有1支手枪和2支三八式步枪的3名不详匪在左述地点出现，从路过的满人手中抢走了10日元国币。	我方：国币10日元 敌方：无

（续表）

9月20日	通化县第三区东莱村	同上	袭击	疑似左述匪贼的3人在左述地点出现，袭击了村公署，但是由于村公署没有现金，他们又来到了同村的甲隆商店，抢夺了180日元现金、若干牛肉罐头及绑腿布后逃走。	我方：国币180日元、牛肉罐头、绑腿布 敌方：无
9月24日	抚松县大营	压五营25人	掠夺	压五营的25名匪贼在左述地点出现，在满人农家抢夺粮食后，向东南方向逃去。	我方：粮食若干 敌方：无
9月28日	临江县蚂蚁河村蛴牛河沟门	压五营匪33人	袭击	压五营的25名匪贼在左述地点出现，与其部下于作舟匪七八人会合，袭击了该村，但没有实施掠夺，便向南部转移。	敌我双方均无损失。

匪贼扰乱治安事件统计表详见附件二。

四、党匪外围团体的状况

无此类事项。

五、在满共产党的宣传状况

本期内没有侦查到任何情况，但是发现了如下具有不稳定因素的共产党反日涂鸦3件。

日期	地点	策动人员	类别	概况
6月9日	鸭大线大栗子站第1761列车内	不明	具有共产主义性质的涂鸦	有人用烧火棍儿在列车员车厢门内侧写下“自由平等赢得和平”。 （大栗子警护队发现后将其抹消）
6月17日	大栗子沟采矿所坑内入口	不明	具有反日性质的涂鸦	有人用粉笔在大栗子采矿所大平沟工人宿舍西侧厕所内写了三处涂鸦，分别是“大日本小王八”“小日本大王八”“投军我战走”。 （大栗子警护队发现后将其抹消）

（续表）

8月28日	大栗子沟采矿所坑内入口	不明	同上	有人使用煤气灯在大栗子沟采矿所坑内入口处涂鸦写道“小日本大王八”。（宪兵发现后将其抹消）

六、在满共产党的士兵工作

无此类事项。

七、国外实施的对满策动状况

1. 苏联

无此类事项。

2. 中国

（A）共产党第八路军密谋队员潜入

昭和十三年三月一日（1938年3月1日），接到共产党第八路军下达的收集对满工作资料的指令后，一伙6人组成了密谋队，应征为苦力入满，潜入东边道一带采（矿）碳所，开展谍报活动。临江宪兵分队逮捕了其中1人，进行了案件移交。

指令事项如下：

●共产党第八路军系分子的动向及发展反日同志。

●调查满洲各地日军及其他警备状况。

●工作期间以两年为限，到期返回。

●在满期间不要联络，细节按照冯工作班长的指令行动。

[参照昭和十六年七月三十日（1941年7月30日）通宪高第二一四号、昭和十六年八月十四日（1941年8月14日）通宪高第二四四号]

密谋队系统表详见附件一。

（B）第九路军派遣谋略员

第九路军便衣差遣大尉　郑德富

此人在中国作为警察工作期间，被第九路军便衣大队长邵魁武怂恿入队。昭和十六年四月十九日（1941年4月19日），在返回本籍地通化省柳河县树河子村郑家堡时，接到了如下谍报谋略的指令，便归满努力发展同村村民，最后成功发展了自卫团长林凤仁及其下属16人。同年7月16日，他们竟然实施了妨碍梅辑线柳河—驼腰岭站间列车运行的行动。经宪兵、铁警联合搜查后，逮捕了其一伙15人，进行了案件移交。

指令事项

●调查经济金融状况。

●调查日满军备建设状况。

●调查日满军所在地、兵力、装备及行动状况。

●破坏满洲国重要警备设施（铁道建筑）。

●对农民进行思想宣传。

[参照昭和十六年十月十六日（1941年10月16日）通宪高第三四〇号]

八、思想对策服务成果

本期内的思想对策服务主要成果如下：

●归顺　　1件　　2人

明细（土匪）　　2人

●逮捕　　2件　　16人

明细[第九路军谋略员15人（4人释放）、第八路军密谋队员1人]

●收缴　　81件

明细[步枪10支、步枪子弹24发、手枪5支、手枪子弹30发、手榴弹4枚、洋炮（鸟枪）7支、指挥刀1把]

思想对策成果一览表见附件三。

九、其他

（1）扰乱治安事项的流言

●9月中旬，濛江县濛江街流传着这样的流言，说：“蒋介石让张学良指挥所属军队（马占山、于学忠、万福麟），经由苏联领土转入满苏国境，企图扰乱满洲国国境地区的治安。”等等。

(2) 东边道开发会社的辅导工人及特殊工人逃跑

●东边道开发会社因劳动力不足，在军队的支援下从中国军队俘虏中招募有意愿的，且由北支军选定的身体强健、无不良嗜好的劳动者作为矿工。最后，招募到500名符合条件者到采（矿）碳所劳作，其中4人逃跑。

●在北支共产地区，东边道开发会社在军队的支援下，强制招募770名特殊工人到采矿所劳动，有300多人逃跑（其中102人被逮捕）。

十、对将来的判断及对策

(1) 判断

A.前期，由于抗联第一路军（南满省委）首脑人物被射杀，致该匪团被彻底铲除。但是，其残匪、抗日义勇军系压五营匪及系统不明的匪贼有利用草木繁盛期蠢蠢欲动的迹象。今年9月以来，他们遇到日满军警的讨伐，四处逃散，不见踪影。据判断，他们乔装成良民潜伏下来。

B.受紧张的国际形势及经济统制强化的影响，预计物资会匮乏，加之受生活困难或长期以来形成的天性的影响，归顺匪再次匪化以及其他开发会社各种工人逃跑等情况将会逐步增加，要严密警戒。

(2) 对策

正当时局朝决战体制发展之际，若不法分子的策动有所抬头，那么事态将不容乐观。因此，要进一步强化思想对策服务，特别是要将匪民分离工作彻底贯彻至山间僻壤的民众，找出并逮捕潜伏匪。开发会社自身要开展防谍指导，切实有效地管理好各种工人，同时还要警防具有不稳定因素的策动，加强侦谍网。

附件一

共产党第八路军密谋队系统表（根据工作班员王凤云的审查查明）

一、纲领

详细内容不知。

二、指令事项

1. 满洲各地的日军配置及其他警备状况。

2. 秘密调查与共产党第八路军系分子的联络及现在的动向。

3. 工作时间为两年，昭和十七年三月（1942年3月）末回到高队长的队内，在满期间不要联络。

三、复命要领

两年不要报告，回来后报告，但要适当报告重要事项。

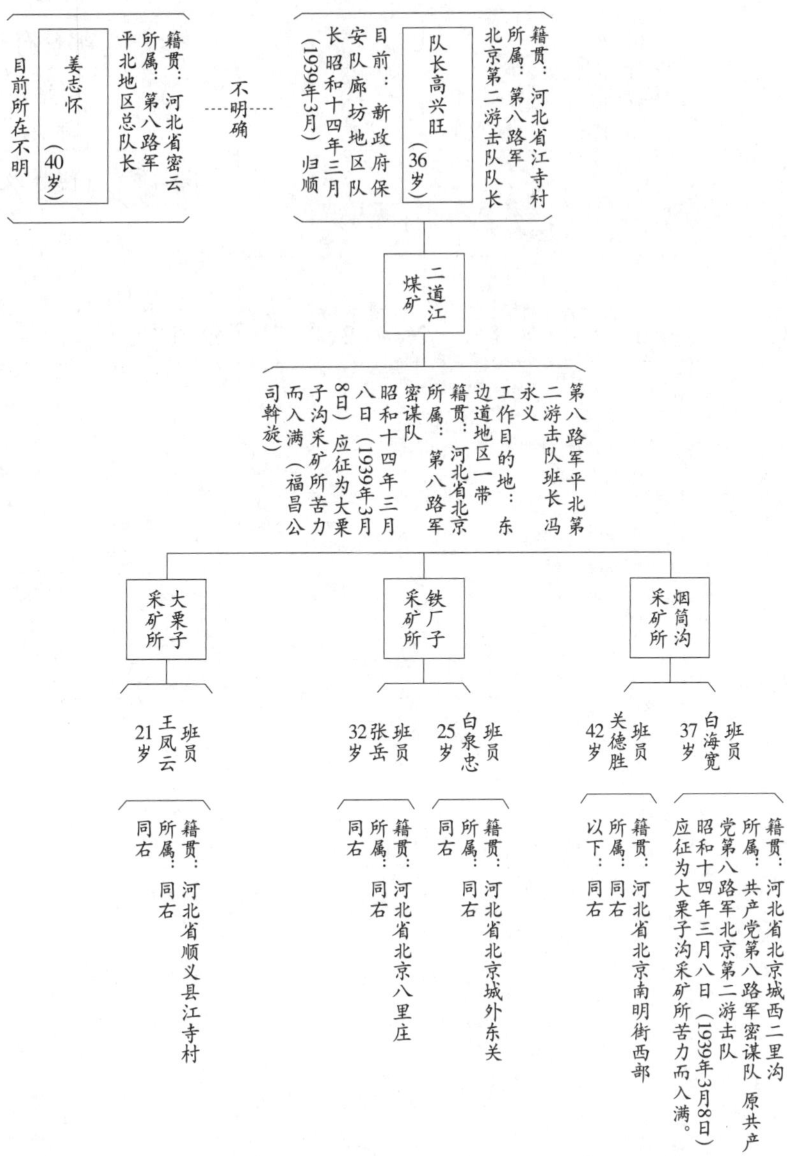

附件二

匪贼治扰乱安事项统计表										
分类 月份	袭击	交战	出没	匪贼损失	我方的损失					
					负伤	绑架	步枪	步枪子弹	现金	粮食及其他
6月		1								粮食若干
7月			1			1				邮件行李及衣物
8月	1		2			1	2	200	11日元	大量粮食、胶底布袜、衣物等
9月	2	1	3		1				5285日元	粮食及绑腿布
10月										
11月										
合计	3	2	6		1	2	2	200	5296日元	

（翻译：李星　整理：谢寅童　校译：王枫、陈景彦）

6

1943年

（以下文字为233～234页参考译文）

1943年3月3日

通宪高第三六号

思想对策月报

（二月）

通化宪兵队

发送至：

报告至：关宪司

通牒至：新京、奉天、延吉队，第一三六、三五六部队

抄送至：队下乙

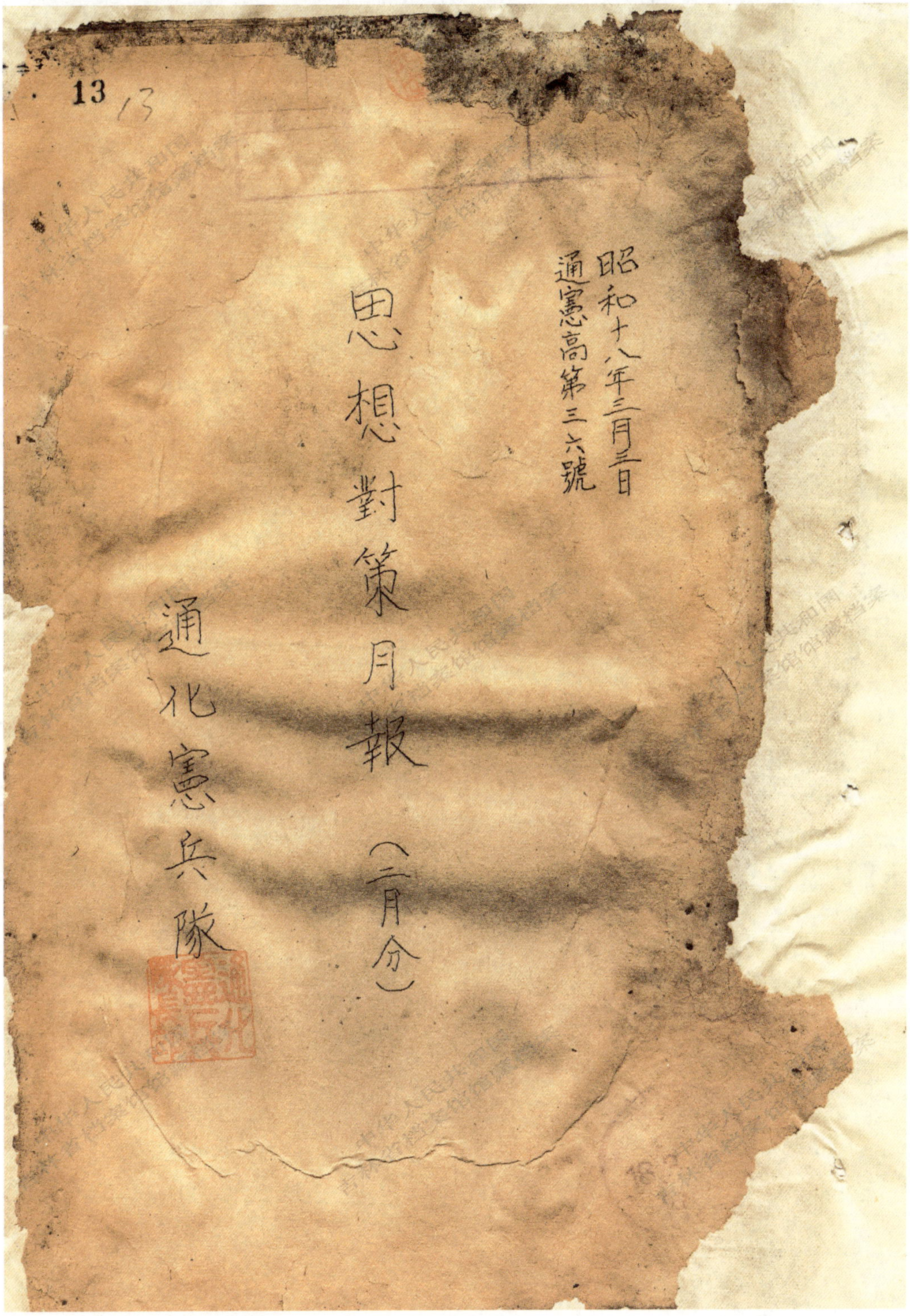
13

昭和十八年三月二日
通憲高第三六號

思想對策月報（二月分）

通化憲兵隊

發送先
報告先 關憲司 通牒先 新京、奉天、延吉隊 第三六、三五六部隊 寫 隊下 乙

目次

一、要旨 …… 一
二、民族共產運動 …… 一
三、党（土政）匪情報 …… 二
四、各民族ノ動向 …… 二
（一）内地人 …… 二
（二）鮮人 …… 五
（三）滿人 …… 九
五、宗教邪教情報 …… 一〇
六、流言、落書 …… 一〇
七、其他 …… 一二
八、思想對策服務實績 …… 一三

14

第一　要旨

一、民心概ネ平穏ニ推移シアリテ特異事象ナキモ日、鮮系ノ賭博、不正利得等弛緩ヲ窺ハシムルモノアリ

二、通化省下鮮系有識層間ニ於テハ鮮系子弟教育ハ自力ニテ實行スヘキナリトシ通化省鮮系輔導分科委員會主体トナリ鮮系國民高等學校ヲ設立スヘク當局ノ認可ヲ得二月十五日ヨリ之カ資金募集ヲ開始セリ

三、一月十六日臨江縣大栗子採鑛所鑛山警察隊ニ於テハ在北支中央新生軍童子軍ヨリ出鑛量調査ノ

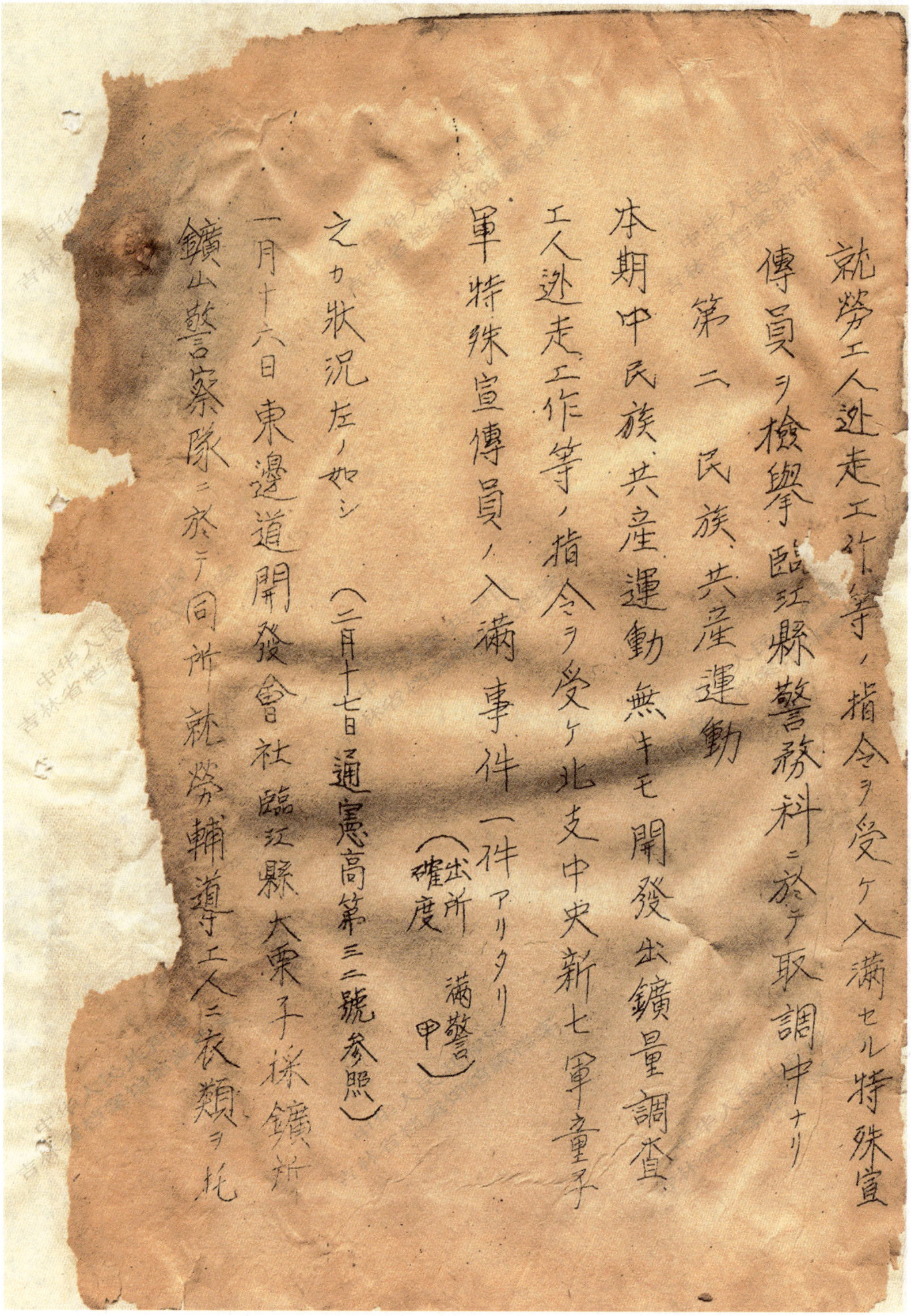

就勞工人逃走工作等ノ指令ヲ受ケ入滿セル特殊宣
傳員ヲ檢擧臨江縣警務科ニ於テ取調中ナリ

第二 民族、共産運動

本期中民族、共産運動無キモ開發出鑛量調査、
工人逃走工作等ノ指令ヲ受ケ北支中央新七軍童子
軍特殊宣傳員ノ入滿事件一件アリタリ （出所 滿警 確度 甲）
之カ狀況左ノ如シ （二月十七日通憲高第三二號參照）
一月十六日東邊道開發會社臨江縣大栗子採鑛所
鑛山警察隊ニ於テ同所就勞輔導工人ニ衣類ヲ托

15

15

送セラレタリト称シ入山方願出テタル容疑満人

本籍　河北省武情県小営子

住所　不定

何　宋澤　當二十九年

（別名　中哲）

ヲ逮捕取調タル處在北支中央新七軍童子軍ヨリ

密派セラレタル特殊宣傳員ニシテ同軍黄八仁隊長ヨリ

大栗子採鑛所ニ於ケル左ノ各項工作ノ指令ヲ受ケ入満

シタルモノナルコトヲ自供引續キ臨江縣警務科ニ於テ

取調中ナリ

1.出鑛量ノ調
2、鑛山就労日本人数ノ調査
3.旧軍隊員（輔導工人）ノ就労状況調査
4.旧軍隊員（右　同）ノ逃走帰隊工作

第三、党（土、政）匪情報

本期中憲兵ノ知得セル策動事象ナシ

第四、民族ノ動向

一、内地人

前月同様特異事象ナシ

本期中憲兵ノ知得セル主要ナル事象ハ

16 16

○協力的事象　六件

○弛緩的事象　三件

○民族協和阻害事象　一件

計　一〇件

ニシテ之カ詳細次表ノ如シ

ノ緊張乃至協力的事象

區分	月日、場所、人員	概要	摘要
鄉軍冬期訓練	自一月六日 至三月末日 帝国在鄉軍人會臨江分會 各班毎ニ全員	鄉軍臨江分會ニ於テハ時局認識ト体位向上ヲ目的トシ各班毎ニ交互銃剣術、非常呼集演習、行軍ヲ實施シ志氣昂揚ニ努メツヽアリ	

3.

郷軍呼集演習	二月八日 輯安國民体育場 郷軍一一三名	輯安分會ニ於テハ大詔奉戴日ニ當リ郷軍ノ志氣昂揚ヲ圖ルヘク七時三十分會員一一三名ニ非常呼集ヲ實施神社参拝大詔奉讀ヲ實施シ意義アラシメタリ
聖戰完遂祈願	二月十一八日 臨江神社 一般官民約二千名	大詔奉戴日及紀元節ノ佳節ニ當リ臨江各機關職員、學校生徒、義勇奉公隊員其他約二千名臨江神社ニ参拝聖壽萬歳、大東亜戰争ノ完遂、祈願祭ヲ擧行セリ
軍警留守宅慰問	二月十五日 臨江縣城 國婦十名	臨江國防婦人會ニ於テハ會員協議ノ結果西南地區粛正工作出動中ノ在臨軍警留守宅ヲ慰問スヘク幹部十名ハ各留守宅ヲ訪問激勵セリ

17

17

2、弛緩的事象

部隊慰問献金	二月十九日 通化市 日鮮系市民	通化市日鮮系有力者間ニ於テ自發的ニ部隊慰問ヲ為スヘク献金募集中各業者組合、隣組等ノ協力各戸一円以上ヲ醵出協和會市本部ニ於テ一括合計二千百八十九円ヲ在通部隊ニ提出セリ
軍隊慰問	二月十九日 通化市 南江国民學校 国婦白藤分會 音樂同好會 三十七名	通化市國婦會白藤分會及通化市音樂同好會員三十七名ハ通化市南江國民學校ニ於テ約二時間半ニ亘リ來通中ノ關東軍冬期訓練部隊将兵ニ對シ音樂慰問ヲナシタリ

4

區分	月日、場所、人員	概要	摘要
賭博	自一月 至二月 輯安街 日鮮系 十五名	輯安警察署ニ於テハ一月以降輯安街居住日、鮮系間ニ常習的ニ賭博ヲナシアルヲ探知シ關係者十五名ヲ檢擧取調中ノ處情狀輕微ナル六名ヲ説諭シ日人二、鮮人七計九名ヲ二月十二日輯安區檢察廳ニ事件送致セリ	
賭博	自昭一七、十二月 至 一月 大栗子 滿鐵社宅 日人十名	大栗子鐵道警護隊ニ於テハ滿鐵従業員(豫、陸少尉)以下十名カ賭博ヲ為シアルヲ探知一月十八日檢擧取調ノ結果昨年十二月以降ヨリ常習的ニ敢行シアルコト判明一月三十日書類ノミ送致セリ	

18

區分	月日、場所、人員	概要	摘要
國有林盜伐	自昭一六、十月 至昭一七、十月 臨江縣林子頭 日人伐採業者 八名 鮮人 二名 滿人 十一名	臨江縣林子頭居住日人伐採業者七名ハ在奉天日人並鮮滿人ト共謀昭和十六年十月以降約一ヶ年ニ於テ林子頭國有林ヨリ薪炭用木材約三萬立方米ヲ盜伐シ内約六千百立方米ヲ窃切ニ大連、奉天、營口方面ニ輸送賣却セリ	十二月十二日林子頭警察署ニ於テ檢擧二月七日臨江区檢察廳ニ移牒取調中

3、民族協和阻害事象

區分	月日、場所、人員	概要	摘要
對鮮人暴行	二月十二日 臨江街 日人官吏（一）	臨江營林署日人官吏（一）ハ飲酒酩酊シ臨江街内路上ニ於テ通行中ノ鮮人数名ニ對シ小刀ヲ突キ付ケ[illegible]視察中ノ憲兵ニ暴言ヲ	憲兵 説諭

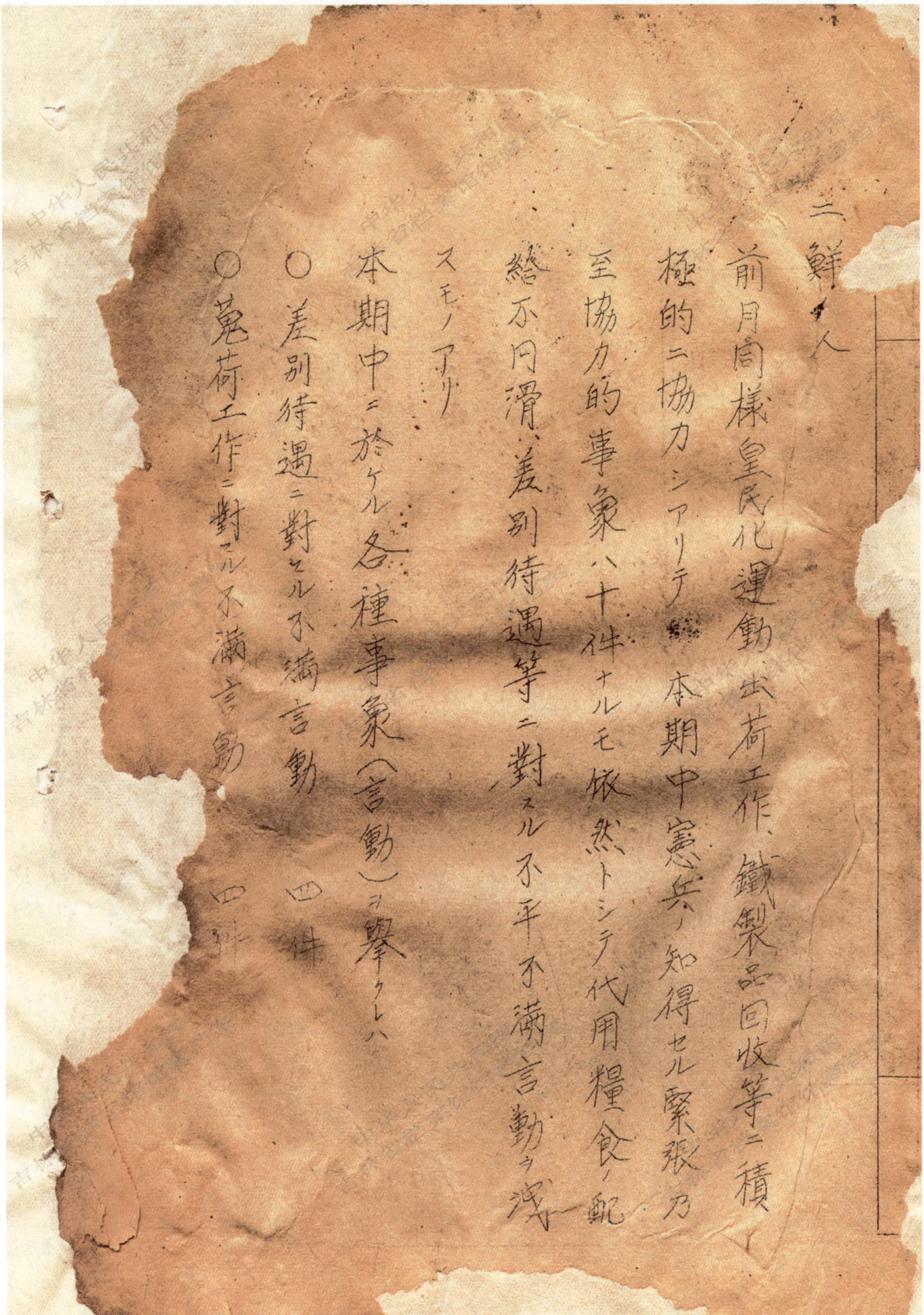
二、鮮人
前月同様皇民化運動、出荷工作、鐵製品回收等ニ積極的ニ協力シアリテ本期中憲兵ノ知得セル緊張乃至協力的事象ハ十件ナルモ依然トシテ代用糧食ノ配給不円滑、差別待遇等ニ對スル不平不滿言動ヲ洩スモノアリ
本期中ニ於ケル各種事象（言動）ヲ挙クレハ
○差別待遇ニ對スル不滿言動　四件
○蒐荷工作ニ對スル不滿言動　四件

19

等ニシテ之カ詳細次表ノ如シ

ノ緊張乃至協力的事象

區分	月日、場所、人員	概要	摘要
出荷督励	自一月二十五日 至二月三日 臨江縣下 六道溝 大楊子溝 七道溝	臨江縣朝鮮人ノ輔導寸委員會ニ於テハ前回ニ於ケル督励工作ニ多大ノ成果アリタルニ鑑ミ引續キ上記各地ニ出荷督励班ヲ編成出向セシメ蒐荷工作ニ協力セリ	
右同	自二月二日 至二月四日 通化縣下 快大茂子 大泉源 音樂同好會員十	通化音樂同好會ニ於テハ通化縣下鮮農ノ時局認識ト闇取引撲滅ノ徹底ヲ期シ併テ鮮農ノ出荷努力ノ慰安ヲ為スヘク同會責任者以下一己地ヲ巡回慰問音樂會	

鮮系輔導分科委員會ノ結成	二月七日 協和會通化市本部	…會通化市本部ニ於テハ各委員及管内有力鮮系多数ヲ招致シ委員長以下幹部十二名ヲ選定鮮系ノ時艱克服並皇民化運動ニ盡力スヘク通化市朝鮮人輔導分科委員會ヲ結成鮮系ノ啓蒙ニ努力シアリ (三一七、通憲高第三一號参照)
國	昭一七、一二、一二以降 輯安縣康平國民學校	前期ニ引續キ十三歳以上ノ鮮系男子及婦女子約七十名ニ對シ國語普及夜間講習ヲ開講シ之カ向上ニ努力シ逐次成果ヲ擧ケツツアリ

20

語普及	
昭一七、一二、二六以降 輯安縣學校組合	前期ニ引續キ縣下鮮系學校ニ於テ昭和十九年度鮮系徴兵適令者中國語未解者ニ對シ之カ普及講習會ヲ開催中ナリ
二月五日 臨江縣大栗子溝採鑛所大平溝部落	開發會社大栗子採鑛所大平溝部落ニ於テハ鮮系隣組ヲ結成シ國語未解鮮系鑛山就勞者ヲ集メ國語講習會ヲ開催セリ
二月十日以降 臨江縣城鮮系國民學校長	臨江鮮系國民學校長ハ自ラ講習會長トナリ街内鮮系特ニ徴兵ニ適令者中國語未解者ニ對シ之カ普及講習會ヲ開講

一

者間ニ於テ昨年十二月

鐵製品回收献納	二月九日 輯安縣久財源村 鮮系有力者	鮮系家庭用眞鍮製食器ハ献納運動ニ努メアリタルカ一〇二斤ヲ回收シタルヲ以テ協和會花甸子分會ヲ經テ協和會縣本部ニ献納手續シアリタリ
皇軍感謝	自二月十二日至二月二十一日 通化市 日鮮系料理店業者	通化市日鮮系料理店組合間ニ於テハ關東軍冬期訓練部隊ノ來通ニ對シ上期間各戶ニ國旗ヲ揭揚シ皇軍ニ對シ感謝ノ意ヲ表シタリ
鮮系國民高等學校設立運動	二月十五日以降 通化省朝鮮人輔導委員會	現時局下ニ於テ鮮系ノ皇民化運動徹底ノ先決問題ハ鮮系子弟教育ノ徹底ニ在リトシ省内鮮系年來ノ要望ニ據リ鮮系自力ニテ國民高等

21

		學校ヲ設立スヘク運動中ノ處此ノ程當局ノ認可ヲ得二月十五日ヨリ省内鮮系有力者層ヲ通シテカ資金ノ募集ヲ開始セリ（二、二五通憲高第三四號参照）	

2、差別待遇ニ對スル不満言動

區分	月日、場所、人員	概要	摘要
差別不満	二月一日 輯安縣協和義勇奉公隊指導員 一	協和會ニ於テハ日鮮系共本俸ハ同シ百円ナルニ之ニ對スル手當額ニ於テ二十円モ差異アリ實ニ面白クナイ	
日人忌避	二月二日 右	日本人ヲ「雜種」ト呼ビ雜種等入レスニ鮮人ノミニテ圍碁大會ヲ	

區分	月日場所人員	概要	摘要
差別配給不満	二月三日 通化市 鮮系 三	酒及味ノ素等ノ差別ハ寧ロ不愉快ナリ速カニ平等ニ配給スル如ク是正シ望ム	
生活不満	二月七日 輯安縣專賣局 屬官 一	吾々鮮系ハ物資ノ入手カ非常ニ困難ナルニ反シ日系ハ何處テモ「面子」カ利キ生活ニ不自由ナシ生活ノ苦シイノハ我々鮮系ノミナリ	

3、蒐荷工作ニ對スル不満言動

區分	月日場所人員	概要	摘要
出荷工作員ニ対スル不満	本期中	鮮系出荷督勵班員ハ鮮農ニ對シ自分等モ粟ヲ常食シアリ等ト放言シ實ハ白米ノ配給ヲ受ケアリ斯ル事ハ農民ヲ偽瞞スルモノニシテ不道モ甚シイ	

22

代用糧穀ニ対スル不満	出荷工作手段ニ対スル不満	蒐荷特配不満
柳河縣 三源浦 鮮系下層民 一般		
我々鮮農ハ種籾以外ハ全部供出スル覺悟デアルニ拘ラズ當局ニ於テハ之ガ代リニ腐敗雜穀ヲ配給スル等我々鮮農ヲ人間扱ヒニシテヰナイ	教會堂ハ神聖ナル場所ニシテ信徒以外ノ一般人ハ上壇ヲ禁止シアルニ拘ラズ如何ニ蒐荷工作ノ爲トハ雖モ藝者ノ交ッタ音樂慰問團ニ教會ヲ貸與スルコトハ出來ナイ	出荷不能者ト雖モ綿布類ハ必需品ナリ [illegible]量設ハ代リニ縄叺等ヲ供出サセ其ノ一定量[illegible]ヲ配給スル如ク考慮セラレタイ

三、

前期同[illegible]的ニシテ特異事象ナキモ本期中憲兵ノ知得セル事象ハ興農合作社員十一名ノ特配綿布ノ不正取得事件一件ナリ

之カ詳細次表ノ如シ

區分	月日、場所、人員	概要	摘要
出荷工作阻害不正事件	自十二月二十日 至一月十四日 柳河縣興農合作社三源浦支社 満系雇員十一名	上記十一名ハ農産物出荷督勵用綿布配給業務ニアルヲ奇貨トシ闇賣却ニ依ル不正利得ヲ為スヘク出荷者十九名ヨリ綿布配給票ノ提供ヲ強要或ハ配給スヘキヲ配給セサル等ニ依リ綿布七七〇、二尺ヲ不正領得シ分配セルモノナリ	柳河縣警察科ニ於テ關係者ヲ取調中

23

23

第五　宗教邪教情報

一、宗教

区分	概要	摘要
通化鮮系基督教長老會ノ動向	牧師和山俊剋ハ二月十七日山城鎮ニ於ケル満洲朝鮮基督教南満教区總會ニ出席同十九日帰通セルカ視察中今回民生部大臣ヨリ通化縣三棵楡樹教會設立ノ件カ正式ニ認可サレタリト稱シ信者ニ宣傳シアリ	
臨江鮮系基督教長老會ノ動向	二月十七日山城鎮ニ於ケル満洲基督教南満教区総會ニ代表者出席シ協議ノ結果臨江ニ牧師ヲ招致スルコトニ決定シ近[illegible]予定ナリ	

10

二 邪教

甑山教事件取調状況

昨年十一月二十日検挙セル宗教類似邪教「甑山教」

事件ハ尚引續キ通化省警務廳ニ於テ取調中ナ

第六 流言落書

一 流言

本期中憲兵ノ知得セル流言ハ二件ニシテ日「ソ」開

戰ヲ臆測シ或ハ日本ノ戰況不利ヲ云々スル等満人

間ニ流布セラレタルモノナルモ特殊ノ反響ナシ

24 26

其状況次表ノ如シ

区分	月日	場所流布者	内容	処置
日本ノ戦況不利ナラシメントスルモノ	一二、五	通化市満鉄「バス」停留所 流布者不詳	先般満系及外国人ノ鮮内旅行ヲ禁止シタルハ朝鮮及内地各重要地兵力敵機ノ爆撃ニ依リ被害カ甚大ナリシカ為テアル	特殊反響ナシ 流布者
日蘇開戦ヲ臆測スルモノ	一二、二〇	第八軍管区 満軍兵 流布者不詳	近ク日蘇開戦スルラシイ開戦セハ我々ハ直ニ国境方面ニ出動シ明日ノ命モ分ラナクナル	捜査中

ルモ其後特殊

二 落書

本期中憲兵ニ於テ知得セル落書ハ一件ナリ

状況次表ノ如

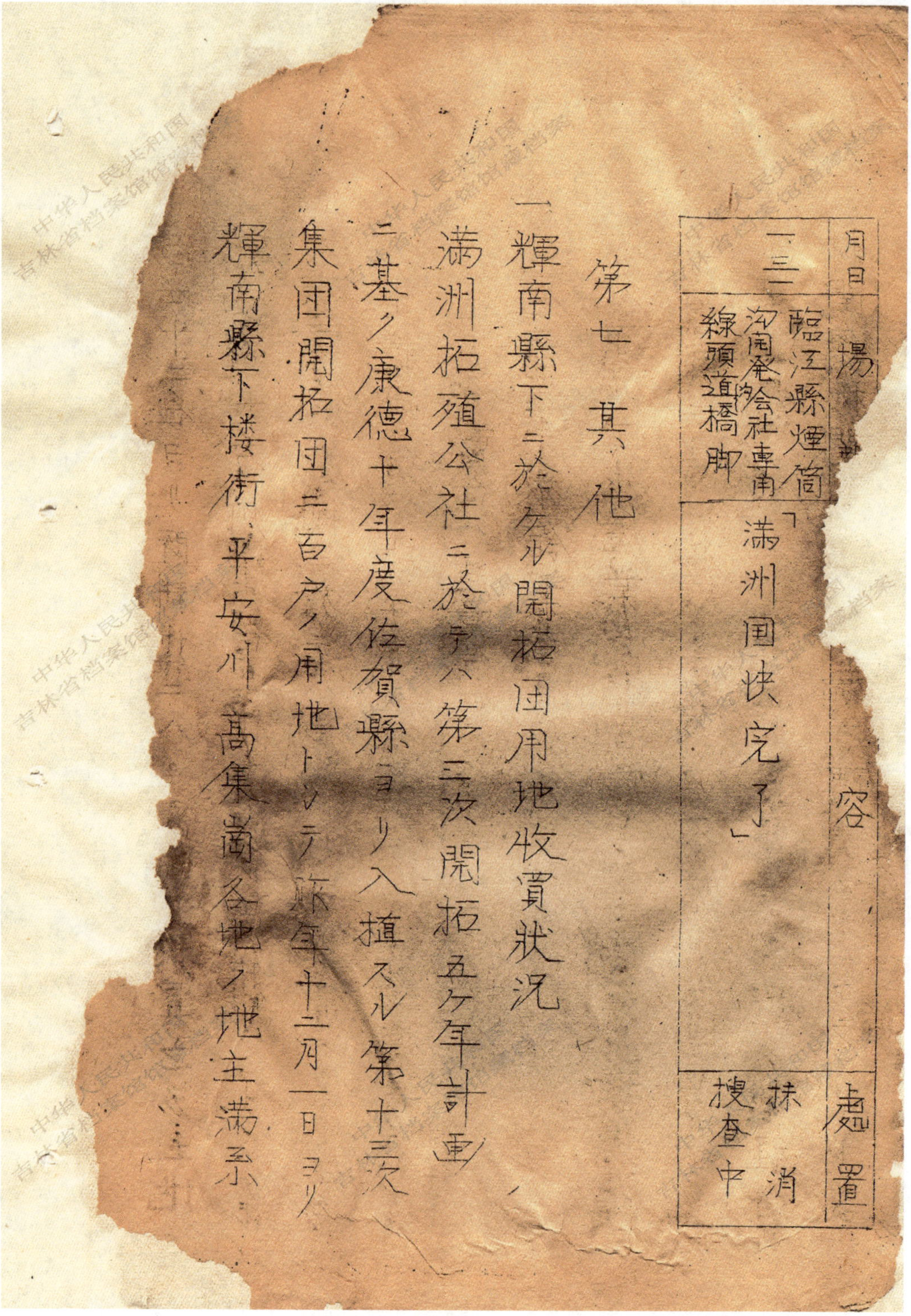

月日	場所	内容	處置
一、三	臨江縣煙筒溝満炭鉱会社専用線頭道橋脚	「満洲国快完了」	抹消 捜査中

第七 其他

一 輝南縣下ニ於ケル開拓団用地收買状況

満洲拓殖公社ニ於テハ第三次開拓五ケ年計画ニ基ク康徳十年度佐賀縣ヨリ入植スル第十三次集団開拓団二百戸ノ用地トシテ昨年十二月一日ヨリ輝南縣下楼街、平安川、高集崗各地ノ地主満系

25　25

百四十二名ヨリ既耕地二、八[illegible]陌ヲ收買之カ土地代百七十万円中百五十万円ノ支拂ヲ了シアルカ被買收者側ニ於テハ当局ノ対策不備ノタメ生活ノ根據ヲ奪フモノナリ等極メテ不満ノ意ヲ表シアリテ之カ動向ハ注意ヲ要スルモノアリ

二、通化市滿系旅館業者ノ動向

通化市滿系旅館業者間ニ於テハ主食物配給通帳制實施ニ伴ヒ營業著シク不振トナリ失業已ムナキ狀態ナリトシ同組合員四七名ハ近ク市経済科関係機関[illegible]方陳情スルニアラスヤト認

メラレ[illegible]

三、國軍飛行機献納運動

協和會通化市本部ニ於テハ省聯ニ於ケル採擇事項ニ基キ国軍ニ飛行機ヲ献納スヘク二月四日ヨリ十日間ヲ同運動第二回強調旬間トシ爾後引續キ献金募集ヲ續行中ナルカ二月中旬末現在ニテ六千四百余円ノ献金アリタリ

第八　思想対策服務實績

本期間特記スヘキモノナシ

附表

思想対策服務実施状況表（四種） 康徳[illegible]年二月末現在

検挙処理状況 摘要

種別／区分	共産党匪団分子	同大衆団体	土（政）匪	通匪	流言蜚語者	其他	計
人員							
累計					二	一	三
人員							
累計							
人員							
累計							

押収品目

押収品目 員数 累計

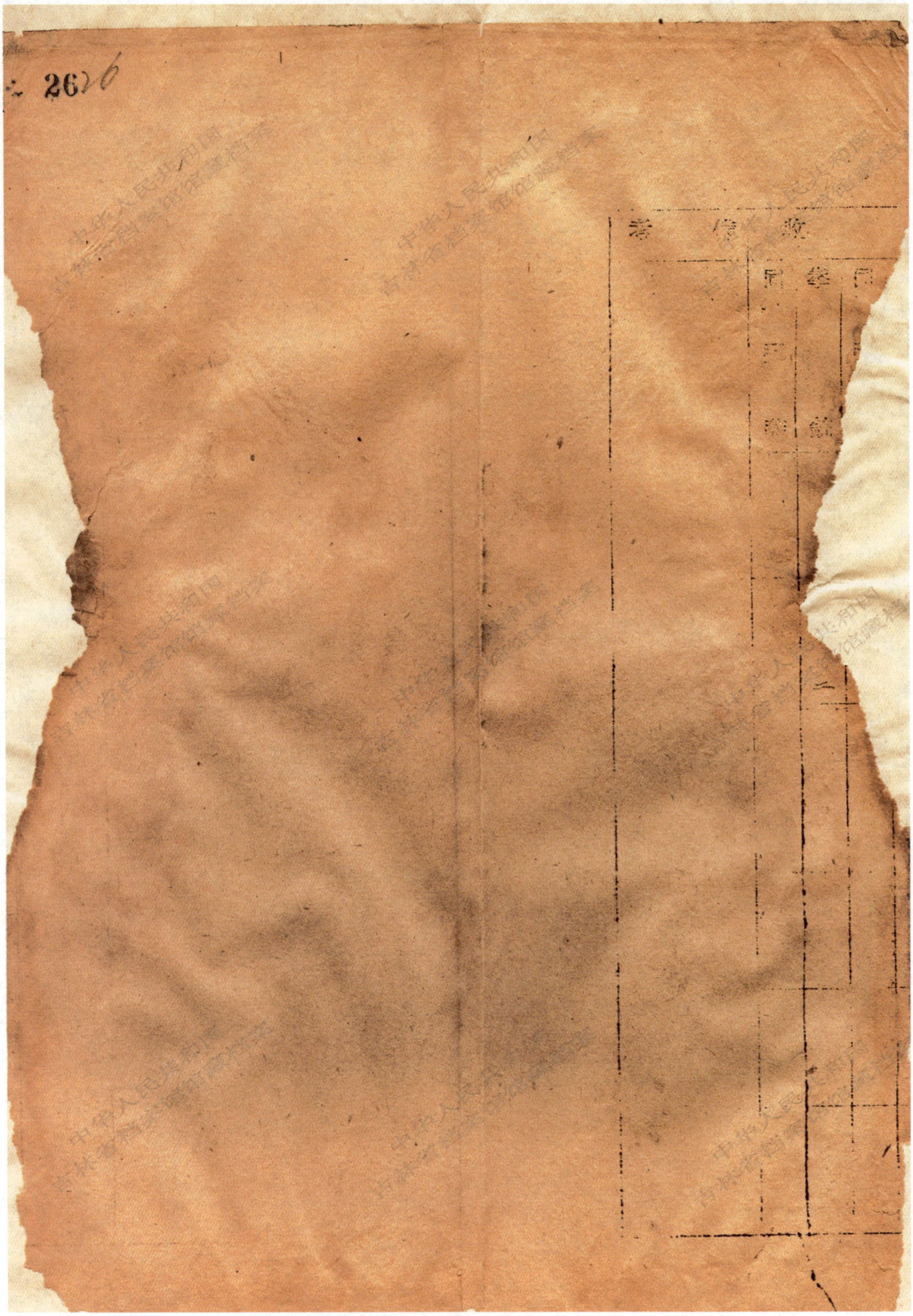

2626

参考译文

目录

一、概要…… 1
二、民族共产运动…… 1
三、党（土、政）匪情报…… 2
四、各民族的动向…… 2
（一）日本人 …… 2
（二）鲜人 …… 5
（三）满人 …… 9
五、宗教、邪教情报…… 10
六、流言、涂鸦…… 10
七、其他…… 11
八、思想对策服务实绩…… 12

第一，概要

一、民心基本平稳，没有特殊事件发生。但是，在日、鲜系中存在赌博、非法获利等涣散情况。

二、通化省内的鲜系有识之士倡导凭借自己的力量实施鲜系子弟教育，且希望成为通化省鲜系辅导分科委员会主体。为设立鲜系国民高等学校，经当局批准，于2月15日开始募集资金。

三、1月16日，临江县大栗子采矿所矿山警察队逮捕了1名特殊宣传员，该人接到北支中央新七军童子军下达的调查出矿量，以及开展劳工逃跑工作等指令而来到满洲。目前临江县警务科正在审讯此人。

第二，民族共产运动

本期内，没有发现民族共产运动，但是发生了1件北支中央新七军童子军特殊宣传员接受调查出矿量以及开展劳工逃跑工作等指令而入满的事件。（出

处：满警，准确度：甲）

具体状况如下：　　　　　　　　　　　　（参照2月17日通宪高第三二号）

1月16日，东边道开发会社临江县大栗子采矿所矿山警察队逮捕了1名可疑满人，该人自称是受该所劳动辅导工人委托送衣物而入山的。矿山警察队对其实施了审讯。

籍贯：河北省武情（译者注：疑为“清”）县小营子

住所：不定

何宋泽　时年19岁（别名中哲）

经审讯，此人供述称他是北支中央新七军童子军密派的特殊宣传员，接到该军黄仁队长下达的关于在大栗子采矿所开展以下工作的指令而入满：

1. 调查出矿量。

2. 调查矿山的日本人数量。

3. 调查旧军队员（辅导工人）的劳动状况。

4. 开展旧军队员（同上）逃走归队工作。

临江县警务科继续审讯中。

第三，党（土、政）匪的情报

本期内，宪兵没有掌握到任何策动事件。

第四，民族动向

一、日本人

与上个月一样，没有发生特殊事件。

本期内，宪兵掌握的主要事件有：

○合作事件	6件
○涣散事件	3件
○阻碍民族和谐事件	1件
计	10件

详细情况如下表所示：

1. 紧张或者合作的事件

分　类	日期、地点、人数	概　要	摘　要
在乡军人冬季训练	自1月6日至3月末 帝国在乡军人会临江分会 各班全员	在乡军人会临江分会为了提高时局认识及增强体魄，各班举行了枪剑术、紧急集合演习、行军等活动，努力提高士气。	
在乡军人集合演习	2月8日 辑安国民体育场 在乡军人 113人	□□辑安分会在大诏奉戴日之际，为了提高在乡军人的士气，7点30分针对113名会员举行了紧急集合、参拜神社、大诏奉读等活动，非常有意义。	
祈祷圣战胜利	2月8日、2月11日 临江神社 普通官民 大约2000人	在大诏奉戴日及纪元节之际，临江各机关职员、学校学生、义勇奉公队员及其他人，大约2000人举行了参拜临江神社、祈祷圣寿万岁、大东亚战争胜利的祭典。	
慰问军警留守家庭	2月15日 临江县城 国防妇人会 10人	临江县国防妇女会会员协议结果决定对出动到西南地区实施肃正工作的临江军警留守家庭进行慰问。于是，10名干部访问了各留守家庭，并给予了鼓励。	
捐款慰问部队	2月19日 通化市 日、鲜系市民	通化市日、鲜系有实力者自发募集捐款，以慰问部队。各业者组合、邻组等协助他们，各户捐款1日元以上，协和会市本部将合计2189日元的捐款交给了驻通化部队。	
慰问军队	2月19日 通化市南江国民学校国防妇女会白藤分会、音乐同好会 37人	通化市国防妇人会白藤分会及通化音乐同好会会员37人，在通化市南江国民学校为来通化的关东军冬季训练部队将士举办了约2个半小时的音乐慰问活动。	

2. 涣散事件

分　类	日期、地点、人数	概　要	摘　要
赌博	从1月到2月 辑安街日、鲜系 15人	辑安警察署侦查到1月以来居住在辑安街的日、鲜系经常赌博，于是逮捕了15名有关人员。审讯后对6名情形轻微者进行了训诫，2月12日将另外9人，即2名日本人和7名鲜人向辑安区检察厅进行了案件移交。	

（续表）

赌博	从昭和十七年十二月至昭和十八年一月（1942年12月至1943年1月） 大栗子满铁社宅 10名日本人	大栗子铁道警护队侦查到满铁从业人员（预备陆军少尉）及其下属10人赌博，1月18日将其逮捕，经审讯后查明他们自去年12月起便经常赌博，1月30日提交了书面报告。	
盗伐国有林	从昭和十六年十月至昭和十七年十月（1941年10月至1942年10月） 临江县林子头 日本人采伐业8人 鲜人2人 满人11人	居住在临江县林子头的日本人采伐业者7人与在奉天的日本人、鲜人及满人共谋，自昭和十六年十月（1941年10月）以来，历时约1年，从林子头国有森林盗伐了约3万立方米的薪炭用木材，并将其中6100立方米木材秘密运送到大连、奉天、营口方面卖掉。	12月12日，林子头警察署将其逮捕。2月18日，移交给临江区检察厅，目前正在审讯中。

3. 阻碍民族和谐事件

分 类	日期、地点、人数	概 要	摘 要
对鲜人施暴	2月12日 临江街 日本人官吏 1人	临江营林署的1名日本官员饮酒大醉，在临江街路上，拿着小刀威胁数名鲜人过路者，还向正在巡查的宪兵出言不逊。	宪兵训诫

二、鲜人

与上个月一样，鲜人积极配合皇民化运动、出荷、铁制品回收等工作。本期内，宪兵掌握到的紧张乃至合作事件有10件，但是他们依然对代用粮食配给不顺利及差别待遇等流露出了不满的言论。

列举本期内的各种事件（言论）有：

○对差别待遇的不满言论　　4件

○对征缴工作的不满言论　　4件

详细情况如下表所示：

1. 紧张乃至合作事件

分　类	日期、地点、人数	概　要	摘　要
监督出荷	1月25日至2月3日 临江县六道沟、大杨子沟、七道沟	临江县朝鲜人辅导委员会鉴于上次督励工作取得了巨大的成果，便继续在左述各地编成出荷监督班，协助开展征缴工作。	
同上	2月2日到2月4日 通化县快大茂子 大泉源音乐 同好会员	为使通化县的鲜农认识时局，彻底铲除黑市交易，同时为了安抚鲜农努力出荷，通化音乐同好会负责人带领会员在左述地点举行了巡回慰问音乐会。	
鲜系辅导分科委员会的组建	2月7日 协和会 通化市本部	□□会通化市本部邀请各委员及辖区内有实力的多数鲜系，选定委员长及其下属13人，组建通化市朝鲜人辅导分科委员会，致力于鲜系的启蒙教育，以全力开展鲜系克服时艰及皇民化运动。 （参照2月17日通宪高第三一号）	
国语普及	昭和十七年十二月十二日（1942年12月12日）以后 辑安县康平国民学校	接续前期，继续针对13岁以上的鲜系男子及妇女约70人进行国语普及及夜间讲习，努力提高他们的水平，并逐步取得了成果。	
	昭和十七年十二月二十六日（1942年12月26日）以后 辑安县学校团体	接续前期，继续在县内鲜系学校对昭和十九年（1944年）度鲜系征兵适龄者中不懂国语的人举办国语普及演讲会。	
	2月5日 临江县大栗子沟 采矿所 大平沟部落	开发会社大栗子采矿所大平沟部落组成了鲜系邻组，将不懂国语的鲜系矿山劳工召集到一起，举办国语讲习会。	
	2月10日以后 临江县城鲜系 国民学校校长 1人	临江鲜系国民学校的1名校长亲自担任讲习会会长，针对街道内的鲜系，特别是征兵适龄者中不懂国语的人举办国语普及讲习会。	
回收捐献铁制品	2月9日 辑安县久财源村 鲜系有实力者	去年12月，鲜系有实力者努力发动□□□鲜系家庭所使用的纯铁制食器的捐献运动，回收了102斤，经过协和会花甸子分会，办理了向协和会县本部的捐献手续。	
感谢皇军	自2月12日至2月21日 通化市日、鲜系 料理店业者	由于关东军冬季训练部队将来通化，于是通化市日、鲜系料理店组合便在左述期间让各户悬挂国旗，以表达对皇军的感谢之意。	

（续表）

鲜系国民高等学校成立运动	2月15日以后 通化省朝鲜人辅导委员会	在当前时局下，彻底贯彻鲜系的皇民化运动的先决条件就在于鲜系子弟教育问题的彻底落实，而这也是省内鲜系多年来的夙愿。为此，鲜系四处活动，要凭自己的力量设立国民高等学校。经当局批准后，2月15日起通过省内鲜系有实力阶层开始募集资金。 （参照2月25日通宪高三四号）	

2. 对差别待遇的不满言论

分　类	日期、地点、人数	概　要	摘　要
对差别待遇的不满	2月1日 辑安县协和义勇奉公队指导员1人	在协和会，日、鲜系的基本工资同样是100日元，但是补贴却有20日元的差异，真是气愤。	
厌恶日本人	2月2日 同上	称呼日本人为“杂种”，杂种等不能算在内，只有鲜人□□围棋大会。	
对差别配给的不满	2月3日 通化市 鲜系3人	□□□酒及味精等的差别配给真是令人不痛快。希望纠正这种差别待遇，尽快给予平等配给。	
对生活的不满	2月7日 辑安县专卖局属官1人	我们鲜系得到物资相当困难，而日系不管在何处“面子”都能发挥作用，生活没有任何不便。生活痛苦的只有我们鲜系。	

3. 对征缴工作的不满言论

分　类	日期、地点、人数	概　要	摘　要
对出荷工作员的不满	本期内 柳河县三源浦鲜系下层民众普遍	鲜系出荷监督班成员对鲜农信口开河，说自己经常吃小米，实际上领取的却是白米。这是欺瞒农民，会将矛盾进一步激化。	
对代用粮食的不满		我们鲜农已经做好上交除稻种以外所有粮食的心理准备，尽管如此，当局却给我们配给腐烂的杂谷等，完全没把我们鲜农当人看。	
对出荷工作手段的不满		教会是神圣的地方，信徒外的普通人是禁止上祭坛的。因此，再怎么说是为了征缴工作，也不能把教会借给混有艺人的音乐慰问团使用。	
对征缴特别配给的不满		虽说有人无法出荷，但是棉布类是必需品，希望能考虑下让这类人上交草绳袋子代替粮食谷物，然后为其配给一定量的□□□	

三、□□

与前期同样□□□□没有发现特殊事件。但是，本期内，宪兵发现了1件非法获利事件，即11名兴农合作社社员非法获取特别配给的棉布。

详细情况如下表所示：

分类	日期、地点、人数	概要	摘要
非法阻碍出荷工作事件	从12月20日到1月14日 柳河县兴农合作社 三源浦支社 满系雇员 11人	当地利用配给棉布来督励农产品出荷，左述11人便利用这一业务，通过暗中售卖获取非法所得。他们强行要求19名出荷者拿出棉布配给票，或者不发放应该配给的棉布，从而非法获取770.2尺棉布，然后自行分配。	柳河县警务科正在审讯相关人员。

第五，宗教、邪教情报

一、宗教

分类	概要	摘要
通化鲜系基督教长老会的动向	牧师和山俊彪出席了2月17日在山城镇举办的满洲朝鲜基督教南满教区总会，同月19日返回通化。该人说此次民生部大臣正式批准了通化县三棵榆树教会成立一事，并向信徒进行了宣传。	视察中。
临江鲜系基督教长老会的动向	代表出席了2月17日在山城镇举办的满洲基督教南满教区总会，经协商后决定邀请牧师到临江县，计划于近□□□□	

二、邪教

甑山教事件的调查状况

通化省警务厅仍在继续调查去年11月20日逮捕的类似宗教的邪教“甑山教”事件。

第六，流言、涂鸦

一、流言

本期内，宪兵掌握到的流言有2件，或臆测日苏开战，或谈论日本战况不利等，在满人间流传，但没有特殊反响。

具体状况如下表所示：

分类	日期	场所及散布人	内容	反响及处置
谈论日本战况不利	1月25日	通化市满铁公交车停车站 散布者不详	最近禁止满系及外国人前往鲜内，是因为敌机轰炸朝鲜及日本各要地，损失惨重。	没有特殊反响，正在搜查散布者。
臆测日苏开战	2月20日	第八军管区满军士兵 散布者不详	听说最近日苏要开战。如果开战，我们就得马上出动去国境方面，明天还不知道能不能活着。	

二、涂鸦

本期内，宪兵掌握到的涂鸦有1件。

状况如下表所示：

日期	地点	□容	处置
1月31日	临江县烟筒沟开发会社专用线头道沟桥墩	“满洲国快完了”	抹消，正在搜查。

第七，其他

一、辉南县开拓团用地收购状况

满洲拓殖公署自去年12月1日起，从辉南县下楼街、平安川、高集岗各地142名满系地主手中收购了28□□□陌已耕地，作为根据第三次开拓五年计划于1943年从佐贺县迁入的第十三批集团开拓团200户的用地，应该支付170万日元，现已支付150万日元。由于当局对策不完善，被收购者认为是由此而失去了生活来源，表达出强烈不满。因此，要密切注意他们的动向。

二、通化市满系旅馆业者的动向

随着主食物配给账簿制度的实施，通化市满系旅馆业者经营萎靡，被迫停业。该组合的47名成员近期可能会向市经济科相关机关□□□提出陈情□□□□动向。

三、国军飞机捐献运动

协和会通化市本部依据省联的选择事项向国军捐献飞机。为此，2月4日起的10天时间为该运动第二次强调周期，以后继续募集捐款。截至2月中旬，共募捐6400多日元。

第八，思想对策服务实绩

本期内，没有要特别记录的事项。

附表

思想对策服务实绩表（□□）

昭和十八年二月（1943年2月）末调　　通化宪兵队

分类 种类	逮捕		归顺		射杀		摘要
	人员	累计	人员	累计	人员	累计	
共产党匪分子							
共产党匪外围团体							
土（政）匪							
通匪							
流言及涂鸦相关者		2					
其他		1					
计		3					
□□□□	物品	数量	累计	物品	数量	累计	
	□□□						
	□□□						
	□□子弹						
	手枪		2				
	手枪子弹						
备注							

（翻译：周岩　整理：王忠欢　校译：张雪、陈景彦）

㊙

7

1944年

（以下文字为273～274页参考译文）

1944年2月2日

通宪战第二二号

思想对策月报

（一月）

通化宪兵队

发送至：

报告至：关宪司

通牒至：新京、奉天、间岛队，满洲第一三六、三五六部队

抄送至：队下乙

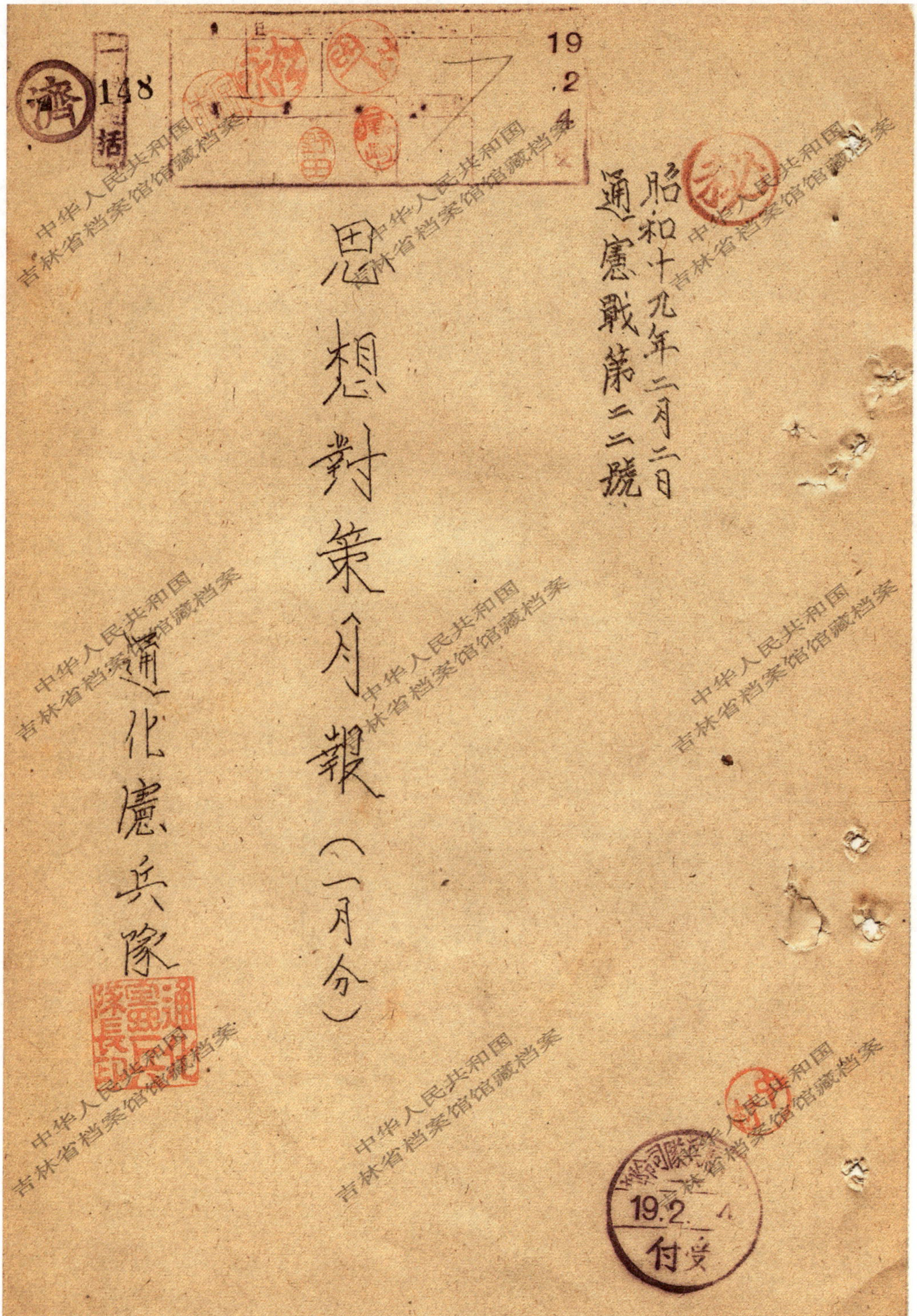

秘

昭和十九年二月二日
通憲戰第二二號

思想對策月報（一月分）

通化憲兵隊

発送先
報告先 関憲司 通牒先 新京、奉天、間島隊 満洲第一三大、三五大部隊 写 隊下乙

目次

一、要旨

二、民族ノ動向

(一)内地人

(二)鮮人

(三)満人

(四)労務関係

三、流言落書

四、蒐荷情報

五、服務戦果

149

第一 要旨

一般ニ戦局ノ重大性ヲ認識シ諸施策ニ協力シ夫々ノ職域完遂ニ邁進シアリテ特異ノ動向ヲ認メサルモ一部ニ於テハ

1、日人ニシテ米穀ノ闇購入ヲ為スモノ

2、鮮人警察官ニシテ酩酊暴行ニ出ルモノ

3、満軍警ノ紛争

4、鮮満人中生活難ヲ云々シ不平言動ヲ為スモノ

等アリテ注意ヲ要スルモノアリ

二、満系資産家中ニハ戰局推移ヲ憂慮、國幣ノ信用低下ヲ憶測シ或ハ手持資金ノ投資難等ニ基因シ對土地投資盛ンニ行ハレ之カ推移注視ヲ要アリ

三、一月二十五日現在ニ於ケル農産公社ノ糧穀收買量ハ通化省割當量ニ對シ一〇八%强ニ達シタリ

第二　民族ノ動向

一、内地人

一、戰局ノ重大性ヲ認識シ戰力増强ノ一途ニ邁進シアルヲ認メラルヽモ一部ニ於テハ非時局的行動ニ出ヅルモノアリ

二

150

二

テ注意ヲ要ス

本期中ニ於ケル主ナル事象左ノ如シ

区分	月日　場所　人員	概要	摘要
高級官吏非時局的行事	一月二十一両日 通化市中昌区 通化館 新通化驛開通祝賀會	新通化駅開通ニ籍口通化省公署高級日人官吏等ノ発起ニ依リ二日間ニ亘リ祝賀行事ヲ実施シ一般民ノ寄附金等ニ依ル建設資金ノ一部約一万円ヲ費消有識者ヨリ反時局的ナルモノトシテ非難ヲ受ケアリ主ナル言動左ノ如シ ◎餘裕ナキ市民ノ浄財ヲ藝妓ノ手踊ニ費消スル官吏ノ行為ハ時局下非國民ナリ ◎新聞発表ヲ差止メネバナラヌ様ナ非時局的ナ祝賀会等スル必要ナシ	

3

		◎此ノ様ナ大規模ナ祝賀ノ會カ最高日人官吏ノ發起トハ話モ出来ヌ
米穀闇購入	十二月二十七日 臨江縣林子頭村 日人三名	鮮農ヨリ糯米四斗ヲ二百円デ闇購入シ満警ニヨリ取調ノ上事件送致セラレタリ

二、鮮人

内地人同様生産増強、職域奉公ニ邁進シアルモ一部ニ於テハ對日人差別配給ヲ云々シ生活難ニ不平言動ヲ弄スルモノアル外警察官ノ暴行二件アリ

本期中ニ於ケル主ナル言動別表第一ノ如シ

4

151

三、滿人

民心概ネ平穏ニ推移シアルモ時局認識ハ一般ニ低調ニシテ生活難ヲ云々シ戰爭ノ早期終了ヲ希求シ資産家中ニハ國幣ノ信用低下ヲ憶測シ對土地投資ニ奔走スルモノ等アリテ之カ動向注視ノ要アリ

本期中ニ於ケル主ナル事象言動別表第二ノ如シ

四、勞務關係

勞務者ノ要注意事象言動別表第三ノ如シ

五、流言落書、

5

（一）流言

本期中憲兵ノ知得セル流言ナシ

（二）落書

本期中憲兵ニ於テ知得セル落書ハ反日的ナルモノ一件ナルモ反響ナシ

状況左表ノ如シ

区分	日時場所	落書者	内容	處置
反日	一月廿四日一二、三〇（発見）通化縣保賢村八甫岔屯部落積雪上	不明	積雪上ニ棒切様ノモノヲ以テ打倒日本帝國主義八甫岔屯長示ハ？、中華民國萬歳八甫岔屯長示ハ？、	出荷強行ニ努力セル上記屯長ニ對スル不滿抱持者ノ所為ト認メ筆跡撮影シ滿警ト協力捜査中ナルモ未發見ナリ

6

152

第四 蔥荷情報

一、蔥荷實績

一月二十五日現在ニ於ケル通化省内農産公社ノ收買實績ハ一五五、九五大噸ニシテ出荷割當量ノ一〇八％強ノ好成績ヲ收メ出荷ヲ完了セリ

二、農産物取締實績

本期中通化省當局ニ於テ實施セル農産物取締實績ハ左表ノ通ニシテ前期ニ比シ半減シアリ

法令別	取扱件数	処置 説諭	処置 事件送致	没収糧穀
特産物専管法違反	七（二二）	二（二）	五（二〇）	〇七四四噸
糧穀管理法違反	四七（一〇三）	二（五〇）	四五（五三）	六、三一三〃
米穀管理法違反	二三（九）	〇（二）	二三（七）	六、六五〇〃
計	七七（一三四）	四（五四）	七三（八〇）	一三、七〇七〃（二二、三三二）〃
備考	（ ）ハ前期状況ヲ示ス			

二、蒐荷ニ伴フ要注意事象

153

第五 服務戰果

區分	月日、場所、人員	概要	摘要
蒐荷取締妨害	一月二日ロ九ロロ頃 通化市南台營 検問所 満軍兵 四	農産物蒐荷取締検問所服務中ノ青年団員六名ニ對シ「ロロロ%出荷後ニ於テ尚取締ルトハ不都合ナリ」ト云ヒ不満シ殴打暴行逃走ス	
債券購入忌避	本期中 輯安縣下 鮮満農ノ一部	興農合作社ニ於テハ糧穀出荷農民ニ對シ出荷量ニ應シ興農儲蓄債券ヲ發賣セルカ强制發賣ヲ嫌忌シ或ハ償還有無ノ不安ヨリ購入セル債券ヲ破棄シ他人ニ無償讓渡スル等不満意思ヲ露呈セリ	

本期中特記スヘキ事項ナシ

[illegible]	本期中 [illegible]
[illegible]	[illegible]

[illegible]

別表第

鮮人関係主要事象言動一覧表

区分	月日、場所、人員	概要	摘要
警察官暴行（傷害）	十二月廿九日二三〇〇頃 輯安県柈子頭街内 鮮人警士一 鮮常人一	柈子頭警察署警士ハ飲酒酩酊シ飲店ニ於テ飲酒中ノ鮮常人一ト態度不遜ナリトシ抜刀打チ顔面ニ全治二週間ヲ要スル傷害ヲ与ヘタリ	免職処分ス
右同	一月二十五日二〇〇〇頃 輯安県輯安街内 鮮人警士一 鮮常人一	輯安県警察科鮮人警士ハ飲酒酩酊シ街内鮮人民宅ニ侵入酒食ヲ強要シ之ニ応セサル家族ニ殴打暴行中帯人ニ対シ暴行ス	
配給不満言動	通化市 鮮人	通化市経済科ニ於テハ市内鮮人上層部ニ対シ月二百個ノ「味ノ素」ヲ配給スルカ之カ人選中ナルカ鮮人間ニ於テハ日鮮差別配給撤廃ノ好機ナリトシ左ノ如キ言ヲ弄スルモノアリ ● 鮮系ト雖モ「味ノ素」配給ハ当然ナリ時局下鮮系ト考ヘス日人カシレタケ増加セリト考フヘキナリ（参事官） ● 鮮系ハ斯ル機会ヲ待望シアリ鮮系ノ地位二歩進ムヘキナリ（人選委員（一）） ● 此ノ際何モ遠慮ヲ要セス最大限ノ配給ヲ受クヘキナリ（上層部ノ大部）	動向視察中
	十二月三十一日 臨江県大栗子鉱業所 就労鮮人一	最近ノ配給量テハ我々鮮人労働者ハ餓死アルノミナリ斯ルコトテハ満洲国ノ存在ハ有名無実ニ等シイ云々	
対時局言動	未期 柳河県 臨江県 下 鮮人ノ一部	● 鮮系同胞中ニハ戦局ノ前途ニ不安ヲ抱クモノ相当アリ之等ニ対スル啓蒙ヲ必要ナリ（柳河県有力者） ● 生活必需物資ノ入手難ト生活ノ困難ニナルコトヲ考ヘレハ此様ナ戦争ハ一日モ早ク終ツテ貰ヒタイ（柳河県下会民） ● 臨時郵便物取締法ハ時局下防諜観念ヲ徹底セシムル上ニ於テ時機遅レナリ ● 今回ノ発表ハ単ニ法文化サレタニ過キス満内ニ於テハ既ニ実施セラレアルコトナリ ● 郵便ノ取締ハ時局柄当然ナルモ将来ノ商取引ハ葉書ニアラサレハ遅延ハ免レサルヘシ（以上臨江街民）	

9-680-154

別表第二

満人関係主要事象調査表

9-660-1-17

区分	月日場所人員	概要	備考
軍警紛争	一月四日〇一〇〇頃 通化市西関 満人料理店 満軍々官 一 満警 一	満人料理店附近巡邏中ノ満人警察官ハ同店ニ於テ泥酔シ暴行中ノ満人軍官ニ対シ制止セルモ之ニ憤慨シ逆ニ警察官ヲ殴打シ暴行ヲ加ヘタル軍官ハ憲兵ニ引致サル	憲兵分団ニ於テ和解ス
満警ノ満人虐待	一月十九日〇五〇〇頃 臨江縣三岔子村大青溝 満警 一 満人 一	臨江縣警察隊三岔子分駐所満人警察官ハ同村満人某ヲ取調中其ノ態度ニ憤慨シ殴打傷害ヲ負ハシメ殴打セル満人ニ対シ満警ハ被害者ニ賠償金ヲ支払ヒ解決ス	林子頭警察署ニ於テ事件送致予定
資本家ノ対土地投資	通化省内 満人資本家	通化省下資本家中ニハ戦局ノ推移ヲ憂慮シ国幣ノ信用低下ヲ懸念シ或ハ手持資金ノ投資難等ニ依リ資金ヲ土地ニ投資セル者最近一ケ月間ニ於テ 通化市 五七三畝 九六、二五〇 通化縣 二、一〇〇 九七三、七四〇 柳河縣 三、九七〇 一、一六八、〇〇〇 計 六、六四三 二、二三七、九九〇 ヲ購買シアリテ之ガ動向注視ノ要アリ	
対時局言動	本期中 通化省内 満人層	● 僅カ二年位デ勝敗ガ判明スルト思ッタ戦争ハ既ニ六年モ経過シテ附クカ判ラヌ ● 戦争ガ早ク終ルコトヲ願ッテ居ル戦争ガ長引ケバ我々ノ生活ハ困難ナモノトナル（通化市自轉車修理業） ● 相当ニ商売ハ繁盛シテ居ルガ統制ガ厳シイ為ニ何時迄此ノ状態ガ続クカ疑問ダ（輝南縣官吏） ● 物価ノ統制ハ法規ニ依リ実施セラレ居ルモ全部ヲ統制スルコトハ不可能ニシテ大ナル効果ナカラン（臨江街住民）	

別表第三

労務者関係主要事象一覧表

区分	月日、場所、人員	概要	摘要
工人闘争	一月四日、六日 東辺道開発会社 臨江県石人鉱業所 輔導工人約四〇名 一般修理工約六〇名	修理工三名カ採暖用ニスヘク未検収石炭ヲ持去ラントシ発見セル検収係輔導工満人ノ制止ニ反シ殴打セラレタルニ発端シ 一、一月四日修理工約六十名ハ輔導工人作業場ニ殺到両者乱闘五名ノ負傷者ヲ出シ鉱警ノ制止ニ依リ鎮静セルカ 二、一月六日右ニ激昂セル輔導工人約二十名ハ修理工場ニ殺到セントシタルモ鉱警及輔導工人隊長ノ制止ニ依リ和解セリ	満警協力宣撫、之カ爾後ノ動向視察中
	一月四日 輯安県良民屯子村上套屯 雲峰ダム工事々務所 現場監督鮮人二名 通化県供出報国隊員 満人約二十名	現場資材監督鮮人二名ハ報国隊員炊事夫(一)カ露積中ノ屋根板ヲ炊事用トシテ窃取セントスルヲ現認殴打セルカ同隊班長之ヲ聞知憤慨シ隊員二十余名ヲ集合セシメ棍棒等ヲ携行鮮人二名ヲ襲ヒ乱闘シ鮮満人名ニ約一週間ヲ要スル打撲傷ヲ負ハシメタリ	会社側及現地満警ニ於テ和解セシメタリ
逃走	通化省下開発関係就労工人	本期中逃走セル工人数ハ 輔導工人 二〇（二七） 保護工人 ナシ（一） 一般工人 一二八（四七） 増産隊 二三八（一一〇） 計 三八六名（一八五）ニシテ之カ原因ハ主トシテ就労忌避乃至望郷等ニ因ルモノニシテ増産隊員逃走ノ激増ハ旧正月ノ為ト認メラル 註（ ）ハ前月数ヲ示ス	憲警協力関係機関ニ手配捜査中

参考译文

目录

一、概要
二、民族动向
（一）日本人
（二）鲜人
（三）满人
（四）劳务相关
三、流言及涂鸦
四、收荷情报
五、服务战果

第一，概要

一、民众普遍能够认识到战局的重大性，积极配合各种施政方针，在各自的工作岗位上兢兢业业，奉公职守，没有发现异常动向，但是有一部分人出现了需注意的行为，即：

1. 日本人购买黑市的米粮；
2. 鲜人警察官酩酊大醉，实施暴行；
3. 满军警发生纠纷；
4. 鲜、满人中有人抱怨生活困难，有不满言行等。

二、在满系有钱人中，有人担心战局的发展，臆测国币会贬值，还有人因为手持资金无处投资而纷纷购买土地，需严密注意其今后的动向。

三、截至1月25日，农产公社的粮食收购量已达到通化省任务量的108%以上。

第二，民族动向

一、日本人

日本人普遍能够认识到战局的重大性，积极增强战斗力，但是仍有一部分人出现了有违时局的行为，对此要引起注意。

本期内的主要事项如下：

分　类	日期、地点、人数	概　要	摘　要
高级官员有违时局的行为	1月20日和21日两天 通化市中昌区 通化馆 新通化站 开通祝贺会	通化省公署高级日本官员等人以新通化车站开通为由，组织了两天的祝贺活动，花费了普通民众捐助的部分建设资金约10000日元。有识之士责难他们的行为是有违时局的。 其主要言行如下： ●将贫苦市民的善款挥霍在了艺伎的徒手舞上，官员的这种行为在当前时局下属于非国民行径。 ●没有必要组织这种绝对不能在报纸上发表的、有违当前时局的祝贺会。 ●最高日本官员组织如此大规模的祝贺会，简直太不像话了。	
黑市购买米粮	12月27日 临江县林子头村 3名日本人	这3名日本人在黑市以200日元的价格从鲜农手中购买了4斗糯米，经满警审讯后进行了案件移交。	

二、鲜人

鲜人和日本人一样，积极增加生产，兢兢业业，奉公职守。但是，仍有部分鲜人责难日、鲜差别配给，对生活苦难的境遇表示不满，此外还发生了2起警察官施暴事件。

本期内的主要情况及言行见附表一。

三、满人

民心基本稳定，但对时局的认识水平依然较低，抱怨生活困难，希望战争早日结束。在有钱人中，有人臆测国币将会贬值，积极投资土地等，要密切注意其动向。

本期内的主要情况及言行见附表二。

四、劳务相关

有关劳务者要注意的情况及言行见附表三。

五、流言及涂鸦

（一）流言

本期内，宪兵没有掌握到流言。

（二）涂鸦

本期内，宪兵掌握到的具有反日性质的涂鸦有1件，但是没有任何反响。

具体状况如下表所示：

分　类	时间及地点	涂鸦人	内　容	处　置
反日	1月14日12时30分（发现） 通化县保贤村小南岔屯部落的积雪上	不明	有人使用棍棒一样的东西在积雪上写了以下内容： 打倒日本帝国主义 小南岔屯长示？ 中华民国万万岁 小南岔屯长示？	我方认为此次涂鸦是对积极开展强制出荷的小南岔屯长抱有不满之人所为，于是在将笔迹拍摄后，与满警联合开展了搜查，但目前尚未找到涂鸦人。

第四，收荷情报

一、收荷实绩

截至1月25日，通化省内农产公社的收购实绩是155.956吨，完成了出荷任务量的108%，取得了非常好的成绩，完成了出荷任务。

二、农产品监管实绩

本期内，通化省当局实施的农产品监管实绩如下表所示，与前期相比减少了一半。

法　令	处理件数	处　置		没收粮食
		训　诫	案件移交	
违反特产专管法	7 (22)	2 (2)	5 (20)	0.744吨
违反粮食管理法	47 (103)	2 (50)	45 (53)	6.313吨
违反米粮管理法	23 (9)	0 (2)	23 (7)	6.650吨
计	77 (134)	4 (54)	73 (80)	13.707 (22.332) 吨
备注	（　）表示前期的状况。			

三、随着收荷工作开展所要注意的事项

分类	日期、地点、人数	概要	摘要
妨碍收荷监管	1月2日9时左右 通化市南台营盘问所 4名满军士兵	这4名满军士兵对在农产品收荷监管盘问所内工作的6名青年团员说:“100%出荷了，还实施监管，太过分了!”说完对6名团员实施群殴，然后逃走了。	
厌恶购买债券	本期内 辑安县内的部分鲜、满农	兴农合作社根据出荷量向粮谷出荷农发售兴农储蓄券。但是，有人厌恶强制发售，有人则因为担心无法兑付而撕碎了购入的债券，还有人无偿转给他人等，来表达不满。	

第五，服务战果

本期内没有特别需要记录的服务战果。

附表一

鲜人相关主要事件及言行一览表			
分类	日期、地点、人数	概要	摘要
警察官的暴行(伤害)	12月29日23时左右 临江县林子头街内 1名鲜人警士 1名普通鲜人	林子头警察署的1名警士饮酒大醉，认为在饭店内喝酒的1名普通鲜人态度不逊而拔刀相向，对其进行殴打，将其脸部打伤，需要2周时间才能痊愈。	免职处分。
同上	1月25日20时左右 辑安县辑安街内 1名鲜人警士 1名普通鲜人	辑安县警察科的1名鲜人警士饮酒大醉，闯入街内的鲜人家中，强行索要酒饭。因对方没有答应，便殴打了其2名家人，还殴打了2名普通过路者。	

（续表）

不满配给的言行	通化市鲜人	通化市经济科决定每月向市内的上层鲜人配给200个“味素”，目前正在甄选人选。鲜人认为这是废除日鲜差别待遇的绝好机会，于是出现了以下言论： ●我们虽为鲜系，但是给我们配给“味素”也是理所应当的。在当前时局下，不要区分日系和鲜系，正是由于我们的存在，日本人才随之增加了。（参事官） ●鲜系期盼着有这样的机会，应该进一步提高鲜系的地位。（1名人选委员） ●此时什么都不要顾虑，而应给予最大限度的配给。（上层绝大部分）	严密监视动向。
	12月31月 临江县大栗子矿业所 1名劳动的鲜人	最近的配给数量只会让我们鲜人劳动者饿死。如此下去，满洲国就是名存实亡。等等。	
针对时局的言行	本期 柳河县及临江县内部分鲜人	●鲜系同胞中有不少人非常担心战局的发展趋势，有必要对他们进行启蒙教育。（柳河县内有实力的人） ●一想到难以获得生活必需品，生活越来越困难，就希望这样的战争早日结束。（柳河县下层民众） ●在当前时局下实施临时邮便取缔法，企图以此彻底贯彻防谍观念，未免为时过晚。 ●此次公布不过是将其法律条文化而已，其实在满内早已实施了。 ●在当前的时局下，对邮件实施管控是理所当然的。但是，将来的商业贸易若是不使用明信片则难免会延迟。（以上是临江街民所言）	

附表二

满人相关主要事件及言行一览表			
分 类	日期、地点、人数	概 要	摘 要
军警纠纷	1月4日1时左右 通化市西关 满人妓馆附近 1名满军军官 1名满警	1名满人军官身穿制服，喝得烂醉，对人施暴，此时有1名满人警察官正在满人妓馆附近巡逻，便进行了制止，并将其带回派出所。这名满人军官非常气愤，于是将这名满警带回宪兵团，并对其实施了殴打。	经过宪兵分团长的斡旋，此事得以和平解决。
满警伤害民众	1月19日5时左右 临江县三岔子村 大阳岔 1名满警 1名满人民众	临江县岭西森林警察队的1名满人警察官在乘坐雪橇前往西南地区开展肃正工作的途中，与满人民众的雪橇发生碰撞，导致他从雪橇上掉了下来。因此，这名满人警察官非常气愤，掏出毛瑟手枪开了两枪，击中了这名满人民众的大腿部，致其身受贯穿枪伤。	林子头警察署打算进行案件移交。
有钱人投资土地	通化省内 满人有钱人	在通化省内的有钱人中，有人担心战局的发展，臆测国币会贬值，还有人因为手持资金无处投资而纷纷从财力不足的鲜农等手中购买土地。过去3个月内购买情况如下： 通化市　573亩　96225日元 通化县　2101亩　97374日元 柳河县　3970亩　168000日元 共计　361599日元 要对其动向实施严密监视。	
针对时局的言论	本期内 通化省内 满人阶层	●仅仅2年左右的时间就取得了如此战果。如果这是真实情况，那么战争不久就会结束了吧。 ●我们期望战争能够早日结束。战争持续下去，我们贫民的生活将会越发困难。（以上是长白县下层民众的言论） ●再怎么进行防空训练，若是遭到敌人的袭击，无论是谁都会外逃，所以大家自然毫无热情，防空作业也毫无意义。（辑安县官员） ●虽说是依照临时邮便取缔法实施检查，但无论如何都不可能全部检查，所以应该不会有太大效果。（临江街居民）	

附件三

<table>
<tr><th colspan="4">劳务者相关主要事件及言行一览表</th></tr>
<tr><th>分　类</th><th>日期、地点、人数</th><th>概　要</th><th>摘　要</th></tr>
<tr><td rowspan="2">工人斗争</td><td>1月4日和6日
东边道开发会社
临江县石人矿业所
辅导工人约20人
普通修理工约60人</td><td>检收系辅导工人在发现有3名修理工要带走未检收的煤炭取暖后，进行制止。修理工对此进行反抗，因而被殴打。于是以此为发端，发生了如下事态：
一、1月4日，约60名修理工人冲到辅导工人作业场，双方打了起来，5人受伤，后在矿警的制止下才平息。
二、1月6日，约20名辅导工人对上述事情感到愤怒，要向修理工厂冲去，但在矿警及辅导工人队长及时制止下得以和解。</td><td>满警协助实施了宣抚，目前正监视其动向中。</td></tr>
<tr><td>1月4日
辑安县良民
句子村上套屯
云峰水坝工程
事务所现场
监督鲜人2名
通化县供出报国队员
满人约20名</td><td>现场监督资材的2名鲜人发现报国队的1名伙夫要窃取露天堆积的房顶板烧火做饭，便对其进行殴打。报国队班长听闻此事后非常气愤，纠集了20多名队员，带着棍棒等武器袭击了2名鲜人，发生了打斗，满人和鲜人各受伤了2人，大约需要1周才能痊愈。</td><td>会社方面及当地满警出面调解了此事。</td></tr>
<tr><td>逃走</td><td>通化省内开发会社
相关劳动工人</td><td>本期内逃走的劳工人数有：
辅导工人　　20 (27)
保护工人　　无 (1)
普通工人　　128 (47)
增产队　　　238 (110)
共计　　　　386名 (185)
劳工逃走的主要原因是厌恶劳动及思念家乡等，增产队逃走人数激增是因为即将迎来农历正月。
注：(　) 表示上个月的人数。</td><td>宪警协力安排和部署有关机关开展搜查。</td></tr>
</table>

（翻译：吕春月　整理：柯俊波　校译：李星、陈景彦）

珲春地方警务统制委员长　有村恒道

8

1936年

（以下文字为297～298页参考译文）

1936年8月11日

珲警委第七号

珲春地方警务统制委员会月报第一号

（七月）

发送至：中央委员长、延地委、珲特、各地区、朝鲜军、19师、朝宪司、罗宪

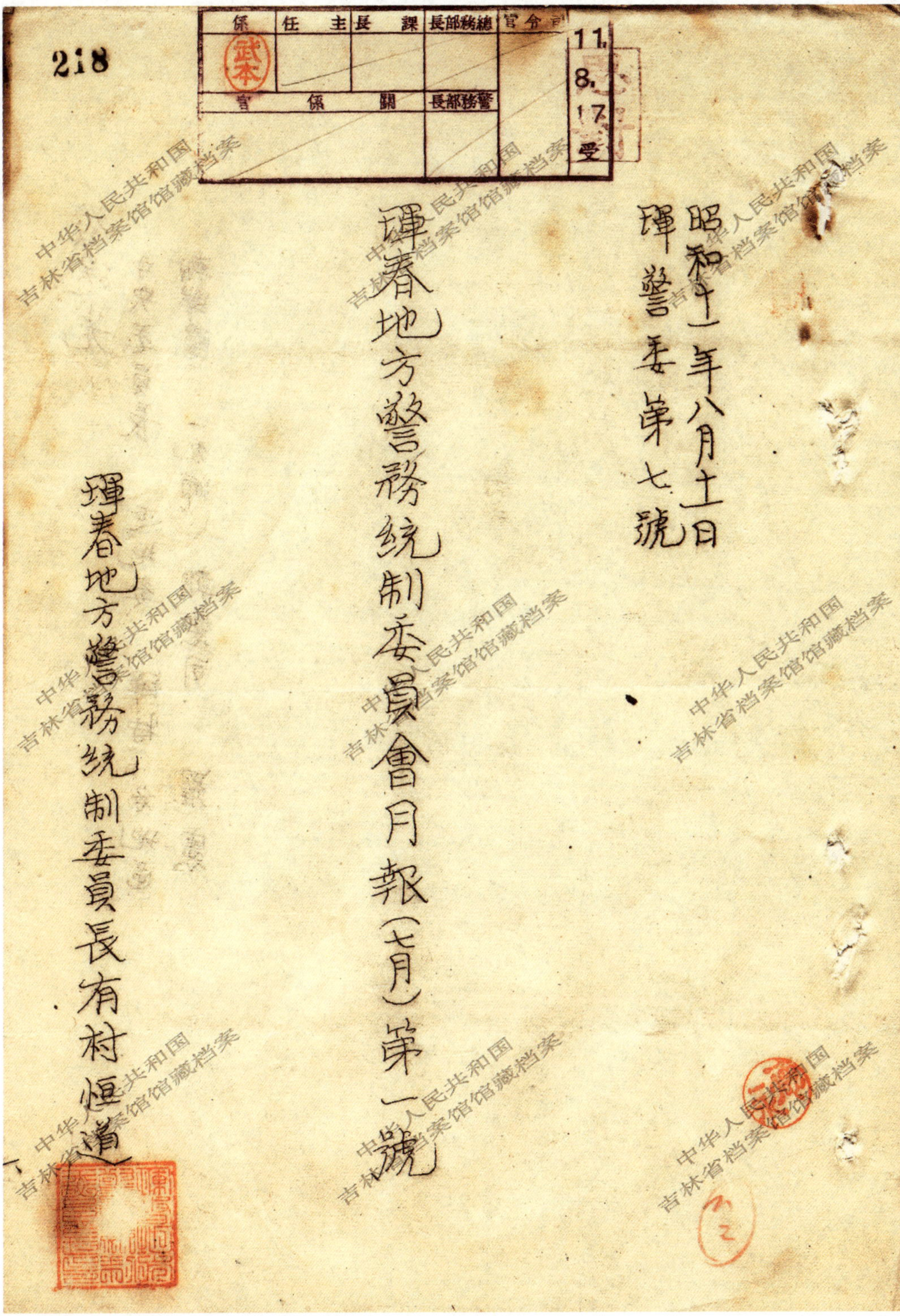

218

司令官	總務部長	課長	主任	係
				武本
	警務部長	關係官		

11.8.17受

昭和十一年八月十一日

琿警委第七號

琿春地方警務統制委員會月報（七月）第一號

琿春地方警務統制委員長有村恒道

發送先
中央委員長　延地委、琿特、各地區、
朝鮮軍、一九師、朝憲司、羅憲

219

一、治安概況

管内琿春縣ノ治安ハ日満軍警ノ至嚴ナル警備ニ依リ概ネ確立セラレアルモ北部縣境小西南岔森林地帯ニハ約三〇名ノ匪賊根據シ繁茂期ニ乗シ住民地帯ニ出沒食品ノ掠奪主義宣傳ニ狂奔シアリタルモ日満軍ノ掃蕩ニ依リ其ノ主力ハ七月下旬東寧縣老黑山方面ニ逃避シタルモノヽ如ク目下ノ處集団匪賊ハ其ノ影ヲ没シタルモ数名ノ一団トナル小匪賊ノ出沒未タ其ノ影ヲ絶ツニ至ラス

二、共匪団並同分子ノ策動状況

一、東北抗日聯軍第二軍第二師第二団第一連ノ一
派十二名ハ春化保杜老孔子西北方ノ沙金溝ニ出没
採金人夫二十余名ヲ集合セシメ赤化宣傳ヲ為シタル其
状況別表第一ノ如シ

三、反満抗日党団並分子ノ策動状況
本月中特記スヘキ事項ナシ

四、匪賊蟠居状況
管内琿春県内ニ於ケル匪賊ハ北部県境ノ西南密山
森林地帯ニ約三〇名蟠居シ住民地帯ニ出没金品ノ掠
奪赤化宣伝ニ奔走シアリ又九月ヨリ満軍警ノ掃蕩

220

ニ依リ七月下旬東寧縣老黒山方面ニ逃避シタル
モノヽ如ク目下集団的匪賊ノ出沒其ノ後ヲ絶チタ
ルモ数名ツヽ一団トナル小匪賊ハ依然森林地帯ニ根
拠シ金品ノ掠奪ヲ敢行シアルモ確実ナル根拠
地詳カナラス

五、歸順匪ノ状況

1、七月中歸順匪ナシ

2、七月中歸順匪一名所在不明トナル

本籍山東省海陽縣以下不詳

住所琿春縣鎮安保柳樹河子探査務民団内

220

拐逃人夫　于德勝　當四一年

右者元匪首崔營部隊トシテ行動中昭和十
年十月汪清縣治安維持会ニ於テ歸順シ總
辞セラレ后書記所ニ於テ勞働中七月三十日
去不明トナル
原因動機詳カナラサルモ匪賊ニ投シタル疑アル
ヲ以テ各機関ト手配内偵中

六　地方官憲ノ匪害状況

七月中ニ於ケル地方官民ノ匪害状況ハ傷害二名

221

人質拉致一名、物品掠奪五件ナリ其ノ状況別表第二ノ如シ

七、蘇聯邦並中國等ノ策動状況

該当事項ナシ

八、検挙並押収状況

イ、共産分子反満抗日分子匪賊並治安ニ影響アル

ロ、犯人検挙状況

七月中検挙セルモノ左ノ如シ

通蘇容疑　三八名

通蘇　一名

計　三九名

(ニ) 兵器物件押収状況

該当事項ナシ

九 検問検挙実施状況

六月中日満軍警ノ実施シタル検問検挙ハ二四

其ノ結果通匪容疑者三八名ヲ検挙シタル状況

別表第三ノ如シ

222

別表第一

共産党団並同分子ノ策動状況（七月中）

地方別	月日	党団名及分子	策動状況	處置
春化保沙金溝ノ杜荒子西北方	七、一五、	東北抗日聯軍第二師第三軍第一団第一連ノ一派十二名	卧虎溝採金人夫二十余名ヲ集合セシメ共産主義宣傳ヲ為ス	

223

别表第六

地方官民ノ被害调查表（七月中）

匪贼出没被害状况		累计
一 匪贼出没回数	五	三〇
二 匪贼出没延人员	七七	三八八
三 被害价额	三三四円	五四六円二五
四 被害件数	八	二四

区分			间岛省（珲春县）	计	累计
死					
伤			二		二
人质拉致	日本	男			
		女			
	鲜人	男	一		一
		女			
	满人	男			
		女			
	其他	男			
		女			
物品掠夺			五		一四
武器	铳				
	弹				
烧失家屋					
交通通信妨害					
胁迫					
其他			一		一

221

別表第三

匪賊並治安ニ影響アル犯人檢挙調查表（七月中）

種別	共匪	政治匪	土匪	通蘇	通蘇支	其他	計	買収降 累計
檢挙人員	九			三九			三九 [illegible]	四八
處分別 事件送致								
處分別 嚴重處分								
處分別 利用中				二			二	二
處分別 放遣	八			三六			三六	四四
處分別 取調中	一			一			二	二
摘要								

参考译文

一、治安概况

辖区珲春县内的治安在日满军警的警戒警备下，整体治安情况基本得到确立，但是大约有30名匪贼盘踞在北部县境小西南岔的森林地带，利用农作物繁茂期出没于居民地带，抢夺金银财物，宣传共产主义等。在日满军的扫荡下，其主力在7月下旬逃至东宁县老黑山方面，目前集团性匪贼已经不见踪影，但是以数人组成的小股匪贼出没现象仍未消失。

二、共匪匪团及共匪分子的策动状况

1. 东北抗日联军第二师第二军第二团第一连的12人在春化保杜荒子西北方向沙金沟出没，把20多名采金苦力集中起来，积极进行赤化宣传，详细情况见附表一。

三、反满抗日党团及反满抗日分子的策动状况

本月内没有发现要特别记录的事项。

四、匪贼盘踞状况

辖区珲春县内的匪贼大约有30人，他们盘踞在北部县境小西南岔森林地带，利用农作物繁茂期出没于居民地带，抢夺财物，开展赤化宣传等。在日满军警的扫荡下，其主力在7月下旬逃至东宁县老黑山方面，目前集团性匪贼已经不见踪影，但是以数人组成的小股匪贼依然以森林地带为根据地，断然肆意地实施抢夺财物等行为，其根据地具体位置不详。

五、归顺匪的状况

1. 7月没有归顺匪。

2. 7月有1名归顺匪不知去向

本籍：山东省海阳县　以下不详

住所：珲春县镇安保柳树河子采金移民团内

采金苦力　于德胜　时年41岁

此人一直跟随原匪首奏营部队行动。昭和十年十月（1935年10月），汪清县治安维持会允许他归顺，此后一直在上述住所劳作。7月30日不见踪影。

具体原因和动机不详，但是有可能已经投靠了匪贼，因此目前正在安排机关，开展秘密调查。

六、地方官民的匪害状况

7月地方官民遭受匪害的情况为：2人受伤、1人被绑架、抢夺物资5件，详情见附件二。

七、苏联邦及中国等策动状况

没有此类内容。

八、逮捕及收缴状况

（1）共产分子、反满抗日分子、匪贼以及影响治安的犯人的逮捕状况

7月的逮捕情况如下：

通苏嫌疑人	38名
通苏	1名
共计	39名

（2）武器物件的收缴状况

没有此类内容。

九、盘问搜查实施状况

7月，日满军警共实施了2次盘问搜查，逮捕了通苏嫌疑人38名，详情见附件三。

附件一

共产党团及共产党分子的策动状况（7月）

地　方	日　期	党团名及分子	策动状况	处　置
春化保沙金沟（杜荒子西北方向）	7月15日	东北抗日联军第二师第二军第二团第一连的12人	该匪团把沙（译者注：疑为“砂”）金沟20多名采金苦力集中起来，宣传共产主义。	

附件二

地方官民的受害调查表（7月）

匪贼出没及受害状况		累计
一、匪贼出没次数	5	30
二、匪贼出没总人次	77	388
三、损失金额	334日元	546.25日元
四、损失件数	8	24

分类／省份	死	伤	绑架人质								掠夺物品	武器		烧毁房屋	妨碍交通通信	胁迫	其他
			日本人		鲜人		满人		其他								
			男	女	男	女	男	女	男	女		枪	弹				
间岛省（珲春县）		2			1						5						1
计																	
累计		2			1						24						1

附件三

匪贼及影响治安的犯人逮捕调查表（7月）

种类	逮捕人数	处分				审讯中	摘要
		案件移交	严重处分	利用	释放		
共匪	9				8	1	
政治匪							
土匪							
通苏	39			2	36	1	
通苏支							
其他							
计	48			2	36	2	
4月以后的累计	48			2	44	2	

（翻译：王枫　整理：谢寅童　校译：张雪、陈景彦）

思对

珲春地方警务统制委员长 有村恒道

9

1936年

（以下文字为315页参考译文）

1936年9月12日

珲警委第二三号

珲春地方警务统制委员会月报第二号

（八月）

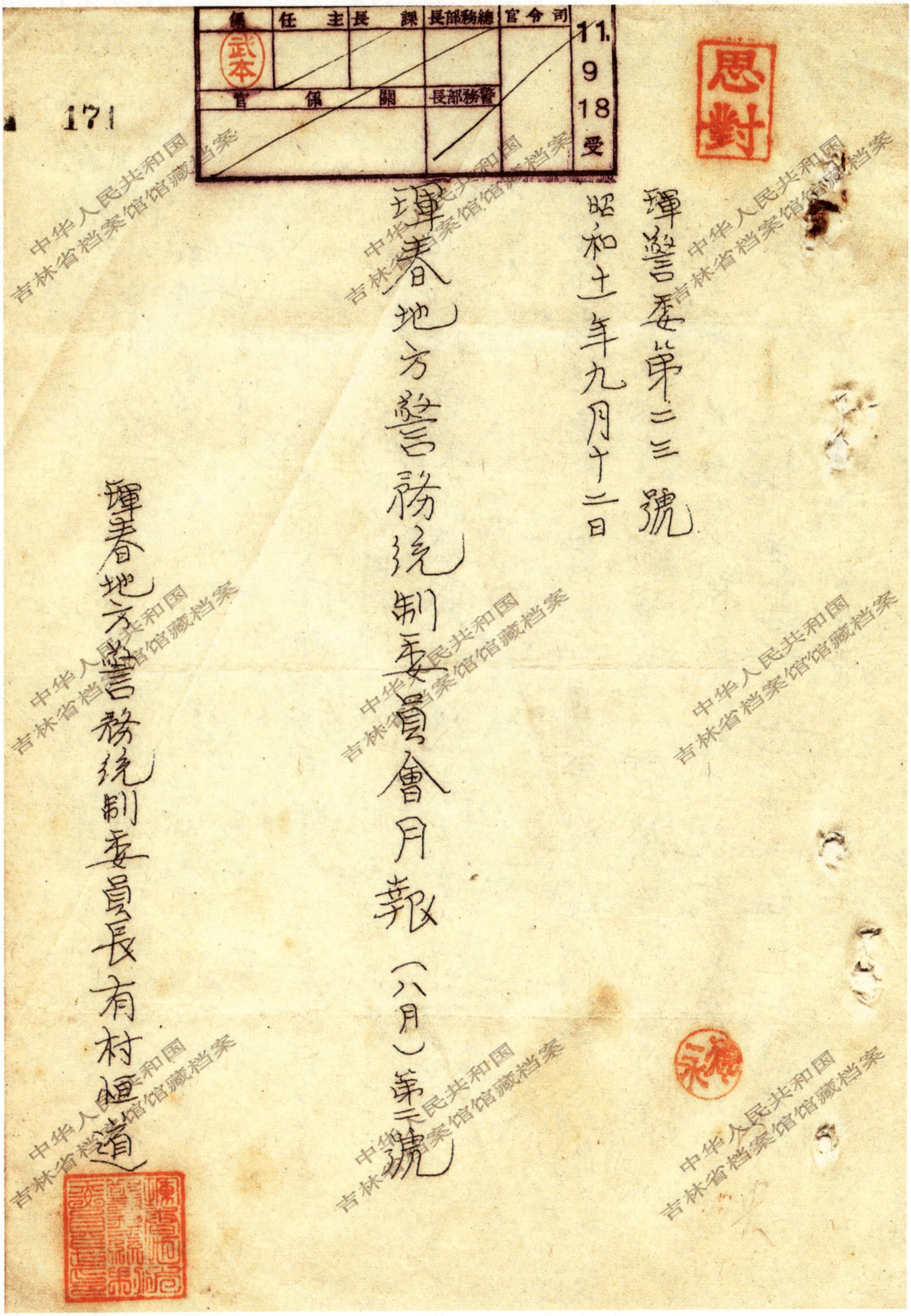

171

司令官	總務部長	課長	主任	係
				武本
	警務部長	關係官		

11.9.18受

恩對

琿警委第二三號

昭和十一年九月十二日

琿春地方警務統制委員會月報（八月）第二號

琿春地方警務統制委員長 有村恒道

172

一、治安概況

八月中ニ於ケル管内琿春縣ノ治安ハ日満軍警ノ益厳ナル警備ニ依リ概ネ粛正セラレアルモ北部縣境ニハ小匪賊出没未タ其ノ跡ヲ絶ツニ至ラス

然レ共本期中匪民ノ分離國際間諜防遏ヲ目的トスルノパスポート制實施ト相俟ツテ管下思想對諜機關ニ於テハ関係機関ト協力鋭意成果ノ向上ニ努メタル結果共匪三、政治匪二、通匪七、通蘇一八、計三〇名ヲ検挙スル等治安粛正上多大ノ効果

二、

シ收メタリ、

二、共匪団並同分子ノ策動状況

管内共産党団ハ系統詳カナラザルモ数名乃至二十名一団トナリ北部縣境ニ出没主義宣傳金品ノ掠奪ヲ敢行シアリ其状況別紙第一ノ如シ

三、反滿抗日党団並同分子策動ノ状況

本月中特殊ノ策動ヲ認メズ

四、匪賊蟠居状況

管内琿春縣内ニ於ケル匪賊ハ北部縣境附近ニ数名乃至二十数名ヲ一団トスル小匪賊出没シアルモ

常ニ轉々移動シアリテ確實ナル根拠地ハ詳ナラス

五、帰順匪ノ状況

八月中ノ帰順者三名ノ状況別紙第二ノ如シ

六、地方官民ノ被害状況

八月中ニ於ケル官民ノ被害状況ハ前月ニ比シ被害件数一件被害価格二四四円ノ減少ヲ示セリ

詳細ノ状況別紙第三ノ如シ

七、蘇聯邦及中国等ノ策動状況

該当事項ナシ

八、検挙匪押收状況

(1) 共産主義分子、反満抗日分子及匪賊並治安之影響者ノ犯人検挙状況

八月中検挙者左ノ如シ

共匪	三名
政治匪	二名
通匪	七名
通蘇	一八名
計	三〇名

(2) 兵器物件押收状況

174

本月中押収セル兵器左ノ如シ

拳銃　一、

九、検問検索実施状況

八月中管下各地区委員会ニ於テ検問検索ヲ実施スルコト三回ニ達シ其結果

通匪　七名

通蘇容疑　三名

ヲ検挙シタリ

状況別紙第五ノ如シ

175

別紙第一

共産党団並同分子ノ策動ノ状況（八月中）

地方別	月日	党団名及分子	策動状況	処置
琿春縣春化保小西南岔	八、七	反日独立軍第一連第一排長黄某外一三名	上記居住鮮人朴日変方ニ侵入朝食ヲ喫シ麦粉三斤ヲ掠奪逃走ス	
琿春縣春化保大荒溝	八、八	右同	砂金採堀中ノ満人把頭ヨリ砂金五匁ヲ掠奪ノ上共産主義宣伝ヲナシ逃走ス	
琿春縣春化保香房子	八、一三	系統不明匪数二四	砂金採堀中ノ人夫小屋ニ侵入シ麦粉三袋豆油三斤ヲ掠奪シ人夫一名拉致ノ上[illegible]逃走ス	

琿春縣春化保香房子	八、一九	系統不明匪数六名	砂金採堀中ノ人夫小屋ニ侵入食事ヲ強要糧食ヲ給シ逃走ス	
右 仝	八、一九	系統不明匪数三名	砂金採堀中ノ鮮人李益珠外八名ヲ集メ日満軍ノ行動ヲ訊査ノ上又食ヲ強ヒ逃走ス	
往東保盤嶺備入口	八、二七	系統不明武装匪七名	電話線架設中ノ満人鄭某ヲ襲ヒ現金六十余円単衣一ヲ掠奪ノ上逃走ス	満警七名現場ニ急行セシモ又賊影ヲ見ズ
琿春縣春化保蘭家趟子	八、三〇	東北抗日聯軍ノ一派武装匪三名	蘭家趟子採金会社作業場ニ侵入麦粉一袋半、足袋三足ヲ掠奪逃走ス	

175

別紙第一

歸順匪調（八月中）

区分 匪種	人員	處分別 國外追放	歸農	工作使用	其他	歸順匪携行兵器弾藥 拳銃				
思想匪	三		三			一				
政治匪										
土匪										
通蘇										
計	三		三							
累計	三		三							

177

別紙第三

地方官民ノ被害調査表（八月中）

匪賊出没被害状況	本月	累計 前月累計	累計 本月累計
1 匪賊出没回数	七	三〇	三七
2 匪賊出没延人員	八六	三八八	四七四
3 被害価格	九〇円	五四六、二五	六三六、二五
4 被害件数	七	二四	三一

区分 省別	死	傷	人質拉致 日本人 男	人質拉致 日本人 女	人質拉致 鮮人 男	人質拉致 鮮人 女	人質拉致 満人 男	人質拉致 満人 女	人質拉致 其他 男	人質拉致 其他 女	物品掠奪	武器 銃	武器 弾	焼失家屋	交通通信妨害	鉄道	其他
間島省 琿春県					一						七						一
計					一						七						一
累計		二			二						三一						二

178

別紙第四

匪賊並治安ニ影響アル犯人検挙調査表（八月中）

種別	検挙人員	処分別 事件送致	処分別 厳重処分	処分別 利用中	処分別 放還	取調中	摘要
共匪	三				三		
政治匪	二					二	
土匪							
通匪	七					七	
通蘇支	一八				一五	三	
其他	、						
計	三〇				一八	一二	
四月以降累計	七八	一、	、	二	六一	一四	

別紙第五

検問検索實施成果表（八月中）

検索回数 三四

区分	携帯人員	押収物件 小銃	押収物件 拳銃	押収物件 迫撃砲	押収物件 軽機	押収物件 小銃弾	押収物件 現金	押収物件 寫真其他	摘要
共産党									
匪賊									
通匪	七								
通蘇文	三								
其他									
計	一〇								
累計	四九								

参考译文

一、治安概况

8月，辖区珲春县的治安在日满军警的严格警备下，整体情况转好，但是在北部县境依然有小股匪贼出没，没有绝迹。

然而，本期实行了以匪民分离和防止国际间谍为目的的“护照”制度，同时辖区思想对策机关与有关机关相互配合，积极提高工作成果。经过多方努力，本期逮捕了共匪3人、政治匪2人、通匪7人、通苏18人，共计30人，在治安肃正方面取得了非常好的效果。

二、共匪匪团及共匪分子的策动状况

辖区内共产党团的系统不详，但是基本都由数人到20人组成一伙，在北部县境出没，积极开展共产主义宣传，抢夺财物等活动，详细状况见附件一。

三、反满抗日党团及反满抗日分子的策动状况

本月内没有发现特殊策动。

四、匪贼盘踞状况

辖区珲春县内的匪贼都是小股匪贼，他们由数人到20余人组成一伙，盘踞在北部县境附近，常常四处转移，没有固定的根据地。

五、归顺匪的状况

8月，有3人归顺，详情见附件二。

六、地方官民的受匪害状况

8月，官民的受匪害状况与上个月相比较，件数减少1件，损失金额减少244元，详细状况见附件三。

七、苏联邦及中国等的策动状况

没有此类内容。

八、逮捕及收缴状况

（1）共产分子、反满抗日分子、匪贼及影响治安的犯人的逮捕状况

8月的逮捕情况如下：

共匪	3名
政治匪	2名
通匪	7名
通苏	18名
计	30名

（2）武器物件的收缴状况

本月内收缴的武器如下：

手枪	1支

九、盘问搜查的实施状况

8月，辖区各地区委员会共实施了3次盘问搜查，逮捕结果如下：

通匪	7名
通苏嫌疑人	3名

详情见附件五。

附件一

共产党团及共产党分子的策动状况（8月）

地方	日期	党团名及分子	策动状况	处置
珲春县春化保小西南岔	8月7日	反日独立军第一连第一排长黄荣及另外13人	该匪团进入居住在左述地点的鲜人朴日燮的家中，吃完早饭以后，拿着30斤面粉逃走了。	
珲春县春化保大六道沟	8月8日	同上	该匪团从正在采金的满人把头手中掠夺了11文目（译者注：1文目≈3.75克）沙金（译者注：疑为“砂金”），然后还开展了共产主义宣传活动，完事以后逃走。	
珲春县春化保香房子	8月13日	系统不明匪数24人	该匪团闯入正在采金的苦力的小屋之中，抢夺了2袋面粉和3斤豆油，绑架了1名苦力，然后向某处逃去。	
珲春县春化保香房子	8月19日	系统不明匪数20人	该匪团闯入正在采金的苦力的小屋之中，索要食物，吃完以后逃走。	
同上	8月19日	系统不明匪数3人	该匪团把正在采金的鲜人李益珠及另外8人集中起来，调查日满军的行动，吃完晚饭以后逃走。	
佳东保盘岭沟入口	8月27日	系统不明武装匪数7人	该匪团袭击了正在架设电话线的满人邓某，抢夺了现金60元和皮带1条，然后逃走。	7名满警紧急赶往现场，但是没有发现匪贼的踪迹。
珲春县春化保兰家蹚子	8月30日	东北抗日联的一派武装匪数6人	该匪团闯入兰家蹚子采金会社的作业场，抢了1袋半面粉、3双袜子及1斤食盐以后逃走。	

附表二

归顺匪调查表（8月）

分类 匪种	人数	处分				归顺匪携带的武器弹药				
		流放国外	归农	利用工作	其他	手枪				
思想匪	3		3			1				
政治匪										
土匪										
通苏										
计	3		3							
累计	3		3							

附件三

地方官民的受匪害调查表（8月）

匪贼出没及受害情况		累计	
		上个月累计	本月累计
(1) 匪贼出没次数	7	30	37
(2) 匪贼出没总人次	86	388	474
(3) 损失金额	90日元	546.25	636.25
(4) 损失件数	7	24	31

分类 省份	死	伤	绑架人质								掠夺物品	武器		烧毁房屋	妨碍交通通信	胁迫	其他
			日本人		鲜人		满人		其他								
			男	女	男	女	男	女	男	女		枪	弹				
间岛省珲春县					1						7						1
计					1						7						1
累计		2			2						31						2

附件四

匪贼及影响治安的犯人逮捕调查表（8月）

种　类	逮捕人数	处　分				审讯中	摘　要
		案件移交	严重处分	利　用	释　放		
共匪	3				3		
政治匪	2					2	
土匪							
通匪	7					7	
通苏支	18				15	3	
其他							
计	30				18	12	
4月以后的累计	78	1		2	61	14	

附件五

盘问搜查实施成果表（8月）

搜查次数3次									
分　类	逮捕人数	收缴物件							摘　要
		步　枪	手　枪	洋炮（鸟枪）	轻机枪	步枪子弹	现　金	鸦片及其他	
共产党									
匪贼									
通匪	7								
通苏支	3								
其他									
计	10								
累计	49								

（翻译：周岩　整理：宋畅　校译：李星、戴宇）

思对

珲春地方警务统制委员长　有村恒道

10

1936年

（以下文字为335～336页参考译文）

1936年10月13日

珲警委第三七号

珲春地方警务统制委员会月报第三号

（九月）

发送至：中央警委、延警委、各地区委、罗宪、新宪队下

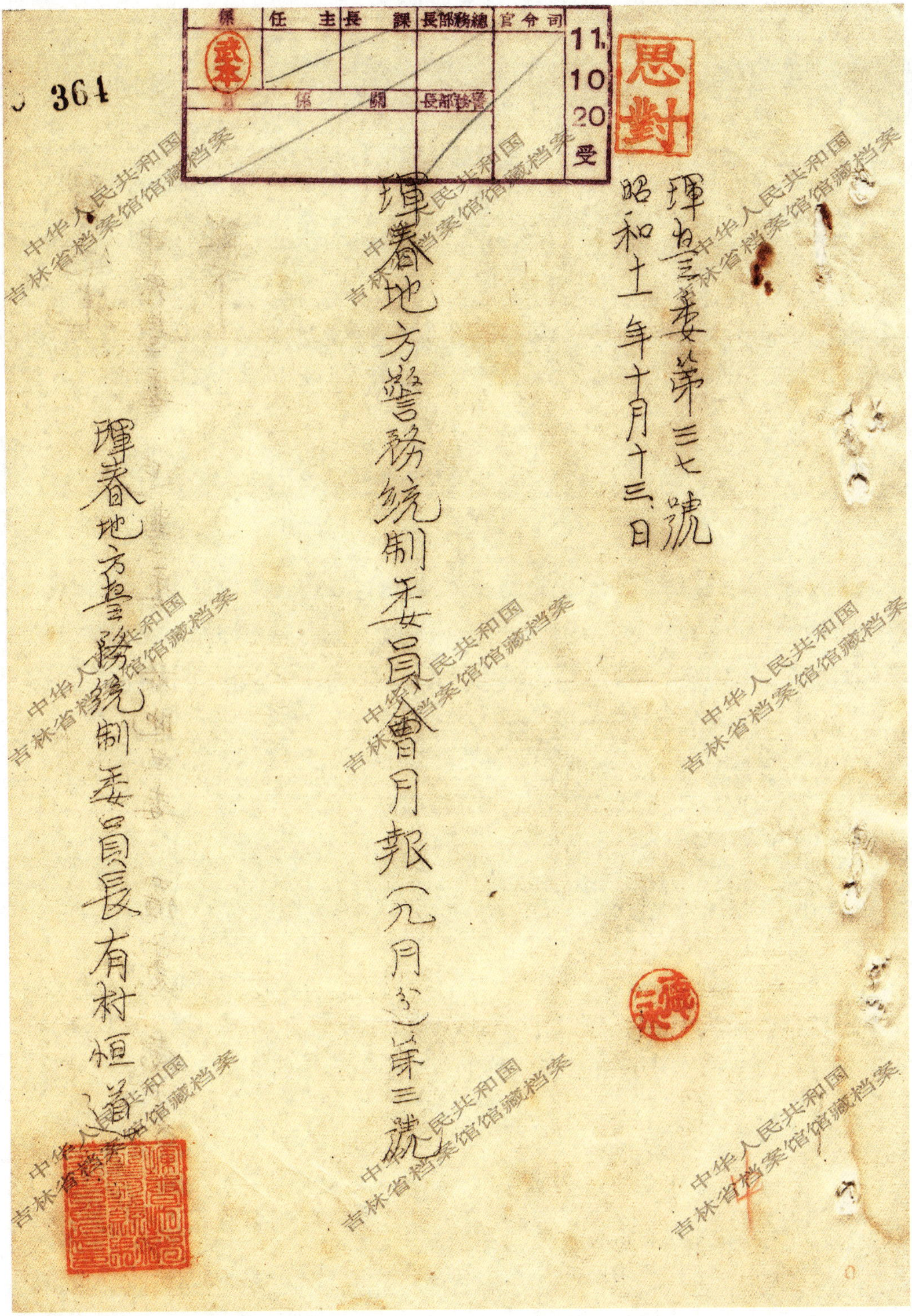

司令官	總務部長	課長	主任	係	11.10.20 受
	警務部長	關係			

364

琿警委第三七號
昭和十一年十月十三日

琿春地方警務統制委員會月報（九月分）第三號

琿春地方警務統制委員長有村恒道

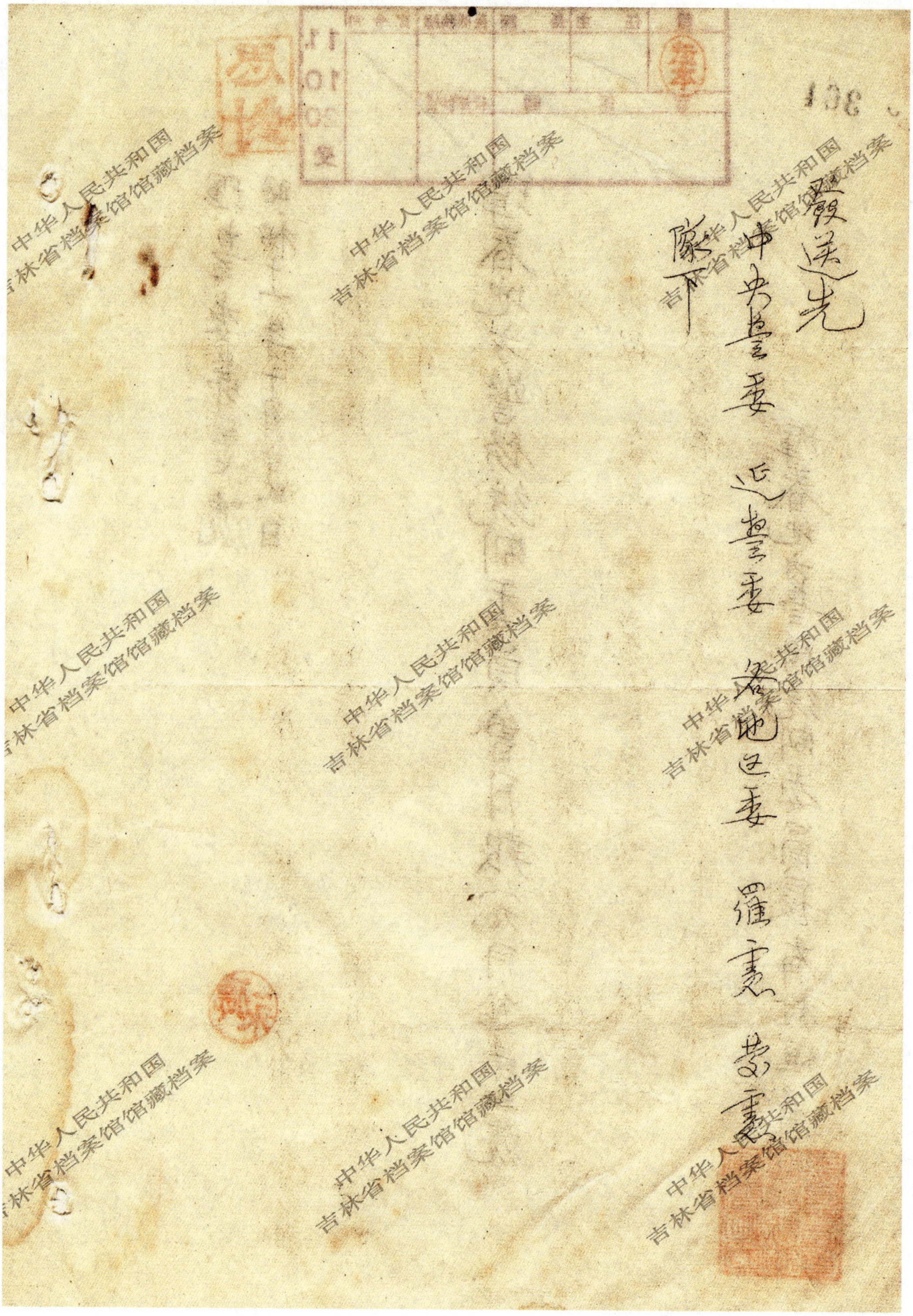
發送先
中央警委 近警委 各地区委 羅憲 奉憲
隊下

365

一、治安概況
琿春縣内ノ治安ハ日満軍警ノ警戒警備ト警務統制委員會ニ於ケル治安工作トニ依リ漸次肅正セラレアリ
然レ共縣境附近ニ蟠居中ノ武装匪ハ依然三名乃至五名ヲ一団トスル小匪賊ハ琿春縣春化保東地方面ニ出没シ金品ノ掠奪食事ノ強要ヲ敢行シツヽアリテ殊ニ武装備五名ハ縣内鎮安保中柳樹河子ニ現ハレ金地採金移民団警備員（内地人）一ヲ射殺シ小銃一同弾薬三〇發ヲ掠奪ノ上逃亡スル等未タ小匪

309

賊ノ影ヲ絶ツニ至ラス

二、共匪団同分子ノ策動状況

管内共産党団ハ東北抗日聯合軍ト一味ニシテ根拠地詳カナラサルモ三名乃至五名一団トナリ主トシテ琿春縣春化保奥地方面ニ出没主義宣傳金品ノ掠奪ヲ敢行シツヽアリ

三、反満抗日党団並同分子ノ策動状況

本月中特殊策動ヲ認メス

四、匪賊蟠居状況

特記スヘキ事項ナシ

366

五、皈順匪ノ状況

九月中ノ皈順匪ハ四名ニシテ其ノ状況別紙第一ノ如シ

六、地方官民ノ被害状況

九月中ニ於ケル官民ノ被害状況ハ前月ニ比シ出没回数二件被害価格三七圓出没延人員弐名被害件数四件ノ減少ヲ示セリ状況別紙第二ノ如シ

七、蘇聯邦及中國共産黨ノ策動状況

1、蘇聯ト東北抗日聯合軍トノ関係

九月十二日琿春縣春化保王八脖子治安隊ニ於

テ逮捕セル武装共匪宋常山外二名ニ就キ取調タル状況左ノ如シ

濱江省寧安縣東京城外王八岩ニ根據中ノ東北抗日聯合軍主力ハ密山ニ移動シテ軍教導隊ノミ同地ニ残留シアルカ最近集団部落制度ノ徹底ニ依リ極度ノ食糧難ニ陥リ之カ難局打開策並党員教育ノ目的ヲ以テ部隊員ノ家族並党員等計二十三名ヲ蘇聯ニ赴カシムヘク通信係（被逮捕者）武装護衛ノ下ニ琿春縣春化保青竜岩奥地密林中ヲ通過國境

367

線ニ到着シ入蘇者二十二名中代表者一名連
絡ノタメ入蘇シ他ハ連絡者ノ帰来ヲ待チテ入
蘇スルコトヽシ宋常山以下三名ハ之ト別レ王
八岩ト帰途中王岩ハ疲労ノタメ歩行困難トナリ
王八脖子附近ニ潜伏中逮捕セラレタルモノナル
カ東北抗日聯合軍教導隊長李某ハ元蘇
聯ヨリ入満セルモノニシテ入満ニ当リ蘇聯当局
ヨリ何等カノ密令ヲ受ケ入満シタルモノヽ如ク
直接蘇聯ヨリ派遣者トシテハ當ニ視認セ
サルモ本年旧二月五〇名、旧四月頃四〇名、月

二十日二十上名計一二名ヲ入蘇セシメタリト

其他特使ニ依リ書翰ヲ携行セシメ國境線

ヨリ蘇聯領分ペウヒト連絡者ヲナス如キモ詳細詳カ

ナラスト

八、検挙並押収状況

イ、検挙状況

共匪　三

政治匪　二

通匪　一〇

通蘇　二

368

其他 三、

計 四八

二、兵器物件押收状況

本月中押收セル兵器物件左ノ如シ

長銃 二

同弾薬 九〇發

拳銃 一

火薬 一五匁

拳銃弾薬 三〇發

（以上状況別紙第三、四ノ如シ）

九、検問検索実施状況

一、九月中九、一八ノ記念ノ前後ヲ期シ検問検索ヲ実施
シタル結果共匪三、其他一三ヲ検挙セルカ其他十
三名中五名ハ容疑ノ点ナキヲ以テ即時釈放シ他
ハ目下留置取調中（状況別紙第五ノ如シ）

二、琿春駐屯第一隊秋期討伐ヲ効果的ナラシムル為
メ本期間中琿春及土門子地區ヨリ治安工作隊
各一班ヲ編成シ土門子地區ハ大六道溝、烏及杜荒
子ヲ中心ニ琿春地區ハ密江、馬家店、仁河、大荒
溝ヲ中心トスル匪賊情報ノ蒐集並根拠地ノ発見
ニ努メ且密偵及土民ヲ利用シテ之ガ徹底的捜

369

査ヲ実施スルト共ニ「パスポート」制実施ニ伴フ具体的情況ヲ調査シ以テ匪民分離ヲ適確ナラシメタリ。

370

様式第十

撫順縣調

（九月中）

匪種 ＼ 区分	人員	處分別：国外追放	處分別：服農	處分別：工作使用	處分別：其他
思想匪	四		四		
政治匪					
土匪					
計	四		四		
累計	七		七		

撫順縣携行兵器弾薬	

371

第六表

地方官民被害調査表（九月中）

匪賊出没被害状況		累計 前月累計	累計 本月累計
1 匪賊出没回数	五	三七	四二
2 匪賊出没延人員	一六	四七四	四九〇
3 被害価格	五三円	六三六、三五	六八九、二五
4 被害件数	三、	三一	三四、

省別＼区分	人質拉致 死	人質拉致 傷	日本人 男	日本人 女	鮮人 男	鮮人 女	満人 男	満人 女	物品掠奪	武器 銃	武器 弾	焼失家屋	通信交通妨害	脅迫	其他
間島省琿春県	一	、							三	一	三〇				
計									三						
累計	一	二			二				三四	一	三〇				二

372

别紙第三

匪賊並治安ニ影響スル犯人検挙調査表（九月中）

種別	検挙人員	處分別 事件送致	處分別 殺害處分	處分別 利用中	處分別 放還	取調中	摘要
共匪	三					三	
政治匪	二				二		
土匪							
通匪	一〇				一〇		
通蘇	二				九		
其他	三一	一			二一	九	
計	四八	一			四二	一二	
累計	一二六	二		二	一〇三	一九	

373

[illegible]

押収兵器物件調査表（九月中）

品目	員数	累計
長銃	二	
同弾薬	九〇	
拳銃弾	三〇	
猟銃	一	
火薬	二五匁	

摘要

長銃二、同弾薬九〇発中四発ハ逮捕匪ヨリ押収セルモノニシテ其他ハ捜索ニ依リ押収セルモノトス.

别表第三

検閲検索実施成果表（九月中）

区分	検挙人員	押収物件 小銃	拳銃	洋砲	軽機	小銃弾	現金	其他	摘要
共産党	三								（検閲検索四報七四）
匪賊									
通匪									
通蘇文									
其他	一三								
計	一六								
累計	六五								

参考译文

一、治安概况

珲春县内的治安在日满军警的严格警备及警务统制委员会开展的治安工作下，逐渐得以整顿。

然而，盘踞在县境附近的武装匪依然是3至5人组成的小股匪团，他们常常在珲春县春化保荒僻地区出没，肆意抢夺财物、索要粮食等，特别是有5名全副武装的匪贼，他们在县内镇安保中柳树河子出现，射杀了1名当地采金移民团的警备员（日本人），抢夺了1支步枪及30发步枪子弹，然后逃走，这样的小股匪团依然没有绝迹。

二、共匪党团及共匪党团分子的策动状况

辖区内的共产党团是东北抗日联合军的同伙，他们的根据地不详，但是基本都是3至5人组成一个团伙，主要出没于珲春县春化保荒僻地区，积极开展共产主义宣传，抢夺财物等活动。

三、反满抗日党团及反满抗日分子的策动状况

本月内没有发现特殊策动。

四、匪贼盘踞状况

本月内没有需要特别记录的事件。

五、归顺匪的状况

9月，有4人归顺，详情见附件一。

六、地方官民的受匪害状况

9月，官民的受匪害状况与上个月相比较，出没次数减少2次，损失金额减少37元，出没总人数减少70人，损失件数减少4件，详情见附件二。

七、苏联邦及中国等的策动状况

1. 苏联与东北抗日联合军的关系

9月12日，珲春县春化保王八脖子治安队逮捕的武装共匪宋常山及另外2人的审讯状况如下：

以滨江省宁安县东京城外王八岩为根据地的东北抗日联合军主力转移到了密山，只把该军的教导队留在了王八岩。最近，受集团部落制度彻底落实的影响，该匪团陷入了粮食极度匮乏的窘境，为了打开眼前这种困难局面，同时也为了开展党员教育，该匪团打算派出队员家人及党员等共计21人前往苏联。于是他们这些人就在通信员（被逮捕者）的武装掩护下，通过珲春县春化保青龙岩荒僻地带的密林，抵达边境线。随后，在21名入苏者中，有1名代表者入苏进行联络，其余人则原地等待联络人归来以后入苏。宋常山及其下属3人则与他们分开返回王八岩，途中有1人发病难以步行，于是他们就在王八脖子附近潜伏下来，期间遭到了逮捕。东北抗日联合军教导队长李某是从苏联入满的，在入满当时好像是得到了苏联当局的某个密令，从未见过苏联方面直接派遣的人员。但是据说今年阴历二月有50人奉命入苏，阴历四月左右有40人奉命入苏，8月20日有21人奉命入苏，先后共计111人。

此外，苏联方面还通过特使，让其携带书函，从边境线与苏联GPU进行联络，但是详细情况不明。

八、逮捕及收缴状况

1. 逮捕状况

共匪	3人
政治匪	2人
通匪者	10人
通苏者	2人
其他	31人
共计	48人

2. 武器物件的收缴状况

本月收缴的武器如下：

长枪	2支
长枪子弹	90发
猎枪	1支
火药	25文目（译者注：1文目≈3.75克）
手枪子弹	30发

（以上状况见附件三、附件四）

九、盘问搜查实施状况

一、9月，在九一八纪念日前后实施了盘问搜查，逮捕了共匪3名及其他人员13名。在13名其他人员中，有5人没有任何嫌疑，立即释放，其余人员目前正在拘押接受审讯。（详情见附件五）

二、为了增强驻珲春步兵队秋季讨伐的效果，本期内，从珲春及土门子地区抽调人员各自组成一个班的治安工作队，分别以土门子地区66道沟僻地及杜荒子为中心，珲春地区以密江、马家店、仁河、大荒沟为中心，积极收集匪贼情报，搜查匪贼根据地，还利用密探及当地居民，针对匪贼展开彻底搜查，同时调查“护照”制度实施以来的具体情况，以此确保顺利完成匪民分离工作。

附表一

归顺匪调查（9月）

分类 匪种	人数	处理				归顺匪携带的武器弹药
		放逐国外	归农	利用其工作	其他	
思想匪	4		4			
政治匪						
土匪						
计	4		4			
累计	7		7			

附表二

地方官民受匪害调查表（9月）

匪贼出没及受害状况		累计	
		上月累计	本月累计
(1) 匪贼出没次数	5	37	42
(2) 匪贼出没总人次	16	474	490
(3) 损失金额	53日元	636.25	689.25
(4) 损失件数	3	31	34

分类 省份	死	伤	绑架人质						掠夺物品	武器		烧毁房屋	妨碍交通通信	胁迫	其他
			日本人		鲜人		满人								
			男	女	男	女	男	女		枪	弹				
间岛省珲春县	1								3	1	30				
计									3						
累计	1	2			2				34	1	30				2

附件三

匪贼及影响治安的犯人逮捕调查表（9月）

种类	逮捕人数	处理				正在审讯	摘要
		案件移交	严重处分	利用	释放		
共匪	3					3	
政治匪	2				2		
土匪							
通匪	10				10		
通苏	2				9		
其他	31	1			21	9	
计	48	1			42	12	
累计	126	2		2	103	19	

附件四

收缴武器物件调查表（9月）

物品	数量	累积	备注
长枪	2		2支长枪、90发长枪子弹，其中有40发子弹是在逮捕共匪时收缴的，其他则是在搜查时发现并收缴的。
长枪子弹	90		
手枪子弹	30		
猎枪	1		
火药	25文目		

附件五

盘问搜查实施成果表（9月）

分类	逮捕人数	收缴物件							摘要
		步枪	手枪	洋炮（鸟枪）	轻机枪	步枪子弹	现金	其他	
共产党	3								（盘问搜查实施次数为7次）。
匪贼									
通匪									
通苏支									
其他	13								
计	16								
累计	65								

（翻译：吕春月　整理：李万彦　校译：周岩、戴宇）

11

无年代

（以下文字为359～360页参考译文）

间宪高□□□

思想对策月报

（第八号）

间岛宪兵队

发送至：

报告至：关宪司

通报至：邻接队罗宪29、890，间特机，牡高检

抄送至：队下丙

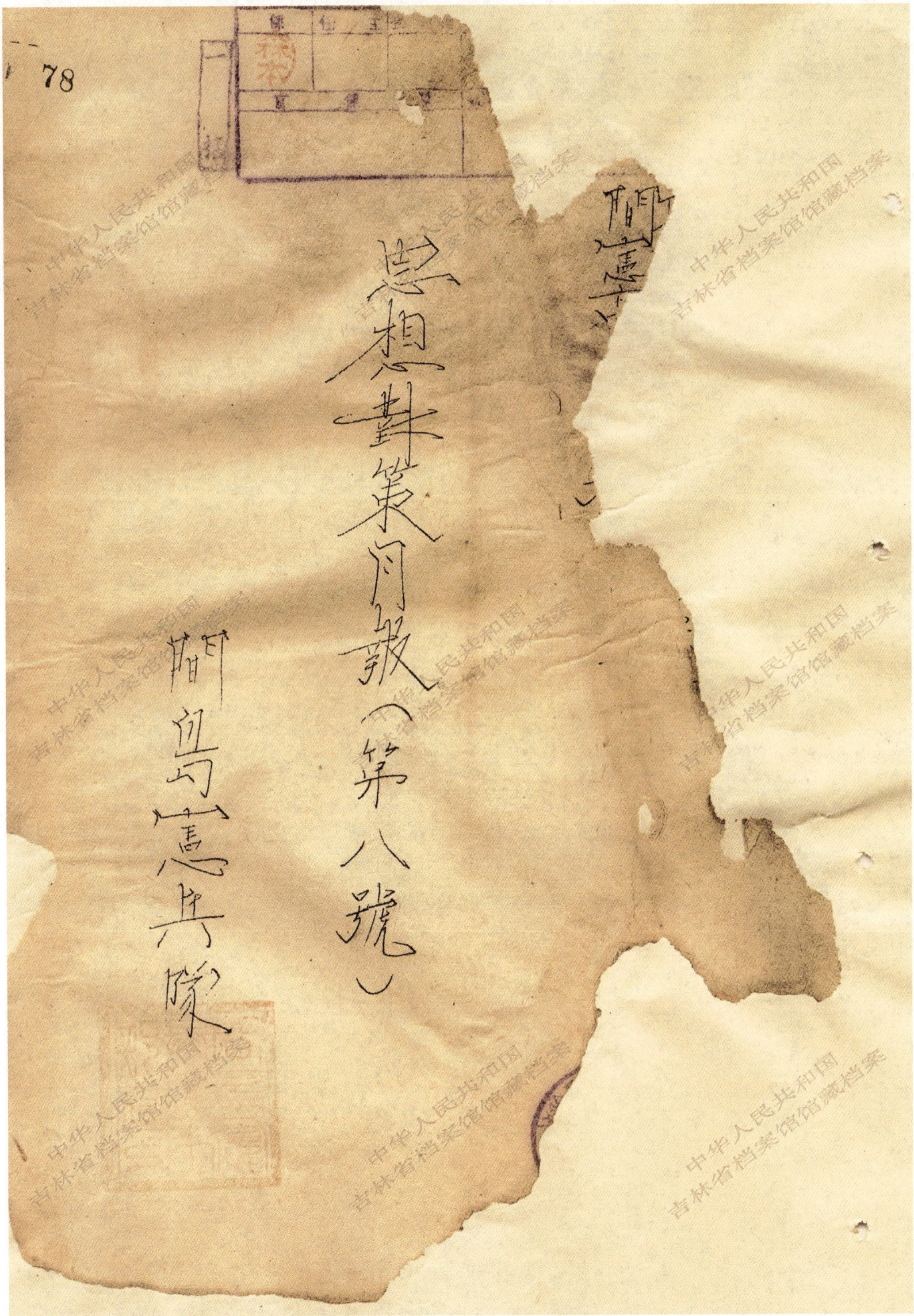

78

思想對策月報（第八號）

間島憲兵隊

發送先

報告先
関憲司

通報先
隣接隊 羅憲
29890 間特機
牡高検
無
隊下 要

目次

第一 要旨
第二 民族共産運動
第三 党(王政)匪情報
第四 民心ノ動向
第五 宗教邪教ノ情報
第六 流言並不穏通信
第七 民食情報
第八 其ノ他
第九 思想対策服務實績
1 党匪(政土)情報要図
2 思想對策検挙

79

第一

一、蘇聯並蔣側ノ對滿思想策動ハ時局ノ進展ニ伴ヒ愈々熾烈巧妙化シ而モ之等ハ軍政民情蒐集ニ狂奔シアリ嚴戒ヲ要ス

二、管内蟠踞匪ハ抗聯系殘存匪三〇名ト推斷セラレ之カ出現回数ハ一五回延人員四六名ニシテ漸次活潑化ノ傾向ニアリ

三、一般ニ各民族共依然表面平穩ニシテ民心ハ概ネ自肅自戒シ以テ國策ニ順應對處シコノ変ナレトモ一部

ニ於テハ依然自由主義的観念ノ羈絆ヨリ脱却
シ得ス反ッテ時局的事象発生シアルカ就中一部
経済統制ニ鮮満系ノ不平不満動向ハ民心悪化ノ虞
アリ注意ヲ要ス
四、宗教団体ハ一般ニ当局ノ施策ニ順応シツツアリ然レ
トモ鮮人基督教会ノ吊鐘献納ニ伴フ教役者及
信徒ノ不平不満動向ハ相当深刻ナルモノアリ
又在家裡教ノ公認運動ハ当局ヨリ正式否認
渡サレ其後動向ナク推移シアリ

80

ニ流言ハ依然[illegible]ンアリ然レトモ其ノ
テ単純ナルト且又取締官憲ノ適切ナル處
ニ依リ特殊反響ナシ又不穏通信ハ鮮人民族ノ
思想底流ヲ窺知セラルルモノ多キハ嚴ニ注意ヲ
要ス

六、農村地區ノ民食缺乏ハ屡次ニ亘ル特配實施ト
又其後副食物タル蔬菜類ノ收穫ニ依リ漸次
緩和セラレツツアリテ概ネ現配給ヲ以テ本年端
境期迄持應ヘ得ル見透ナリ

而シテ汪清縣ニ於テハ旱魃並虫害……民作物
ハ平年作ノ三割減ノ見込ナリ
七、富錦、琿春國境ニ於テ蘇聯逃亡兵二名ヲ逮捕
セリ和龍縣ニ於テハ客年以来腸チブス患者續
發シ尚蔓延ノ兆候アリ又最近鮮農入満者漸
増シアル為當局ハ食糧對策ニ腐心シアル實情
ナルカ之ハ鮮側ノ對取締小作兵役等ノ忌避
ノ為ニアラスヤトモ思料セラルヽヲ以テ注意ヲ
八、本期思想對策業務實績ハ檢擧四

81

第二 民族(共産)運動

一、鮮満人ノ民族運動

本期最モ偵諜中ノ容疑鮮人民族運動ハ被偵

諜中心人物ノ移動ニ伴ヒ新京隊ニ移牒セリ

次ニ延吉県ニ於テハ容疑鮮満人一名乃至三名宛ニ

回ニ亘リ出現部落民ニ反日満乃至親共匪的思想

宣伝ヲ為シ何レカニ逃走セリ

又汪清県国民高等学校学生ハ再度實習

授業ヲ繞リ不穏事件惹起学校側ニ於

ハ六名ヲ無期停学處分ニ附シタルカ尚執然タラ
ナルモノアリ
將来斯種動向ニ對スル取締ヲ至嚴ナラシムルノ
要アリ
之カ状況次ノ如シ
〇鮮人民族運動
客年十二月図們地方検閲部ニ於テ商業学校
出身者ノ民族運動容疑通信ヲ発見爾
後…セル結果表面同窓会
織ヲ偵諜…

82

シ民族運動ニ関シ容疑濃厚ニシテ概ネ明瞭トナリタルモ三月下旬偵諜中心人ハ新京ニ移住シ偵諜困難トナリタルヲ以テ関係書類一切ヲ添付七月二十日新京隊ニ移牒セリ（七、二二、間憲高第四五號参照）

2 思想工作員出現

(イ)七月六日七時頃延吉縣智新村開拓屯ニ思想宣傳容疑鮮人一名現レ通行中ノ同村居住民

一(鮮匪)ニ對シ附近部落ニ於ケル資産家ノ状況
ヲ聴取セントシタルモ之ニ應セサリシ處部落
民知ラヌ筈ナシ」ト暴行ヲ加ヘ強聴セントシタル
ヲ以テ部落民ハ大聲ニテ救援ヲ求メタル
處右容疑鮮人ハ目的ヲ果サス仝村南方ニ
逃走セリ
(四)仝日十一時頃同林范洞西方約三粁地点ニ思想
容疑鮮人二、満人一出現シ(内一名ハ前記容
通行人十名ニ對 シオ前達ハ誰ノ

83

作ッテ居ルノダ現在日本ハ吾々鮮民ガ一生懸命ニ作ッタ農作物ヲ安買ヒ集メ農民ヲ苦シメお前等ノ血ヲ吸ッテ居ルノダ

此ノ悪魔ノ如キ日本ニ比ベテソ聯ハ大麦ヲク待遇シ決シテ農民ガ困ル様ナコトハシナイ物資モ満洲ニ比ベルト安價デ豊富ダカラ生活ハ満洲ヨリ樂ダ云々ト親蘇乃至反日[illegible]

傳ヲ為シ南方ニ逃走セリ

註

○一、該地附近ニハ昭和十六年以降匪ノ出現事實アリ

○該村住民ハ一般ニ思想芳カラス殊ニ范河部落

（戸數十五戸）ハ満洲事變當時ヨリ共産主義

思想浸透シアリタル關係上思想前歴者多数居

住シアル等思想上要注意部落ナリ

三、汪清國民高等學校學生ノ不穏事件

本校三年生ノ同盟白紙答案事件ノ發生状況

既報ノ處ナルカ其ノ後首謀生徒ニ對ス

校側ノ無期……處分ニ對シ不満ヲ有……

84

同級生四名（事件関係者）ハ六
同校々長以下五名ノ教師ヲ引率シ下ニ水
習ニ赴カントシタルカ之ヲ逃避シ無断帰宅シ
又二名ハ満語教育ニ逃避シ不参加等発生
セル為學校側ニ於テハ既往事件モアリ
七月三日前記六名ヲ無期停學處分ニ附シタ
ルカ同學生等學校側ハ不平不満底流
シ且父兄側一部間ニ於テモ抗議ヲ企図

セルモノアリ（八、四、間憲高、中四二九號參照）

二國外ヨリノ對滿策動

㈠蘇聯並謀略匪ノ策動

管内ニ蟠踞中ノ抗聯系殘存匪（謀略匪）ノ主力ハ入蘇中ニシテ其ノ一部ハ蘇聯ノ驅使下ニ常時入滿シ民衆工作及軍民情諜報ニ任シアルカ如キ等ハ草木繁茂期ニ入リ蘇側ノ對滿策動ノ熾烈化ニ伴ヒ活潑化ノ傾向ニアリ嚴戒ヲ要

85

本期中ニ於ケル事象次ノ如

一、武装匪ノ住民拉致

七月十二日十二時頃撫寧縣[illegible]岸禮村紅旗河屯鮮農方ニ武装匪二名出現シ入蘇方強要家人一ヲ拉致入蘇セルカ其後被拉致者ハ蘇聯ノ将校ヨリ物品購入ノ依頼ヲ受ケ國幣百圓ヲ受領七月十四日帰来セリ

目下國境警ニ於テ詳細取調中

（七、一九間憲高第三九〇號参照）

2、蘇諜検挙

琿春憲兵分隊ニ於テハ自六月二十五日至七月九日十五、蘇諜三件四名合手先諜者一件五名計四件九名ヲ検挙（註中一名ハ留置中病死ス）セリ之カ指令内容並資金ノ状況次ノ如シ

(イ)、指令内容

(1)日軍軍情並警備ノ状況

(2)有能工人ノ獲得

(3)、[illegible]品ヲ採[illegible]同志ノ獲得

86

(ハ) 民情

(ニ) 機密物件ノ窃取

(ホ) 其他情報ノ蒐集

(ロ) 資金

最底一〇圓 最高二〇圓ナリ

(二) 蘇側ノ對満策動

戦局ノ進展ニ伴ヒ蘇側ノ對満策動ハ活

潑化シアリ即チ

思想宣傳乃至軍政民情蒐集或ハ目下蘇聯
戰後ニ於ケル後方攪乱ノ指令ヲ受ケ入滿スル
工作員漸増ノ傾向ニアリ將來斯種動向
嚴戒ヲ要ス
本期琿春分隊ニ於テ斯種工作員三件三名
ヲ檢擧セリ
其状況次ノ如シ
(1)琿春炭砿局西岺砿業所ニ於テ屡々反日滿的ト
辭ヲ弄スル工人ノ探知爾來偵諜聲化ヲ

87

想[illegible]係容疑件トナリ引續キ實偵
任セントシタルモ逃走ノ氣配ヲ察知セルニ依リ
月二十六日穩密抑留取調ノ結果本人ハ抗日保
安隊第十五团第三營第九連排長ニシテ昨年
十月青島ニ於テ團長張品三ヨリ滿收配置
諜者ノ連絡及日滿軍情等調査ノ指令並資
金三百圓ヲ受領琿春炭礦工人ニ應募入滿シ奉
天ニ於テ途中逃走スヘク下車ノ機會ヲ窺ヒタルモ

共ノ機ヲ逸シ西谷工業所工人トシテ就労スル一方
指令ニ基キ活躍中ナルコト判明ス
（七、三間憲高第三五四號参照）
(2) 琿春満洲第七三三部隊出入ノ雑役夫一ハ満洲事変
當時救國軍兵士トシテ活躍シ背叛入蘇後
歸着セルモノニシテ屢々反日満的言動ヲ洩シ且
北支方面日支軍情ニ精通シアリトノ聴込ヲ得
爾来使用密偵ヲ接近偵諜工作中就中
同人等五名ニ對シ北支方面ハ全面的ニ

88

撤退蘇政権依頼シ日軍ヲ殺害セル
多額ノ賞金ヲ授與セラレアリ」日本軍ノ撤退ニヨ
リ中國民ノ頭上ニモ幸福ノ日ヲ訪レン」等ト
反日的流言ヲ流布思想宣傳容疑濃厚トナリ
引續キ実体究明ニ任セントシタルモ逃走ノ氣配
ヲ察知セルニ依リ七月七日穏密抑留取調タル
結果本人ハ団長闘和成ヨリ日軍々情調査並日
蘇開戦時ニ於ケル後方攪乱等ノ指令並資金七〇
〇〇円ヲ受領一味七名ト共ニ渡満セル蘇孚直

轄第三九支隊第三営第一連長ニシテ労働者
ヲ偽装手揮シ指令ニ基キ活躍中ナルコト判
明セリ（七二九関憲高第四一〇號参照）
(3) 琿春炭礦休社病院ニ入院中ノ工人一八同室患者
数名ニ對シ屢々反日満的言辞ヲ弄シ逃走
ヲ勧誘シアリトノ聴込ヲ得爾来偵諜中ノ処
抗日歌ヲ口唱スル等思想宣傳容疑濃厚
ナルヲ以テ引續キ実体究明ニ任セントシタルモ逃
ノ氣配ヲ察知　依リ七月三日穏密捕[illegible]

89

タル点ナ

本人ハ山東保安隊独立第七團第二營第五連
ニ排上士班長ニシテ昭和十八年七月旅順姜立
川ナルモノヨリ在大連配置ノ諜者トノ連絡及
日満軍情調査ノ指令並資金二〇〇圓ヲ受ケ
領擡炭工人ニ偽装應募シ入満[illegible]由嶺砿
業所工人トシテ就労スル一方指令ニ基キ活躍中
ナルコト判明セリ

（七、一五、間憲高第三八五號参照）

第三 党（共党）匪情報

一、蟠踞（分布）ノ状況

省別	縣別	地点	系統	匪首	匪数
間島省	琿春縣	東部地区	抗聯第一路軍系（?）	不明	五
	汪清縣	東北部地区			二〇
	延吉縣	東北部地区			五

二、策動状況

管内蟠踞匪ハ下[illegible]同様抗聯系残存匪三〇[illegible]

90

断セラレ之カ出現[illegible]数ハ二四回延人員四六[illegible]
前記ニ比シ出現回数四回延人員ニ二名増加セ
リ而シテ之カ出現状況ヲ観察スルニ依然主トシテ琿
春國境附近汪清縣羅子溝附近ヲ中心ニ流動
シ思想宣傳就中民衆工作並ニ軍民情ノ偵知
ニ專念シアリ今期中ニ於ケル策動左表ノ如シ

日時	場所	匪数（系統匪首）	区分	概況	彼我ノ損害
七、三	琿春縣崇禮林紅旗河屯大陽	系統不明武裝匪	物品	部落民一農耕中武装匪二名出現匪ハ國幣二	
	清 縣	一	購入	圓ヲ手交シ物品購入	

一五、〇〇	七、五 一〇、三〇	七、五 二〇、〇〇
南方一粁	琿春縣德惠村大荒溝西北方二粁親和木材人夫小屋	琿春縣德惠村下中清溝谷間勞工人宿舎
満一 計二	系統不明武裝匪 鮮二 満六 計八	系統不明武裝匪 鮮二
依頼	宣傳並諜報	掠奪等
入方依頼ノ南方ニ逃走ス ス	親和木材伐採人夫一四名ニ對シ親ソ並反日満思想宣傳ヲ為シ物資配給状況ヲ聴取シ上北方山中ニ逃走ス	部落民一名ハ狩獵ニ為上記小屋ニ於テ就寝中上記匪出現拳銃ヲ以テ威嚇食糧及地下足袋等掠奪ノ上何レカニ逃走ス
		我 地下足袋一 食糧 共

91

七、七 八、〇〇	延吉縣石門村無鶴洞西南方五粁	系統不明武装匪出没 鮮五	炭坑人夫三名作業中突如武装匪五名出現拳銃ヲ擬シ人夫ノ集合ヲ命シ親ソ宣傳ノ後南方ニ逃走ス
七、九 三、〇〇	延吉縣明月村大興部落南方三粁農耕小屋	系統不明武装匪出没 鮮四	部落民一名ハ農耕ノ為就寝中出現食糧関係ニ付若干問答ヲ為シタル上何レカニ逃走ス
七、九	琿春縣春化村大北城東北方	不明武装匪 三名 食糧	農耕小屋ニ武装匪三名出現就寝中ノ鮮一ニ對シ附近警備状況並地形ヲ聴取[illegible]

二四、〇〇	十二粁ノ地点	（鮮）	強要	一匪要求ノ上国幣十円ヲ手交シ暗夜ニ紛レ逃走セリ
七、一二 一三、〇〇	琿春縣掌礼村紅旗河屯第十五牌	不明武装匪（鮮）	住民拉致	上記ケ所ニ武装匪二名出現依頼シアリタル購入物品ヲ受領鮮農一ヲ拉致逃走ス
七、一三 二四、〇〇	興寧線狼溪驛東南方三粁苦力小屋	系統不明匪 鮮一 満一 計二	出没	上記東満実業人夫小屋ニ人夫五名就寝中ニ出現拳銃ヲ擬シ食糧掠奪ノ目的ヲ以テ同小屋内ヲ捜索セルカ目的ヲ達セス東方森林地帯ニ逃走セリ

92

七、一五 五〇〇	琿春縣鎮安村老龍口東北方二粁	系統不明武装匪鮮三	諜報	満農部落民一ニ對シ食事強要喫食ノ上附近ノ警備状況聴取國幣二十円手交煙筒拉子方面ニ逃走セリ	
七、一七 二〇〇	琿春縣鎮安村三道溝北方十六粁	系統不明武装匪鮮一満二計三	掠奪	満農一ノ就寝中出現粟二升包米二升ヲ強奪國幣十円ヲ手交ノ上何レカニ逃走セリ	我 粟二升 包米二升
七、一七	汪清縣春	系匪不明		藥品並物品購入ノ為羅子溝ニ出向販途	我 黒色長衫一

一〇〇〇	陽林羅子清東北方十粁	鮮匪二 満匪二 計四	掠奪	上記地点ニ於テ武装匪四名出現シ本人ハ被服並携行物件ヲ掠奪シ上東南ニ向ヒ逃走セリ	地下足袋一 巻脚絆一 草子二斤 野菜若干
七、一九 二四〇〇	樺甸県春化村王八脖子興地農耕小屋附近	系統不明武装匪（民族別不詳）三	交戦	國警春化特捜班ハ上記小屋ニ張込工作中出現匪ト交戦匪一ヲ負傷セシメタルモ暗夜ノタメ逸走セシメタリ	我ナシ 彼負傷一
七、二三 二二〇〇	樺甸県鎮安村西北清東北方十四粁ノ地点	不明武装匪 [illegible]	諜報	國警工作ハ小屋ニ出現シ満農ニ名ニ対シ附近警備状況ヲ聴取國境線ニ向ケ逃走セ[illegible]	

93

七、二五 二、ソリ	琿春縣德惠村大荒溝西方八粁製炭小屋	系統不明武装匪 鮮二	諜報	製炭工人ノ就寝中ニ出現附近警備状況聴取後食事ヲ強要セルヲ以テ之カ準備ニ掛リタル處之ヲ密告ニ赴キタリト誤信防雨外套ヲ放置ノ儘逃走セリ	彼ノ雨套一

三、剿匪状況

本期琿春國境地区ニ於テ満警ニテ謀略匪一名ヲ射殺セリ

之カ状況次ノ如シ

日時	場所	系統匪首 匪数	区分	概況
七、二二 一九、三〇	春化村蘭家蹚子発警防所北方六粁ノ地点	不明武装匪 一名（満）	射殺	上記地点ニ國警張込小屋ニ蘇聯武装匪出現セルヲ以テ國警張込員二名交戦之ヲ射殺セリ

94

四、人心ノ動向

一、内地人

一般ニ克ク時局ヲ認識シ積極的ニ國策ニ順應對處シ増産、金屬回收、貯蓄等ノ各種運動ニ對スル協力又ハ國防献金、必勝祈願祭等ノ擧措ニ出テ益々時艱克服ノ態勢ヲ强化シアリ然レ共一部ニ於テハ統制經濟違反或ハ時局就中「ム」首相ノ辭職ヲ繞リ戰局ノ前途ヲ憂慮悲觀スルカ如キ言動乃至流言ヲナスモノ等アリテ注意ヲ要ス之カ主ナル事象ヲ擧クレハ

ハ、緊張乃至協力的事象　四件

2. 經濟統制違反　一件

3. 要注意言動　二件

ニシテ之カ状況次ノ如シ

(1) 緊張乃至協力的事象

區分	月日、場所、人員	概要	摘要
米英撃滅市民大會	七月八日 間島市及圖們 延吉街 [illegible] [illegible]合村	大詔奉戴日ニ際シ協和会並在郷軍人会等五者主催ノ下ニ開催 1. 山本元帥「アッツ」島戦没将士英霊追悼會 2. 米英撃滅講演会 3. 戦捷祈願祭 [illegible] [illegible]ル後大々米英撃滅決議文ヲ陸海軍大臣 關東軍 [illegible]	

95

		[illegible]官憲ト協力シ且國防献金[illegible] 其等敵愾心及戰意昂揚ニ多大[illegible] 成果ヲ收メツヽアリ
大麻奉祀講習會	七月二十二、二十三日 琿春縣、琿春街 新安學校	琿春縣公署ニ於テハ來年ヲ期シ各學校並一般家庭ニ大麻ヲ奉祀セシメ以テ敬神思想ノ普及徹底ヲ圖シ之カ要領ヲ普及スヘク縣下各學校生徒代表ニ琿春神社神職講師ノ下ニ講習会ヲ開催セリ
國防献金	七月中 間島市及琿春、圖們街	山本元帥ノ戰死「アッツ」島山崎部隊長以下全員玉砕ニ對シ衷心哀悼ノ誠ヲ捧ケ且敵米英撃滅ノ為ノ飛行機献納金並其他ノ献金多数アリ其中憲兵ノ取扱ヒタルモノハ合計五千四百四十二圓四十二錢ニ達シアリ
		間島省公署ニ於テハ今般時局ノ要請ニ

間島省錬成道場建設	七月九日 間島省公署	時億スル省民就中中堅人物錬成ノ目的ヲ以テ官民有志相寄リ間島省錬成道場建設ヲ企圖シ目下準備委員會ヲ設置建設資金五萬圓ノ募集運動實施中	

(又)要注意動向

區分	月日、場所、人員	概要	摘要
統制経済違反	七月六日 圖們街公署 商工科長 小野義隆	圖們街公所小野商工科長ハ自己ノ職務ヲ利用繍林側ト結托昨年六月ヨリ街ヘ販賣用木材ヲ密賣買シアルヲ發覺七月六日圖們警察署ニテ檢擧目下搜査中	

96

昌ノ…	…員…	様…	…
「ム」首相ノ辞職ニ対スルモノ	七月二十一日 図們街 有力者ニ	英軍「ローマ」爆撃直後ノ「ム」首相更迭ハ辞職ニ非スシテ爆死ナリ「ム」首相ノ辞職ハ反戦分子ノ暗殺カ真相ナラン	害…民心ヲ…杉蒲観
	七月二十日 図們街日人ニ	「ファシスト」党ノ解体ハ枢軸陣営側ノ思想戦ニ於ケル完全ナル敗退ヲ意味スルモノナリ	中

二、鮮人

一般ニ日人同様時局協力的態度ヲ持シ殊ニ徴兵制度施行或ハ金属回収乃至増産運動ニ関シテハ屡々講演會、座談會ヲ開催スル等其ノ決意ヲ披瀝強調シアリ

然共一部ニ於テハ依然自由主義的観念ノ羈絆ヨリ脱

参考译文

目录

第一，要旨

第二，民族共产运动

第三，党（土、政）匪情报

第四，民心动向

第五，宗教、邪教的情报

第六，流言及具有不稳定因素的通信

第七，民食情报

第八，其他

第九，思想对策服务实绩

1. 党匪（政、土）情报要图

2. 思想对策逮捕□□□

第一，□□

一、随着时局的发展，苏联及蒋政权方面对满思想策动愈发积极巧妙，同时他们还积极收集军政民情报，对此要严加警戒。

二、据推测，辖区内的盘踞匪是抗联系的残存匪，大约有30人，出没次数15次，总人次46人次，活动越来越积极活跃。

三、各民族在表面上依然十分平稳，民心自肃自诫，顺应国策。然而，仍有一部分人还没有从自由主义观念的羁绊中脱离出来，反时局性质的事件时有发生，尤其是鲜、满系围绕配给经济的不平不满动向极有可能会引发民心恶化，对此要引起注意。

四、宗教团体整体上顺应当局的政策。然而，在鲜人基督教会捐献吊钟以后，传教士及信徒的不平不满倾向越发严重。此外，当局还正式否认了在家里教被公认的运动□□此后无□□动向，发展□□

五、流言依然□□□然而由于□□□单纯和政府的恰当处理，所以没有造成特殊反响。此外，从大量具有不稳定因素的通信中能够窥见鲜人民族的思想暗流，对此要严加注意。

六、经过多次特别配给的实施以及其后蔬菜类等农副产品的收获，农村地区民食匮乏的情况逐步得到缓解，预计现有配给量能够支撑到今年农产品上市。

汪清县受旱灾、虫害等灾害的影响，预计今年农产品的产量会比往年减少三成。

七、宪兵在珲春边境地区逮捕了两名苏联逃兵。从去年开始，和龙县内不断有人感染肠伤寒，且呈蔓延趋势。最近由于入满鲜农人数逐步增加，所以目前当局正在积极寻找粮食对策。入满鲜农人数渐增或许是鲜方厌恶监管及兵役的一种行为表现，对此要引起注意。

八、本期思想对策服务实绩是逮捕4□□□□

第二，民□（共产）运动

一、鲜、满人的民族运动

随着被侦谍可疑中心人物的转移，本期将此前一直在侦谍的可疑鲜人开展的民族运动一事移交给了新京队继续侦谍。

其次，有1至3名可疑鲜、满人在延吉县出没两次，向部落民宣传反日满乃至亲苏思想，然后逃走。

另外，汪清县国民高等学校学生再次围绕实习授课的问题发生了具有不稳定因素的事件，学校方面对6名学生处分为无期限停课，但是依然有人无法释然。

将来要对这种动向进行严格监管。

具体情况如下：

1.鲜人民族运动

去年12月，图们地方检阅部发现了疑似商业学校毕业生发动民族运动的可疑通信。随后，有关部门开展了有组织的侦谍工作，结果表面上是同窗□□□具有重大的开展民族运动的嫌疑□□□基本已经明确。3月下旬，侦谍中心人物转移到了新京，使得侦谍工作陷入困境。于是，我方于7月20日将本侦谍工作连同相关文件一并交给了新京队。

（参照7月22日间宪高第四〇一号）

2. 思想宣传员的出现

（A）7月6日7时左右，1名疑似思想宣传员的鲜人在延吉县智新村开拓屯出现，企图向1名在该村通行中的居民（鲜）打探附近部落有钱人家的情况，但是对方没有回答他的问题。随即，他便动手殴打对方说道："部落民怎会不知！"并强迫其说出情况。于是，这名部落民便大声呼救，该嫌疑人没有达成目的，向该村南部逃去。

（B）当日11时左右，2名鲜人思想嫌疑人和1名满系在该村范洞西侧3千米处的地方出现（其中1人是上述嫌疑□□□），向10名行人进行具有亲苏及反日性质的宣传，说道："你们在为了谁辛勤耕种？现在日本低价收购我们鲜□□□辛辛苦苦种植的农产品，欺负农民，吸你们的血。与恶魔般的日本相比，苏联会优待你们，绝对不会做令农民为难的事情。物资也比满洲便宜丰富，因此生活要比满洲轻松，等等。"然后向南逃去。

注：

○昭和十六年（1941年）以后，该地附近再无匪贼出现。

○该村居民的思想整体落后，尤其是范洞部落（15户鲜人）自满洲事变以来，共产主义思想渗透，因此许多住户都有思想前科，是个思想方面需要注意的部落。

3. 汪清国民高等学校学生具有不稳定因素的事件

关于本校三年级学生集体交白卷的事件已经进行了报告。此后，同级学生针对校方处以首谋学生无期限停课的处罚表示非常不满，其中有4名同级学生（□□事件有关人员）在□□□□校长及其下属5名教师的带领下要前往水□□□习的时候，因感到厌恶而擅自回家；还有2名同级学生因厌恶满语课而不上课等。校方以前也发生过此类事件，于是7月3日给予上述6人无期限停课的处罚。但是，学生内心对校方非常不满，且他们的父兄也有一部分人打算提出抗议。

（参照8月4日间宪高第四二九号）

二、国外的对满策动

（一）苏联及谋略匪的策动

盘踞在辖区内的抗联系残存匪（谋略匪）的主力已经入苏，其中一部分在苏联的驱使下经常入满，负责民众工作及收集军民情、谍报。在进入草木繁茂期之后，随着苏联方面对满策动的白热化，他们也愈发活跃，对此要严格戒备。

本期内查明的事件如下：

1. 武装匪绑架居民

7月12日12时左右，2名武装匪在珲春县崇礼村红旗河屯的鲜农家出现，强迫他们入苏，绑架了1人后入苏。此后，被绑架者接受苏联人将领购买物品的要求，于是他在领取了100元国币以后，于7月14日回来。

目前，国警正在对其进行详细调查。

（参照7月19日间宪高第三九〇号）

2. 逮捕苏谍

在从6月25日至7月9日的15天时间内，珲春宪兵分队逮捕了苏谍3件4人，其手下间谍1件5人，共计4件9人。（注：其中1人在拘押期间病亡。）

指示内容和资金情况如下：

（A）指示内容

●日军军情和警备情况

●发展有能力的工人

●提供物品，发展同志

●□□□民情

●盗取机密物件

●收集其他情报

（B）资金

最低120元，最高220元。

（二）蒋方的对满策动

随着时局的发展，蒋方的对满策动越来越活跃，即接受思想宣传、收集军政民情或在日苏开战后扰乱后方的指令后入满的情报人员人数渐增，将来针对这种动向要严加防范。

本期，珲春分队逮捕了此类情报人员3件3人。

具体情况如下：

（1）在珲春煤矿庙岭矿业所侦查到屡屡有工人说一些具有反日满性质的话，此后进一步加大侦查力度□□□思想宣传嫌疑人。在要继续查明其真实身份的时候，发现此人企图逃跑，于是□月26日珲春分队对其进行了秘密拘押和审讯。经审讯查明，此人是抗日保安队第十五团第三营第九连排长，去年10月在青岛接到了团长张品三下达的关于联络安插在满内间谍及调查日满军情等指令，领取了30元资金，随后入满应募珲春煤矿工人。在奉天途中伺机寻找下车机会企图逃跑，但是错失了时机，于是便一边以庙岭工业所工人的身份工作，一边根据指令积极活动。

（参照7月3日间宪高第三五四号）

（2）珲春满洲第七三三部队的1名勤杂工在满洲事变爆发当时是救国军的1名士兵，在背叛并入苏以后返回了老家。听说此人屡次流露出具有反日满性质的言行，且精通北支方面的日支军情，故此后我方派出密探接近此人，进一步加强侦查力度。其间，此人向一同工作的5名同僚说："北支方面已经全面□□□撤退，投靠蒋政权，杀害日军□□□□领到巨额赏金。"还说："日军已经撤退，幸福的日子马上就要降临到中国老百姓的头上了。"等等，散布了具有反日性质的流言蜚语，具有思想宣传的重大嫌疑。在要继而查清此人真实身份的时候，侦查到此人企图逃跑，于是7月7日珲春分队将此人秘密拘押，实施了审讯。经审讯查明，此人是在接到团长阎和成下达的关于调查日军军情以及在日苏开战时扰乱后方治安的指示以后，领取了7000日元资金，然后与7名同伙一同渡满的蒋系直辖第三九支队第三营第一连连长，伪装成劳工来到珲春，根据指令积极开展活动。

（参照7月29日间宪高第四一〇号）

（3）听说在珲春煤矿本部医院住院的1名工人屡次向同病房的数名患者说了一些具有反日满性质的言论，劝诱他们逃跑。此后经调查发现，此人有高唱抗日歌曲等行为，具有思想宣传的重大嫌疑，在要继而查清此人真实身份的时候，侦查到此人企图逃跑，于是7月3日珲春分队将其秘密拘押□□□经审讯查明，此人是山东保安队独立第七团第二营第五□□□第二排上士班长，昭和十六年七月（1941年7月）接到了旅顺一位名叫“姜立川”的人下达的关于与安插在大连的间谍取得联系以及调查日满军情的指令，领取了200元资金，伪装应募珲春煤矿工人入满来珲，一边以珲春庙岭矿业所工人的身份工作，一边根据指令积极开展活动。

（参照7月15日间宪高第三八五号）

第三，党（土、政）匪的情况

一、盘踞（分布）状况

省份	县	地点	系统	匪首	匪数
间岛省	珲春县	东部地区	抗联第一路军（？）	不详	5
	汪清县	东北部地区			20
	延吉县	东北部地区			5

二、策动状况

据判断，辖区盘踞匪与□□□相同，有抗联系的残存匪□□□出现次数14次，总人次46□□□与前记相比，出现次数增加了4次，出现总人次增加了22人次。从这些出现情况来看，他们依然主要以珲春边境附近、汪清县罗子沟附近为中心流动，积极开展思想宣传，重点开展民众工作，侦查军情民情。本期内的策动状况如下表：

时间	地点	系统、匪首及匪数	分类	概况	敌我的损失
7月3日 15时	珲春县崇礼村红旗河屯太阳沟南1千米	系统不明 武装匪 鲜人1名 满人1名 计2人	委托购买物品	1名部落民在耕种的时候，有2名武装匪出现，将2元钱交给农民，请求帮忙购买物资，然后向南逃去。	

（续表）

7月5日 10时 30分	珲春县德惠村 大荒沟西北 方向2千米 亲和木材搬 运工小屋	系统不明 武装匪 鲜人2名 满人6名 计8人	宣传 及谍 报	左述武装匪向14名亲和木材采伐搬运工人进行了具有亲苏及反日满性质的思想宣传，打听了物资配给情况，然后向北方的山中逃去。	
7月5日 21时	珲春县德惠村 下中沟山谷间 劳工宿舍	系统不明 武装匪 鲜人2名	掠夺	1名部落民为狩猎在左述小屋休息，此时左述匪贼出现，拿手枪威胁他，抢夺了粮食及胶底布袜等物品以后逃跑。	我方： 一双胶底布袜，粮食□□□□
7月7日 8时	延吉县石门村 无鹤洞西南 方向5千米	系统不明 武装匪 鲜人5名	出没	3名煤矿劳工劳作期间，突然有5名武装匪出现，拿着手枪对准他们，命令劳工集合，开展亲苏宣传，然后向南逃去。	
7月9日 3时	延吉县明月村 大兴部落南 方3千米的农 耕小屋	系统不明 武装匪 鲜人4名	出没	1名部落民在种地休息期间，左述武装匪出现，询问了若干有关粮食的问题以后逃走了。	
7月9日 24时	珲春县春化村 大北城 东北方向 12千米处	系统不明 武装匪 3名（鲜人）	索要 粮食	3名武装匪在农耕小屋内出现，向1名正在休息的鲜人打探附近警卫状况及地形，索要了1千克小米后给了10日元，然后趁黑逃走了。	
7月12日 12时	珲春县崇礼村 红旗河屯 第十五牌	不明武装匪 （鲜人）	绑架 居民	2名武装匪在左述场所出现，拿到了委托对方购买的物资，绑架了1名鲜农以后逃走了。	
7月13日 24时	兴宁线狼溪站 东南方向 3千米的 苦力小屋	系统不明匪 鲜人1名 满人1名 计2人	出没	5名劳工在左述东满实业工人小屋内休息期间，左述匪贼出现，端着手枪瞄准他们，搜查房屋企图抢夺粮食，但是未能达成目的，随后向东部森林地带逃去。	

（续表）

7月15日 5时	珲春县镇安村 老龙口东北 方向2千米	系统不明 武装匪 鲜人3名	谍报	左述武装匪在向1名满农部落民索要食物吃完以后，打探附近警备状况，并给了对方20日元，然后向烟筩（筒）砬子方向逃去。	
7月17日 2时	珲春县镇安村 三道沟北方 16千米处	系统不明 武装匪 鲜人1名 满人2名 计3人	掠夺	1名满农在休息期间，左述武装匪出现，抢夺了2升小米和2升苞米，给了他10日元，然后逃走了。	我方： 小米2升、苞米2升
7月17日 11时	汪清县春阳村 罗子沟东北 方向10千米	系统不明 鲜匪2名 满匪2名 计4人	掠夺	在前往罗子沟购买药品及物品返回的途中，4名武装匪在左述地点出现，抢夺了此人的衣服及随身携带的物件以后向东南方向逃去。	我方： 黑色长裤1条、胶底足袜1双、裹腿布1条、点心2斤、蔬菜若干
7月19日 24时	珲春县春化村 王八脖子僻地 农耕小屋 附近	系统不明 武装匪3名 （民族不详）	交战	国警春化特搜班埋伏在左述小屋内进行监视，与出现匪交战，打伤了1名匪贼，但是让他们趁黑逃走了。	我方： 无损失 敌方： 受伤1人
7月23日 22时	珲春县镇安村 西北沟东北 方向14千米处	不明武装匪 □□□3名	谍报	左述匪贼在国警工作小屋出现，向2名满农打听附近警备状况后向边境线方向逃去。	
7月25日 2时	珲春县德惠村 大荒沟西面 8千米处的 烧炭小屋	系统不明 武装匪 鲜人2名	谍报	1名烧炭工人在休息期间，左述武装匪出现，打探附近警备状况，然后逼着对方提供食物，当这名工人要去准备食物的时候，他们误以为这名工人要去告密，丢下雨衣外套便逃走了。	敌方： 雨衣外套1件

三、剿匪状况

本期在珲春边境地区，满警射杀了1名谋略匪。

具体状况如下：

时间	地点	系统、匪首及匪数	分类	概况
7月22日 19时30分	春化村兰家蹚子警防所北方6千米处的地方	不明 武装匪1名 （满）	射杀	苏联武装匪在左述地点国警理伏小屋内出现，2名国警监视员与之交战，将其击毙。

第四，民心动向

一、日本人

日本人整体上清醒地认识到了时局，积极响应国策，全力配合增产、回收金属、储蓄等各项运动，还举行了国防捐款、战争胜利祈愿等活动，逐步加强了克服时艰的态势。然而，依然有一部分人违反统制经济，一部分人流露出一些例如担忧时局，尤其是围绕墨索里尼首相辞职一事而对时局前途感到十分悲观的言论，甚至有人散布流言蜚语，对此要加强注意。列举其中主要事件如下：

1. 紧张或者合作的事件　　4件
2. 违反经济统制　　1件
3. 要注意的言行　　2件

具体情况如下：

（1）紧张或者合作的事件

分类	日期、地点及人员	概要	摘要
消灭英美市民□□□会	7月8日 间岛市及图们汪清街□□□□村	在大诏奉戴日之际，在协和会及在乡军人会等五方的主办下，举办了下列活动： 1.山本元帅及“阿图”岛阵亡将士英灵追悼会 2.歼灭英美演讲会 3.战捷祈愿祭 而后又撰写了歼灭英美的决议文，分别发送给了□□□□陆海军大臣、关东军□□□□官，还举办了国防捐款等□□□□在提高敌忾心理以及激发斗志方面取了非常显著的成效。	

（续表）

供奉大麻神符讲习会	7月22日至23日 珲春县珲春街 新安学校	珲春县公署计划在明年春季让各学校以及普通百姓家庭供奉大麻神符，以彻底贯彻普及敬神思想。为了普及此次活动的要领，珲春县公署召集了县内各学校的学生代表，邀请珲春神社神职讲师举办了讲习会。	
国防捐款	7月中旬 间岛市及珲春、图们、龙井街	向山本元帅阵亡及“阿图”岛山崎部队长等人的玉碎由衷地表示哀悼，同时为了歼灭敌人英美，还进行了飞机捐款及其他大量捐款。其中，宪兵受理的资金共计5442.41元。	
间岛省练成道场建设	7月9日 间岛省公署	间岛省公署为了培养顺应当今局势发展的民众，尤其是为了培养中坚力量，将官民中的有志人士聚集到一起，打算建设间岛省练成道场，目前已经成立了准备委员会，正在开展5万元建设资金的募捐运动。	

（2）要注意的动向

分　类	日期、地点及人员	概　要	摘　要
违反经济统制	7月6日 图们街公署 工商科长 小野义隆	图们街公所小野工商科长利用自己的职务之便，与满林方面勾结，此人从去年6月开始，私自买卖木材。图们警察署在发现上述情况以后，于7月6日将其逮捕，现在正在进行调查。	

□□□□

分　类	日期、地点及人员	概　要	摘　要
针对墨索里尼首相的辞职	7月31日 图们街 有势力人士2名	●在英美军轰炸罗马以后，墨索里尼首相的更迭不是因为他辞职，而是因为他被炸死了。 ●墨索里尼首相辞职的真相估计是由于反战分子的暗杀行为。	密切关注□□□民心动向。
	7月30日 图们街 日本人2名	●法西斯政党解体意味着轴心国阵营方面在思想战中完败。	

二、鲜人

鲜人整体上与日本人一样，秉持着配合时局的态度，尤其是对于征兵制度的实施以及回收金属及增产运动，多次举行了演讲会和座谈会等，表明并强调了鲜人的决心。然而，仍有一部分人尚未摆脱自由主义的观念。

（翻译：周岩　整理：谢寅童　校译：吕春月、戴宇）

延吉地方警务联络委员长　间濑勘八

12

1936年

（以下文字为409页参考译文）

1936年4月22日

延地警委第一一一号

警务联络委员会旬报第十八报

（自3月21日至3月31日）

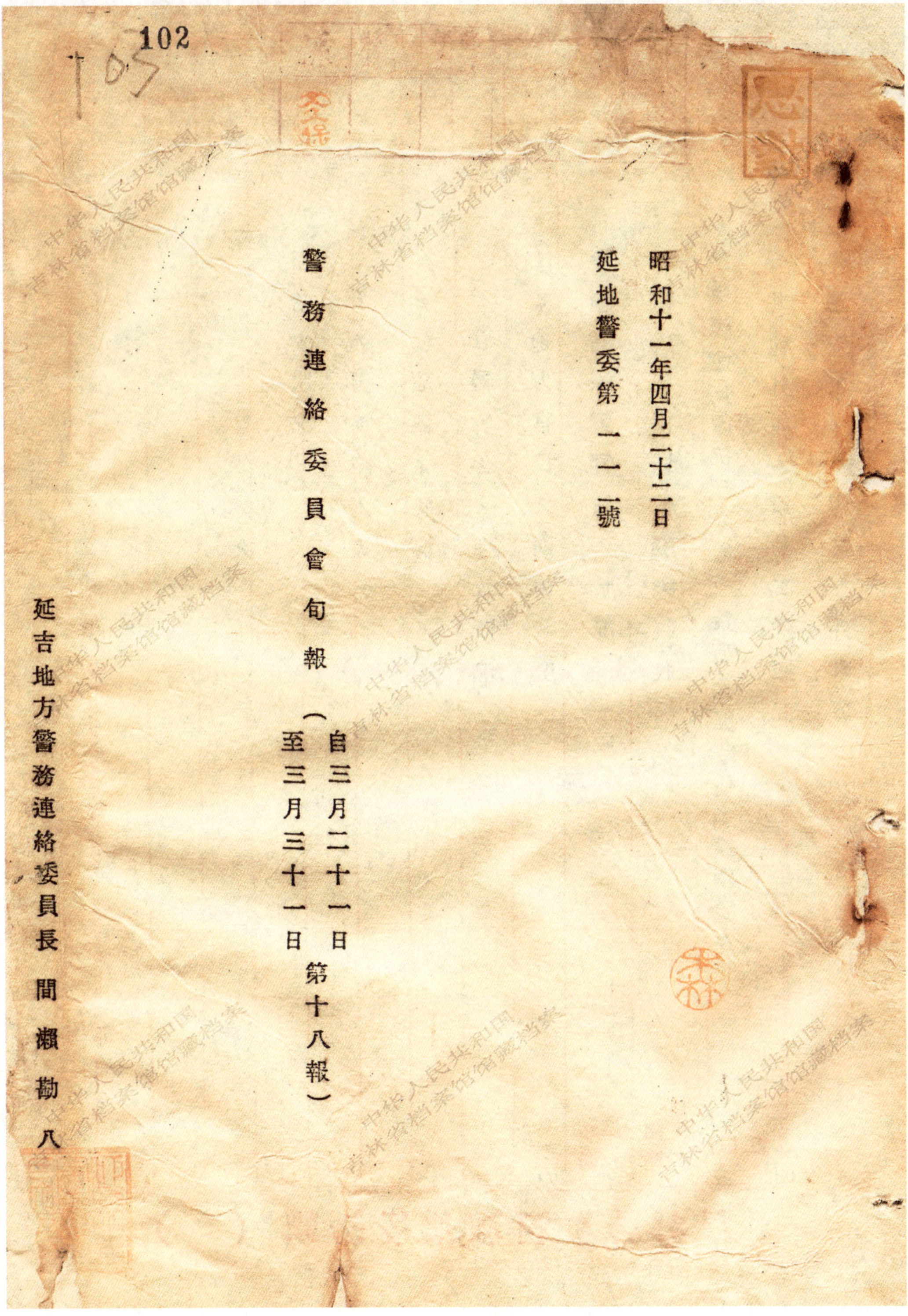

102

昭和十一年四月二十二日

延地警委第一一一號

警務連絡委員會旬報（自三月二十一日至三月三十一日第十八報）

延吉地方警務連絡委員長 間瀬勘八

103

目次

一、治安狀況 一
1 叛變軍警ノ狀況 一
2 歸順匪ノ狀況 二
3 兵器物件ノ押收狀況 七
4 地方官民ノ匪害狀況 一四
二、檢問檢索實施ノ狀況 一五
三、蘇聯ノ匪賊使嗾操縱狀況 二二
四、中國並反滿抗日團体、策動及匪賊使嗾操縱狀況 二三
五、其他外國ノ策動工作概況 二四
六、治安工作ニ伴フ涉外事項 二五

104

105

一、治安狀況
ハ、別表軍警ノ狀況
該當事項ナシ

105

106

乙、帰順匪ノ状況

本月ニ於ケル帰順匪總数二五名ニシテ之等皈順ハ日満軍警ノ間断ナキ討伐ニヨリ其根據地ヲ覆滅セラレ其糧道ヲ断タレ極度ノ食糧難ニ遭遇シ且ツ身邊ノ危険ヲ感シ又ハ前非ヲ悔ヒ帰順シタルモノニシテ関係機関ニ於テ一應取調ノ上其大部ハ帰農セシメタリ

状況左表ノ如シ

種別	匪首名	匪数	携帯兵器	月日	場所	原因	帰順ノ概要並処置
政治匪	安振有	一	ナシ	三、二一	第八区警察署	身辺ノ危険ヲ感ジタルニ依ル	當委員会ニ申告シ来レルヲ最重取調ノ上假帰順証明書ヲ下附帰農セシム
思想匪		五		三、二一	羅子溝憲兵分隊		昭和六年五月琿春北溝ニ於テ中共党ニ加入今七年五月東満特委張昌栄ノ命ニ依リ游撃大隊長トナリ活躍シアリタルカ
右合		一	ナシ				

106

107

三、一九

延吉憲兵分隊

被検挙

昭和八年七月日軍ト
交戦大敗シ大隊長
ヲ辞任下来蘇聯ト
東満特委間ノ連
絡委トシテ活躍中
昭和十年九月二十日汪
清県羅子溝ニ於テ
山内部隊所属憲兵
検挙取調中犯状
明瞭トナリタルモ前
非ヲ悔ヒ改悛ノ情顕
著ナルニヨリ将来赤
匪工作ニ利用スル予定

思想匪

一十レ

三二〇

延吉憲兵分隊

悔ヒタルニヨル

昭和五年十二
首沙河市ニ於テ中
共党ニ加入汪清県
羅子溝ニ来リ東満
特委書記今十年
六月全責任トナリ
活躍中今年九月二
十日山内討伐隊所属
憲兵士ヲ検挙シタ
ルヲ移牒セシ取調中
ノ處犯罪明瞭トナリ
タルモ前非ヲ悔ヒアル
ニヨリ自首者トシテ使
用中

107

思想匪

一

ナシ

延吉憲兵分隊

三、二一

被検挙前非ヲ悔ヒタルニヨル

昭和六年五月頃中共党ニ加入シ爾来共産主義宣傳其他工作ニ奔走延吉縣王隅溝仝老頭溝區責任ヲ經テ昭和九年十二月党延吉県委員トナリ仝十一年一月上司東満州特工依委員會組織部長ニ任命セシ活躍シアリシカ羅子溝憲兵分隊ニ於

思想匪

三
十
シ

西草溝憲兵分遣隊

三
二
二

共産主義ノ
犯罪ナルヲ知リ

テ検挙セシカ移ノ
送ヲ受ケテ来取調
中ノ處犯状ハ軽ク
トナリタルモ前非ヲ
悔ヒ改悛ノ情顕著
ナルニ依リ帰順セシメ
諜者トシテ使用中

昭和八年二月頃ヨリ
汪清縣十里坪附
近ニ於テ共産運
動ニ從事シアリシモ
其ノ非ヲ悟リ帰順
ヲ申告シ来ルニヨル

108

109

土匪	右仝
九首	賈連長
二	六
ナシ	套筒銃 四 弾 二九
三、二四 北旨潜憲兵分駐所	三、二四 磐石縣警務局
身ノ危険ヲ感シタルニヨル	身ノ危険及前非ヲ悔ヒタルニヨル
皇軍ノ討伐ニヨリ帰順スヘク分駐所ニ出頭セルヲ以テ取調ノ上帰順セシム	匪首賈連長討伐隊ニ射殺セラレタル後四散シアリタルカ自己ノ身辺ヲ危険視シ居タル際仝地ニ赴キタル警務局密偵ニ帰順意思ヲ

五

者ハ投降セルモノ

思想匪	不詳	一	ナシ	三、二五 明月溝憲兵分駐所	被検挙前非ヲ悔ヒタルニヨル	検挙シ厳重取調タル處前非ヲ悔ヒ改悛ノ情顕著ニ付皈順セシム
土匪	九龍	一	槍一	三、二五 春陽憲兵分駐所ヨル	密偵ノ勧告ニ	匪行ヲ悔ヒ部落ニ潜伏シアリタルカ密偵ノ勧告ニヨリ春陽憲兵分駐所ニ皈順シタルモノナリ

109

土匪	通匪
九族	不詳
一	一
ナシ	ナシ
三 二七 春陽憲兵分遣所	三 三〇 和龍縣大拉子 領書
憲兵ニ被捕ヘ峯前非ヲ悔ヒタリ	前非ヲ悔ヒタルニ依ル
昭和十年八月頃ヨリ寗安縣松乙溝ニ居住中帰ニ九族部隊ト連絡シ居タルヲ憲兵探知検挙ノ上取調セシム	昭和五年三月十二日農協ニ加入シ共産主義宣傳ニ奔走中ノ處昭和十年次第前非ヲ悔ヒ自首申告シ来レリ

計 二五

小銃	六
合弾	七二
槍	一

累計 四〇三

小銃	四四二
合弾	八九五二
拳銃	一八〇
合弾	九九八
銃剣	六
手榴弾	一
槍	一

110

3．兵器物件ノ押収状況

本月ニ於ケル兵器物件ノ押収状況ハ二三件ニシテ其主ナルモノヲ挙クレハ自働短銃一合弾薬一〇〇小銃三九合弾薬一五二同尾一二四九四丸現金五角貳拾銭其ノ他雑品多数ニシテ之等押収品ハ帰順匪ノ携行セルモノ隠匿シアルヲ発見セルモノ犯人検挙ニ依リ押収セルモノ等ニシテ

其状況左表ノ如シ

警務別	延吉地方		
押收月日	三、二三	三、二二	
場所	富安縣松乙溝	吉林市錦城	吉林市石碾油房
被押收者ノ住所氏名	富安縣松乙溝 王長奎	仝上 張玉林	仝上 武德奎
押收物品	長槍	賭博用具 現金	賭博用具
員数	一	一組 元八 角四 [illegible]	一組
押收隊署	春陽憲兵分駐所	吉林警察庁	
押收概要	匪行ヲ中止シ地方ニ潜伏中ヲ検挙シ之ガ取調ニヨリ押收ス	上記地点ニ於テ賭博開帳中ヲ署員探知検挙ト共ニ押收セリ	

111

112

延吉地方

三、三	永吉県 烟筒口子	仝上 貞永員	拳銃 仝 弾	一 二五	右 仝	自宅ニ隠匿シアルヲ密偵報ニヨリ家宅捜索ノ結果発見押収ス
三、二四	羅子溝市	仝上 金貞瑞 其他四名	排 現 金	九一組 五弗三十六銭	羅子溝憲兵分隊	市内一斉検索ノ際賭博開帳中ヲ現認検挙ト共ニ押収ス
三、二四	磐石県 書の局	不逞 冨連長 部下六	套筒銃 仝 弾	四 二九	磐石県 書の局	三月二十六日冨連長部下六名帰順シ来レルヲ携行兵器押収セリ

延吉地方

三、二五	磐石縣吉昌鎮	仝上 常紹義 制卡	三八式銃 仝弾 七、九ミリ銃 仝弾 奉銃弾	二 三八 一 四〇 七四	磐石県警の局	三月二十五日匪首常紹義検挙取調結果上記地点ニ隠匿シアルヲ自供捜索発見押収ス
三、二五	永吉縣後田屯	仝上 陶瑁清	奉銃 仝弾	一 五三	永吉県警の局	一斉検挙ノ際上記地点ニ隠匿シアルヲ発見押収ス
三、二五	吉林市新立屯	仝上 張俊一 制卡	賭博具	一組	吉林署案存	上記場所ニ於テ賭博開帳中ヲ検挙押収ス

112

113

延吉地方						
三、二五	華子溝西南	不詳 三合合流匪 靠山	三八式十銃 三〇年式十銃 馬機	一 一 一	舒蘭縣警察一中隊	上記地点ニ於テ靠山三合ノ合流匪約四十名ト交戦ノ結果之ヲ押収ス
三、二五	額穆縣拉法口子		三〇年式歩兵銃	一	額穆県署警局	三月二十日密偵報ニ依リ上記地点ニ匪賊ノ隠匿兵器アルヲ探知東ホ押収セリ
三、二五	敦化縣興隆川	匪名徳合	長銃	二	敦化憲兵分遣隊	密偵報ニヨリ埋藏シアルヲ発見押収ス

延吉地方

三、二六	舒蘭県 嘉山屯	不定 匪首 順天	自動短銃 仝弾 三八式小銃 仝弾 其他小銃 仝弾 拳銃	一 一〇〇 二 五〇 一三 四〇〇 一九	新站憲兵分遣隊	匪首順天ヲ検挙取調ノ結果隠匿兵器アルヲ自供憲兵案出押收ス
三、二八	延吉県 守信郷	仝上 張貞	洋砲 銃身	三 二	頭道溝領警	一斉検挙ノ際隠匿シアルヲ発見押收ス

阿民家賣人鮮人挟某ヨリ仝傢李洪範ヲ通シ

113

114

延吉地方

三、三一	延吉縣	延吉縣大平溝 李東華	阿片	二三五兩	延吉憲兵隊	阿片運搬ヲ依頼サレ情ヲ知リ之ヲ受諾シ携行途中延吉縣ニテ検問中ノ憲兵發見押收ス
三、七	敦化縣小柳子	九龍部隊	裝彈子 長銃彈藥匣	五 一	敦化警務局	九龍匪ト交戰時押收ス
三、三〇	敦化縣	串山紅匪	長銃	一	成虎營森林警察隊	串山紅匪ト交戰時押收ス

延吉地方	
三、四	三、六
永吉縣監旗屯	磐石、伊通縣境
仝上 强事後	不明
長銃 仝弾	十銃 弾
一 一〇	九八
吉林警察廳	磐石憲兵分遣隊
大同元年三月頃匪團ニ投シ五常縣ニ於テ匪行ヲ敢行中ナルモノ密偵報ニ依リ家宅捜索ノ結果押收ス	上記地点ニ隠匿兵器アルヲ探知捜索実施ノ際発見押收セリ

114

1115

延吉地方

三四	三九
樺甸縣 宣山鎮	吉林市
不詳	永吉縣 船営 朱徳
三八式長銃	時計
四	四
賢石 領書	吉
上記地点ニ隠匿銃器アルヲ探知シ地区委員会領書密偵ヵ空家内ヲ検挙ノ結果押収セリ	身分不相應ナル時計ヲ所持シ居タルヲ以テ挙動不審者トシテ連行取調ノ結果窃盗品ナル

延吉地方		
	三、一九	三、一九
	吉林市	吉林市三道街
	仝上 谷国山	仝上 李发祥
	阿片	賭博用具
	一両	一組
吉林警察廳		
刑事押收入	本名ハ常ニ阿片ヲ密賣ヲナシ居タルモノナリ署員探知押收セリ	自宅ニ於テ賭博開帳中ヲ署員探知逮捕ト共ニ押收ス

115

計

自動短銃	一
合彈	一〇〇
小銃	三九
合彈	八一四
拳銃	二一
合彈	一五二
阿片	一二、四九四瓦
現金	五、二〇〇円
自動短銃	二
合彈	一〇〇
軽機	一
小銃	九九〇

累計

合彈	三二三六七
拳銃	四四七
合彈	四七五八
迫擊砲彈	八
刀及銃劍	四四
手擂彈	七
爆彈	二
爆藥	一三
被服	二六
科	六
軍靴	三三足
現金	九二八〇.六一圓
阿片	六九四六〇瓦
ヘロイン	一五二三瓦
モルヒネ	二八〇瓦
ノブカイン	二五瓦

117

117

麻藥	四四三九
葡萄糖	五〇九
不穩書類	四五冊
其他雜品	數十点

116

115

六、地方官民ノ匪害状況

(1) 匪賊出没回数　一〇一回

(2) 匪賊出没延人員　三八四四人

(3) 被害價格　九七四〇円

(4) 被害件数　七一件

県別	死	傷	人質拉致	物品掠奪	兵器損失員数	家屋損壊	交通々信妨害	脅迫	其他
間島	二	三	満男大五 満女大二	九	ナシ	一	ナシ	一	ナシ
吉林	五	四	満男大九五	四八	小銃二二 全彈三〇〇 拳砲五	二	一	四	ナシ
計	七	七	満男大一〇〇 満女大二	五七	小銃二二 全彈三〇〇 拳砲五	三	一	五	ナシ

累計

(イ) 匪賊出現回数 一五九七四回

(ロ) 匪賊出現延人員 七九五六九人

(ハ) 被害價格 八九四二六円

(ニ) 被害件数 一五七八件

省別	死	傷	人質拉致	物品掠奪	兵器員数	焼失家屋	交通通信妨害	脅迫	其他
間島省	二八	一五八	満男大 八〇二 満男小 一 満女大 三 鮮男大 一六五 鮮女大 二	七五八	小銃 六八 仝弾 七四四 拳銃 四 仝弾 三四 拳砲 二	一五八	九	一七三	不穏文撒布 四回 右官廳配布 三回 部落民ヲ集合共産主義宣傳……二回

118

118

六、検問検索実施ノ状況

管内各地区委員會ニ於テ各都邑ノ一齊檢索檢問ヲ実施スル事四四四回ニシテ匪賊通匪容疑者阿片密賣者 賭博現行犯人等五七名ヲ檢擧シタルカ回請軍警ノ討伐ト相俟ツテ匪徒其ノ他不逞者ノ都邑潜入防止並ニ治安維持上相當ノ効果ヲ收メツヽアリ各委員會ニ於テハ之カ目的貫徹ニ益々努力中ナリ

状況左表ノ如シ

119

日時	場所	實施隊署名	人員	實施概要	成果
三、二一 自午后一、〇〇 至午后二、〇〇	延吉縣明月溝東門外	明月溝憲兵分駐所	四	明月溝市東門外ノ滿人部落ニ鮮人強盜七名侵入セリトノ自衛団ヨリノ報告ニ接シ容疑家屋ノ檢索ヲ實施ス	不逞者ノ潜入防止上相當効果アリタルモノト認ム
		領警分署	五		
三、二一 自午后二 至午后五	三道溝市附近一帯	三道溝領警署	一五	上記人員ヲ以テ所在地及附近ノ一齊檢索ヲ實施シタリ	賭博現行犯人三名檢挙ス
		々 滿警署			
三、二一	延吉縣尚義郷白石磖子、洄得浦、楡樹川	老頭溝領警	四	檢索班ヲ組織シ午前零時ヨリ白石磖子、洄得浦、楡樹川ノ順次ニ檢問索ヲ實施シ午前五時終了	特異事項ナシ

自三、二一 午前。至三、二二 午前三、	延吉縣志仁郷新興坪	葦子溝領警	七	戸口及民情調査ヲ兼ネ出張ノ際新興坪及龍湖洞一円ニ付検索ヲ實施セル	容疑ヲ認メス
自三、二三 午后七、至午后八、	延吉縣明月溝牛市場附近	明月溝憲兵分駐所	五	明月溝市内牛市場附近ニ挙動不審者数名侵入シアリトノ密偵報ニ接シ容疑家屋ノ検索ヲ實施ス	不逞者ノ潜入防止上相當効果アリタルモノト認ム
自三、二二 午前九、至午后三、	百草溝	百草溝憲兵分遣隊	一	都市潜入匪発見ノ目的ヲ以テ市内四ケ所ニ日満合同検問所ヲ設置シ一般通行人ノ検問ヲ為シタリ	豫防警察上多大ノ効果アリタリ
		百草溝領警	四		
		満警第区警察署	四		

120 120

三、二二 自午前九、至午后八、	延吉市及会接壌地一円	延吉憲兵分隊 延吉警察庁	四 二	延吉市ニ匪賊連絡ノ為容疑者潜入排徊シアルヤノ聞込アリ之カ事実調査並索出検挙ノ為メ延吉市内及会接壌地ニ於ケル容疑家屋ニ付キ検問検索ヲ実施ス	検挙ニ至ラス事実無根ナルコト判明ス
三、二六 午前五、至午前六、三〇	汪清県春明郷春和郷ノ各半部	汪清警察署 汪清守備隊 満警第四六 区警察署並 小汪清大坎子永別磨子各分駐所	署員一七 守五 四九 六八 小七 大七 永八	所在地各分担区域ニ依リ定刻ヨリ一斉検索ヲ開始シ不逞者及容疑者ノ検問ヲ実施シ会日午前六時三十分終了ス	取扱事項ナシ

		汪清大荒溝新興各警務段	各警九		
三、二三	延吉県志仁郷	葦子溝領警 碧水美自團	七 一六	自衛團ヲ指揮シ上記地点ノ一斉検索ヲ実施セリ	特異事項ナシ
三、二四	羅子溝市	羅子溝憲兵分隊	一三	三ヶ班ヲ編成シ上記地点ノ検索ヲ実施セリ	賭博現行犯四ヲ検挙ス
三、二四	羅子溝市	羅子溝憲兵分隊 協助会	三 二	上記人員ヲ以テ市内要所ニ於テ固定検問ヲ実施ス	特異事項ナシ

121

三、二四	和竜県智新社	和龍県第二區署	一四	午前八時頃上記部落ニ武装共匪四侵入セリトノ報ニ接シ直チニ出動上記附近ノ検索ヲ実施ス	特異事項ナシ
三、二四	延吉市	延吉憲兵分隊	五	蘇聯密偵容疑者市内ヲ徘徊シアリトノ密偵報ニ基キ市内容疑家屋ノ検索ヲ実施ス	容疑鮮人二名検挙目下取調中
三、二五	図們市合水坪	図們憲兵分隊外各書務機関一名宛	三四	上記人員ヲ四班ニ編成シ上記地點ノ一斉検索ヲ実施ス	特異事項ナシ

三、二五	延吉県 春陽	春陽憲兵分駐所	二	二班ヲ編成シテ上記部落ノ一斉検索ヲナス	特異事項ナシ
		〃 領署	二		
		〃 満署	三		
		〃 書改	三		
三、二六	和竜県 日晴社	石建坪領署	六	上記附近ノ厳重ナル検問検索ヲ実施セリ	〃
		〃 満署	七		
三、二六	延吉県 志仁郷	葦子溝領署	八	上記部落ノ検問検索ヲ実施ス	〃
三、二六	奉吉線 十城子	磐石憲兵分遣隊	二	上記地点ノ検索ヲ実施ス	〃
		〃 領署	二		

122

三、二六	吉林市内	吉林憲兵分隊	七	不逞者並ニ匪賊ノ潜入ヲ防止スヘキ目的ヲ以テ検索班三ヶ検問班三二ヶ班ヲ編成シ容疑場所並ニ要路ニ於テ検問検索ヲ実施ス	通匪 一 賭博犯 四 窃盗 三 密淫 一 挙動不審者 一八 ヲ検挙セリ
		〃 領署	一〇		
		〃 満警	一八〇		
		〃 警務局	四〇		
		〃 警公段	二八		
三、二七	延吉縣銅佛寺	銅佛寺回領署	六	市内ノ一齊検索ヲ実施ス	摘要事項ナシ
		〃 鐵警	四		
		〃 自衛団	一五		
		〃 警公所	五		
自三、二七	延吉市	延吉憲兵分隊	四	潜入匪並ニ不逞者ノ検挙スヘク市内ニ	挙動不審

至 三、二八	至延 附近部落	延吉警察廳	三二	附近部落ノ容疑者二名檢挙ス 家屋ノ檢索ヲ実施ス	
三、二八	圖佳線 圖們大荒溝間	在圖們各警務機關 一名宛	五	列車檢索ヲ実施ス	特異事項ナシ
自三、二七 至三、二八	延吉縣尚義郷	老頭溝領警	六	上記部落ノ檢問檢索ヲ実施ス	〃
三、二八	延吉縣安信郷	頭道溝領警 〃 撥警	二四 七	已定要領ニ基キ一齊檢索ヲ実施ス	鉄砲一銃身二ヲ發見押収ス

123

123

自 三、一八 至 三、二九	和竜県 徳新社	八道河子領署 々 警務段	五 四	武装共匪四名現出シタルトノ報ニヨリ上記地点ノ一齊検挙ヲ実施セリ	特異事項ナシ
三、二八	和竜県 徳化社	南坪警察 才四区警署	一〇 八	上記地点ノ一齊検挙ヲ実施ス	々
自 三、二三 至 三、二八	延吉県 致和郷 南陽洞 夾皮溝 外数部落	二道溝領署 々 警署 夾皮溝警署 八家子警署	六 五 三 五	上部落ノ容疑家屋ノ検索ヲ実施ス	王徳林旧部下一名検挙ス

三、二九	圖們市	圖們憲兵分隊 外各機関五名宛	七 二〇	市内ノ一齊検索ヲ実施ス	特異事項ナシ
三、二九	春陽	春陽憲兵分遣所 〃 領警 〃 滿警	二 五 五	上記人員ヲ三ケ班ニ編成シ上記部落ノ一斉検索ヲ実施ス	〃
三、二九	龍興洞	三道溝 領警 〃 滿警 〃	三 二 三	上記部落ノ検索ヲ実施ス	〃
三、二九	和竜縣 光明社	開山屯領警 〃 滿警 〃 警ノ隊	五 五 五	武装共匪四名侵入ノ報ニ接シ上記地点ノ検索ヲ実施ス	〃

124

124

自 三、二一 至 三、三一	延吉駅	延吉憲兵分隊 〃 領警 〃 警察庁 〃 警ム段	二 一 二 一	不逞者並ニ潜入匪検挙ノ目的ヲ以テ延吉駅乗降客及発車當線列車内ニ付厳重検問検索ヲ実施ス	阿片密売者一ヲ検挙ス
三、三一	銅佛寺	銅佛寺領警 〃 鐵警	一〇 八	市内ニ検問検索ヲ実施ス	特記事項ナシ
自 三、二八 至 三、三〇	春興村 新岩村	依蘭溝領警 春興村自ヱ団 柳條溝警署	五 一五 五	上記部落ノ一斉検索検問ヲ実施ス	〃

三、三一	涼水泉子	涼水泉子領警 〃 税警	五 四	上記場所ニ検問所ヲ設ケ通行人ノ検問ヲ実施ス	特異事項ナシ
三、三一	三合口	三合口領警 〃 満警 〃 憲兵 〃 自衛団	一六 一〇 五 八	匪賊便衣隊ノ潜入ヲ検挙スヘキ目的ニテ上記場所ヲ厳重ニ検索ヲ実施セリ	〃
三、二〇	鉢蘭県二道河子	鉢蘭県警務局	四〇	検問検索便衣ノ三班ヲ編成シ上記部落ヲ徹底的ニ検索ス	容疑者十一名 阿片犯人三名 賭博犯三名 ヲ検挙ス

125 125

二、蘇聯ノ匪賊使嗾擾亂状況

該當事項ナシ

126 126

四、中国並反满抗日團体之策動及匪賊使嗾

操縱状況

該当事項ナシ

127

127

五、其他外國ノ策動工作概況

該當事項ナシ

128

128

六治安工作ニ伴フ渉外事項

該當事項ナシ

参考译文

目录

一、治安状况……………………………………………………………… 1
1. 军警叛变的状况 ………………………………………………………… 1
2. 归顺匪的状况 …………………………………………………………… 2
3. 武器物件的收缴状况 …………………………………………………… 7
4. 地方官民的受匪害状况 ………………………………………………14
二、盘问搜查的实施状况……………………………………………………15
三、苏联唆使操纵匪贼的状况………………………………………………22
四、中国及反满抗日团体的策动及唆使、操纵匪贼的状况………………23
五、其他外国的策动工作概况………………………………………………24
六、随治安工作产生的涉外事件……………………………………………25

一、治安状况

1. 军警叛变的状况

无此类事项。

2. 归顺匪的状况

本旬，归顺匪总数为25人，由于日满军警不间断的讨伐，其根据地被消灭，粮道被切断，粮食严重短缺，且感受到自身所处的险境，或是痛悔前非，所以他们才归顺。相关机关在大致审讯调查以后让大部分人归农了。

状况如下表所示：

系　统	匪首名	匪　数	携带武器	日期及地点	原　因	归顺概要及处置
政治匪	安振有	1	无	2月21日 第五区 警察署	感受到自身所处的险境	他们向当地委员会提出申请，在经过严格审讯调查以后，该委员会向他们发放了临时归顺证明，让他们归农。
思想匪		5		3月21日 罗子沟 宪兵分队		
同上		1	无	3月19日 延吉宪兵分队	被逮捕以后痛悔前非	在昭和八年七月（1933年7月）与日军交战大败以后，此人辞去大队长职务，充当苏联与东满特委之间的联络委员积极开展活动。昭和十年九月三十日（1935年9月30日），他在汪清县罗子沟被山内部队所属宪兵逮捕，经调查，此人犯罪事实明确。然而，由于此人表示出强烈的悔过之意，所以打算将来利用他开展消匪工作。
思想匪		1	无	3月20日 延吉宪兵分队	被逮捕以后痛悔前非	此人在昭和五年十二月（1930年12月）□□省沙河市加入中共党，后来到汪清县罗子沟，昭和十年六月（1935年6月）担任东满特委书记积极开展活动。同年9月30日，他被山内讨伐队所属宪兵逮捕，后被移交至延吉宪兵分队，经调查，此人犯罪事实明确，但由于他痛悔前非，目前正作为间谍加以利用。

（续表）

思想匪		1	无	3月21日 延吉宪兵 分队	被逮捕 以后痛悔 前非	此人在昭和六年五月（1931年5月）左右加入中共党，而后开展共产主义宣传及其他工作，担任过延吉县王隅沟及老须沟地区的负责人，昭和九年十二月（1934年12月）担任党延吉县委负责人，昭和十一年一月（1936年1月）上旬被任命为东满临时工作委员会组织部长，开展活动。罗子沟宪兵分队将其逮捕以后移交给了延吉宪兵分队，经调查，此人犯罪事实明确，但是由于此人悔改之意强烈，故让其归顺，如今作为间谍加以利用。
思想匪		3	无	3月22日 百草沟宪兵 分遣队	认识到共 产主义的 罪行	此人从昭和八年二月（1933年2月）左右开始在汪清县小汪清附近从事共产运动，但他认识到自己的罪行，提出了归顺申请。
土匪	九省	2	无	3月24日 明月沟宪兵 分驻所	感觉到 自身 所处的 险境	此人因皇军的讨伐而要归顺。因此，他来到分驻所自首，经调查之后允许其归顺。
同上	贾连长	6	套筒枪4支 套筒枪 子弹29发	3月24日 磐石县 警务局	感觉到 自身 所处的 险境， 痛悔前非	匪首贾连长在被讨伐队射杀以后，他们四处逃窜。当他们感觉到自身所处的险境之时，向前往该地的警务局密探表达了归顺的意向，而后投降。
思想匪	不详	1	无	3月25日 明月沟宪兵 分驻所	被逮捕 以后痛悔 前非	在逮捕此人以后，对其进行了严格调查。经查发现，此人悔改之情强烈，故允许其归顺。

（续表）

土匪	九站	1	长枪1支	3月25日 春阳宪兵分驻所	密探劝说	此人痛悔前非，潜伏在部落内。在密探的劝说下，归顺了春阳宪兵分驻所。
土匪	九站	1	无	3月27日 春阳宪兵分驻所	被宪兵逮捕以后痛悔前非	宪兵队侦查到，此人从昭和十年八月（1935年8月）左右开始居住在宁安县松乙沟，经常与九站队联络，宪兵将其逮捕后，允许其归顺。
通匪	不详	1	无	3月30日 和龙县大拉（译者注：疑为"砬"）子领警	痛悔前非	此人在昭和五年三月十三日（1930年3月13日）加入农协，其后致力于宣传共产主义。昭和十年（1935年）以后，此人痛悔前非，提出了自首申请。

计25	步枪	6
	步枪子弹	72
	长枪	1
累计1403	步枪	442
	步枪子弹	8952
	手枪	180
	手枪子弹	998
	刺刀	6
	手榴弹	1
	长枪	1

3. 武器物件的收缴状况

本旬内，收缴武器物件23件，其中主要物件有1支自动手枪、100发自动手枪子弹、39支步枪、152发步枪子弹、11494克鸦片、5元20钱现金及其他大量杂物等。这些收缴物品有的是归顺匪携带的物品，有的是搜查的隐藏物品，还有的是逮捕犯人而收缴的物品等。

具体状况如下表所示：

地区	收缴日期	地 点	被收缴者的姓名及住址	收缴物品	件 数	收缴队署	收缴概要
延吉地区	3月22日	宁安县松乙沟	宁安县松乙沟王长奎	长枪	1	春阳宪兵分驻所	此人停止匪行后一直隐藏在左述地点。春阳宪兵分驻所将其逮捕，经审讯后收缴了左述武器。
延吉地区	3月22日	吉林市锦城	同左张宝林	赌博用具 现金	1套 2元8角4分5厘	吉林警察厅	署员得知他们正在左述地点开设赌局，于是将其逮捕，并收缴了赌博用具。
延吉地区	3月22日	吉林市石源油坊	同左武德奎	赌博用具	1套	吉林警察厅	署员得知他们正在左述地点开设赌局，于是将其逮捕，并收缴了赌博用具。
延吉地区	3月22日	永吉县炮守（译者注：疑为“手”）口子	同左贞永员	手枪 手枪子弹	1 25	同上	密探报告说此人将武器藏在自己家中。于是，根据此报告，吉林警察厅对其住宅进行搜查，发现并收缴了左述武器。
延吉地区	3月24日	罗子沟市	同左金贞瑞及其他4人	排九 现金	1套 5元26钱	罗子沟宪兵分队	在对市内进行集中搜查时，当场发现他们在开设赌局，将其逮捕后，收缴了左述物品。

（续表）

延吉地区	3月24日	磐石县 警务局	不定 贯连长 部下6人	套筒步枪 套筒步枪子弹	4 29	磐石县 警务局	3月26日，贾连长的6名部下前来归顺，收缴了他们携带的武器。
	3月25日	磐石县 吉昌镇	同左 常绍义	三八式步枪 三八式 步枪子弹 七十九毫米 步枪 七十九毫米 步枪子弹 手枪子弹	2 36 1 40 74	磐石县 警务局	3月25日逮捕了匪首常绍义，经调查，他供述自己将左述武器隐匿在左述地点，搜查后发现左述武器并收缴。
	3月25日	永吉县 后田岭	同左 陶渭清	手枪 手枪子弹	1 53	永吉县 警务局	在进行集中搜查的时候在左述地点发现了隐藏的左述物品，然后将其收缴。
	3月25日	吉林市 新立屯	同左 张俊一	赌博用具	1套	吉林 警察厅	其在左述地点开设赌局时将其逮捕并收缴了左述物品。
	3月25日	苇子沟 西南	不定 三合、 靠山 合流匪	三八式步枪 三〇年式步枪 马橇	1 1 1	舒兰县 警察 一中队	在左述地点与靠山、三合合流匪约40人交战，收缴了左述武器。
	3月25日	额穆县 拉法口子		三〇年式步枪	1	额穆县 警务局	3月20日，根据密探报告得知在左述地点有匪贼隐匿的武器，将其搜出后收缴。
	3月25日	敦化县 兴隆川	匪名 德合	长枪	2	敦化 宪兵 分遣队	根据密探报告，发现埋藏的左述武器并将其收缴。

（续表）

延吉地区	3月26日	舒兰县靠山屯	不定匪首顺天	自动短枪 自动短枪子弹 三八式步枪 三八式步枪子弹 其他步枪 其他步枪子弹 手枪	1 100 2 50 13 400 19	新站宪兵分遣队	在逮捕匪首顺天调查之后，此人供述自己有隐匿的武器，宪兵将武器搜出后收缴。
	3月28日	延吉县守信乡	同左张贞	洋炮（鸟枪） 枪管	3 2	头道沟领警	在进行集中搜查之时，发现隐匿的武器并收缴。
	3月31日	延吉站	延吉县大平沟李车华	鸦片	235两	延吉宪兵分队	鸦片走私者鲜人洪某通过朋友李洪范委托李车华运送鸦片。李车华在得知该情况以后答应了洪某的委托，在运送途中被正在延吉站盘问的宪兵发现，将其武器收缴。
	3月27日	敦化县小柳子	九站部队	子弹 长枪弹药匣	5 1	敦化警务局	在与九站匪交战时收缴。
	3月30日	敦化县	串山红匪	长枪	1	威虎岭森林警察队	在与串山红匪交战时收缴。
	3月4日	永吉县监（译者注：疑为“蓝”）旗屯	同左温连俊	长枪 长枪子弹	1 100	吉林警察厅	此人在大同元年三月（1932年3月）左右加入匪团，在五常县肆意实施匪行。根据密探报告，在进行住宅搜查之后，收缴了左述武器。

（续表）

延吉地区	3月6日	磐石、伊通县境	不详	步枪子弹	98	磐石宪兵分遣队	在得知左述地点有隐匿的武器以后，进行搜查，搜出武器并收缴。
	3月14日	桦甸县宣山沟	不详	三八式长枪	4	磐石领警	在得知左述地点有隐匿的武器以后，地区委员会领警和密探在对空屋进行搜查之后，收缴了武器。
	3月19日	吉林市	永吉县船荣朱德	表	4	吉林警察厅	由于此人持有与身份不符的表，行为举止可疑，因此将其带走。经审讯后查明，该表是盗窃品，遂将其收缴。
	3月19日	吉林市	同左谷围山	鸦片	1两		此人时常走私鸦片，署员在得知这一情况后，将鸦片收缴。
	3月19日	吉林市三道街	同左李发祥	赌博用具	1套		署员侦查到此人在自己家中开设赌局，于是将其逮捕并收缴了赌博用具。
计	自动短枪				1		
	自动短枪子弹				100		
	步枪				39		
	步枪子弹				814		
	手枪				21		
	手枪子弹				152		

（续表）

	鸦片	11494克
	现金	520元
累计	自动短枪	2
	自动短枪子弹	100
	轻型机枪	1
	步枪	990
	步枪子弹	32367
	手枪	447
	手枪子弹	4758
	迫击炮弹	8
	大刀及刺刀	44
	手榴弹	7
	炸弹	2
	炸药	13
	衣服	26
	科（译者注：原文如此）	6
	靰鞡鞋	33双
	现金	9280.61元
	鸦片	69460克
	海洛因	1523克
	吗啡	280克
	诺布卡因（ノブカイン，音译）	25克
	麻药	443克
	葡萄糖	50克
	具有不稳定因素的文件	45册
	其他杂物	数千件

4. 地方官民受匪害的状况

（A）匪贼出没次数　　101次

（B）匪贼出没人次　　3844人次

（C）损失价值　　9740元

（D）损失件数　　71件

省份	死	伤	绑架人质	抢夺物品	武器件数	烧毁房屋	妨碍交通通信	威胁	其他
间岛	2	3	满男（大人）5 满女（大人）2	9	无	1	无	1	无
吉林	5	4	满男（大人）95	48	步枪22支 步枪子弹30发 洋炮（鸟枪）5支	2	1	4	无
计	7	7	满男（大人）100 满女（大人）2	57	步枪22支 步枪子弹30发 洋炮（鸟枪）5支	3	1	5	无

累计

（A）匪贼出没次数　　1597次

（B）匪贼出没人次　　79569人次

（C）损失价值　　89426元

（D）损失件数　　1578件

省份	死	伤	绑架人质	抢夺物品	武器件数	烧毁房屋	妨碍交通通信	威胁	其他
间吉省	118	158	满男（大人）882 满男（小孩）1 满女（大人）3 鲜男（大人）165 鲜女（大人）2	758	步枪68支 步枪子弹744发 手枪4支 手枪子弹34发 洋炮（鸟枪）12支	158	9	173	散布具有不稳定因素的文章4次；向左述官厅散布3次；向集合部落民宣传共产主义2次。

二、盘问搜查实施的状况

辖区内各地区委员会对各城市实施了44次集中搜查盘问行动，逮捕匪贼通匪嫌疑人、鸦片走私者、赌博现行犯等共计57人。此外，各地区委员会还与日满军警的讨伐行动同时进行，在防止匪徒及其他不法分子潜入城市以及维持治安稳定方面取得了显著的效果。各委员会正在积极努力贯彻这一目标。

状况如下表所示：

时间	地点	实施队署名称	队署人员	实施概要	成果
3月21日晚上10时10分至晚上11时20分	延吉县明月沟东门外	明月沟宪兵分驻所 领警分署	4 5	接到自卫团的报告称有7名鲜人强盗闯入明月沟市东门外的满人部落，于是便对可疑住宅实施了搜查。	在防止不法分子潜入方面有非常大的效果。
3月21日下午2时至下午5时	三道沟市附近一带	三道沟领警署 三道沟满警署	15	组织左述人员对所在地及其附近一带实施了集中搜查。	逮捕赌博现行犯3人。
3月21日	延吉县尚义乡白石砬子泗得浦榆树川	老头沟领警	4	组成搜查班，自凌晨零时开始对白石砬子、泗得浦、榆树川依次实施了盘问搜查，凌晨5时结束。	无特殊事项。
3月21日凌晨零时至3月22日凌晨3时	延吉县志仁乡新兴坪	苇子沟领警	7	他们出差调查户口及民情，同时还附带着对新兴坪及龙湖洞一带实施了搜查。	未发现可疑情况。
3月22日晚上7时至晚上8时	延吉县明月沟牛市场附近	明月沟宪兵分驻所	5	接到密探报告称有数名行为可疑之人闯入明月沟市内牛市场，于是便对可疑住宅实施搜查。	在防止不法分子潜入方面有非常大的效果。

(续表)

3月22日 上午9时至 下午3时	百草沟	百草沟宪兵分遣队 百草沟领警 满警第一区警察署	1 4 4	为了搜查潜入城市的匪贼,在市内4个地方设置了日满协同盘问所,对普通行人进行盘问。	在预防和警戒方面有巨大的效果。
3月22日 上午9时至 晚上8时	延吉市 及与其 接壤地 一带	延吉宪兵分队 延吉警察厅	4 2	听闻有与匪贼联络的可疑之人潜入延吉市正在四处徘徊。于是,为了调查真相并对其实施搜查逮捕,针对延吉市内及与延吉市接壤地带的可疑房屋实施了盘问搜查。	没有逮捕到该名可疑之人,据判断此事是毫无根据的。
3月26日 上午5时至 上午6时 30分	汪清县 春明乡 春和乡 各半部	汪清警察分署 汪清守备队 满警第四及六 区警察署及 小汪清大坎子 永别砬子各分驻所 汪清大荒沟新兴各 警务段	领17 守5 四9 六8 小7 大7 永8 各警9	所在地各分担区域在规定时间开始实施集中搜查,对不法分子及嫌疑人进行盘问,当日上午6时30分结束。	无处理事项。
3月23日	延吉县 志仁乡	苇子沟领警 碧水美自卫团	7 16	他们指挥自卫团在左述地区实施集中搜查。	无特别事项。
3月24日	罗子沟市	罗子沟宪兵分队	13	他们组成3个班,在左述地区进行搜查。	逮捕4名赌博现行犯。
3月24日	罗子沟市	罗子沟宪兵分队 罗子沟协助会	3 2	左述人员在市内要地实施固定盘问。	无特殊事项。
3月24日	和龙县 智新社	和龙县第一区署	14	上午8时左右接到报告称有4名武装共匪闯入左述部落,随后立即出动,对左述地区实施搜查。	无特殊事项。

（续表）

3月24日	延吉市	延吉宪兵分队	5	密探报告称有疑似苏联密探在市内徘徊。根据该报告，左述人员对市内可疑住宅实施了搜查。	逮捕2名可疑满人，目前正在调查当中。
3月25日	图们市 合水坪	图们宪兵分队 各警务机关1人	3 4	将左述人员编成4个班，针对左述地点实施集中搜查。	无特殊事项。
3月25日	延吉县 春阳	春阳宪兵分驻所 春阳领警 春阳满警 春阳警务段	2 2 3 3	将左述人员组成2个班，针对左述部落实施集中搜查。	无特殊事项。
3月26日	和龙县 日晴社	石建坪领警 石建坪满警	6 7	对左述地点附近实施了严格的盘问和搜查。	同上
3月26日	延吉县 志仁乡	苇子沟领警	8	对左述部落实施了盘问和搜查。	同上
3月26日	奉吉线 小城子	磐石宪兵分遣队 磐石领警	2 2	对左述地点实施搜查。	同上
3月26日	吉林市内	吉林宪兵分队 吉林领警 吉林满警 吉林警务局 吉林警务段	7 10 180 40 28	为了防止不法分子及匪贼潜入，左述人员组成了31个搜查班和32个盘问班，对可疑地点及交通要道实施盘问和搜查。	逮捕了1名通匪、4名赌博犯、3名窃贼、1名暗娼和18名行动可疑者。
3月27日	延吉县 铜佛寺	铜佛寺日领警 铜佛寺满警 铜佛寺自卫团 铜佛寺警务所	6 4 15 5	对市内实施了集中搜查。	无特殊事项。
3月27日至3月28日	延吉市 及附近 部落	延吉宪兵分队 延吉警察厅	4 3	为了逮捕潜入匪贼及不法分子，对市内及附近部落的可疑住宅进行了搜查。	逮捕2名行动可疑分子。

（续表）

3月28日	图佳线 图们 大荒沟 之间	图们各警务机关1人	5	对列车实施了搜查。	无特殊事项。
3月27日至 3月28日	延吉县 尚义乡	老头沟领警	6	对左述部落实施了搜查。	同上
3月28日	延吉县 守信乡	头道沟领警 头道沟满警	24 7	根据既定要领实施集中搜查。	发现1支洋炮（鸟枪）和2支枪管，并将其收缴。
3月28日至 3月29日	和龙县 德新社	八道河子领警 八道河子警务段	5 4	根据有4名武装共匪出现的报告，针对左述地点实施了集中搜查。	无特殊事项。
3月28日	和龙县 德化社	南坪警察 第四区满警	10 8	对左述地点实施了集中搜查。	同上
3月23日至 3月28日	延吉县 致和乡 南阳洞 夹皮沟 及其他 数个部落	二道沟领警 二道沟满警 夹皮沟满警 八家子满警	6 5 3 5	对左述部落的可疑住宅实施了搜查。	逮捕了1名王德林旧部。
3月29日	图们市	图们宪兵分队 其他各机关5人	7 20	对市内实施了集中搜查。	无特殊事项。
3月29日	春阳	春阳宪兵分驻所 春阳领警 春阳满警	2 5 5	将左述人员组成3个班，对左述部落实施了集中搜查。	同上
3月29日	龙兴洞	三道沟领警 三道沟满警	3 2 3	对左述部落实施了搜查。	同上
3月29日	和龙县 光开社	开山屯领警 开山屯满警 开山屯警务段	5 5 5	接到有4名武装共匪入侵的报告，其后对左述地区实施了搜查。	同上

（续表）

3月21日至3月31日	延吉站	延吉宪兵分队 延吉领警 延吉警察厅 延吉警务段	2 1 2 1	为了逮捕不法分子和潜入匪，对延吉站上下列车的乘客以及京图线列车内实施严格的盘问和搜查。	逮捕了1名走私鸦片的人。
3月31日	铜佛寺	铜佛寺领警 铜佛寺满警	10 8	对市内实施盘问和搜查。	无特殊事项。
3月28日至3月30日	春兴村 新岩村	依兰沟领警 春兴村自卫队 柳条沟满警	5 15 5	对左述部落实施了集中搜查和盘问。	同上
3月31日	凉水泉子	凉水泉子领警 凉水泉子满警	5 4	在左述地点设立了盘问所，对行人进行盘问。	无特殊事项。
3月31日	三岔口	三岔口领警 三岔口满警 三岔口警务段 三岔口自卫团	16 10 5 8	为了逮捕潜入的匪贼便衣队，对左述地点进行了严格搜查。	同上
3月20日	舒兰县二道河子	舒兰县警务局	40	左述人员组成了3个盘问搜查便衣班，对左述部落进行了彻底的搜查。	逮捕了11名可疑人员、2名鸦片犯人和3名赌博犯。

三、苏联唆使操纵匪贼的状况

无此类事项。

四、中国及反满抗日团体的策动及唆使操纵匪贼的状况

无此类事项。

五、其他外国的策动工作概况

无此类事项。

六、件随治安工作产生的涉外事件

无此类事项。

（翻译：李星　整理：柯俊波　校译：柳泽宇、戴宇）

延吉地方警务统制委员长 间濑勘八

13

1936年

（以下文字为473～474页参考译文）

1936年8月10日

延警委第二〇六号

延吉地方警务统制委员会月报第四报

（七月）

发送至：中央委员长、各地方委员长、二独司、珲宪、珲驻步长、延吉地方委员、延各地区委员长

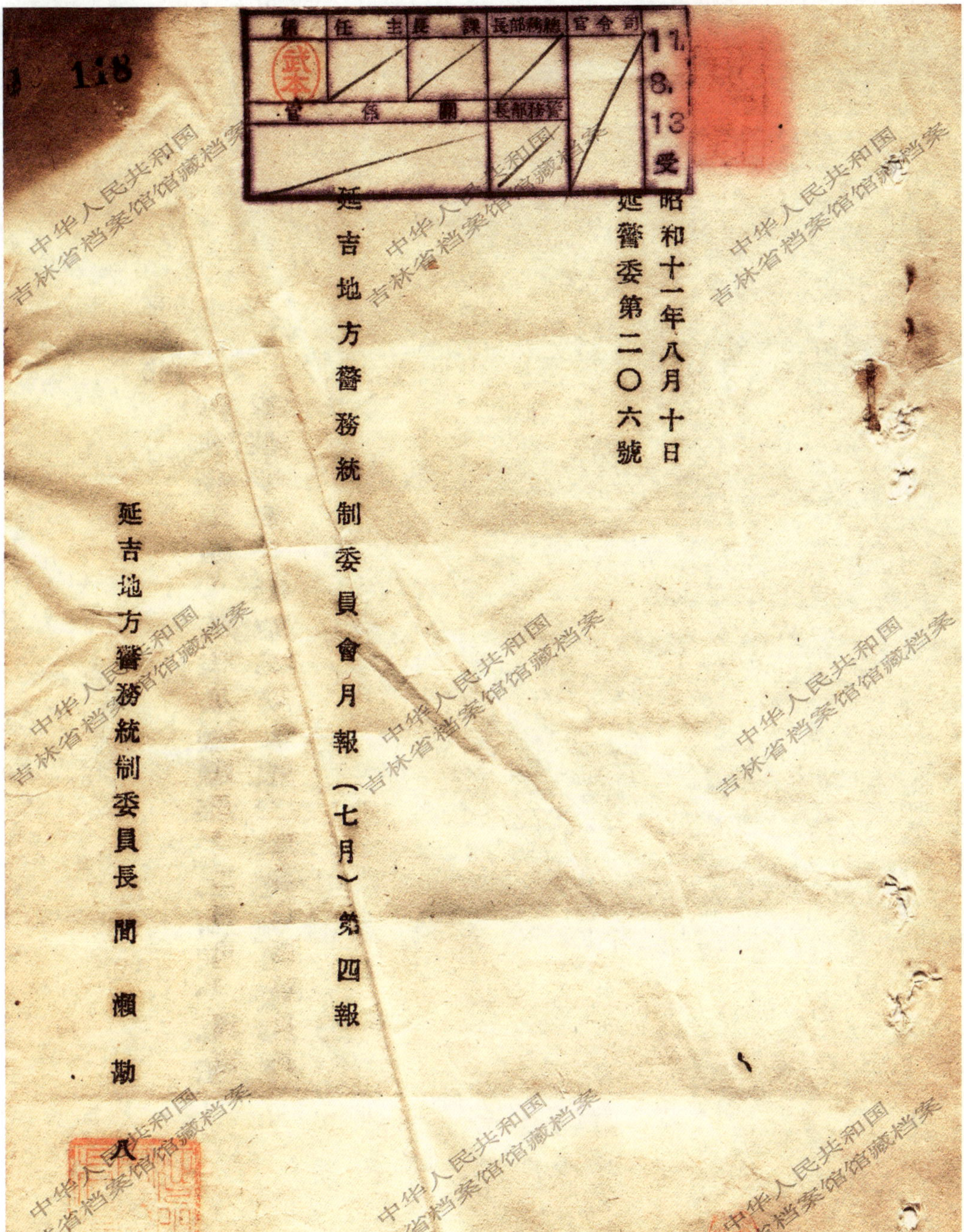
158

11. 8. 13 受

昭和十一年八月十日
延警委第二〇六號

延吉地方警務統制委員會月報（七月）第四報

延吉地方警務統制委員長 間瀨勘八

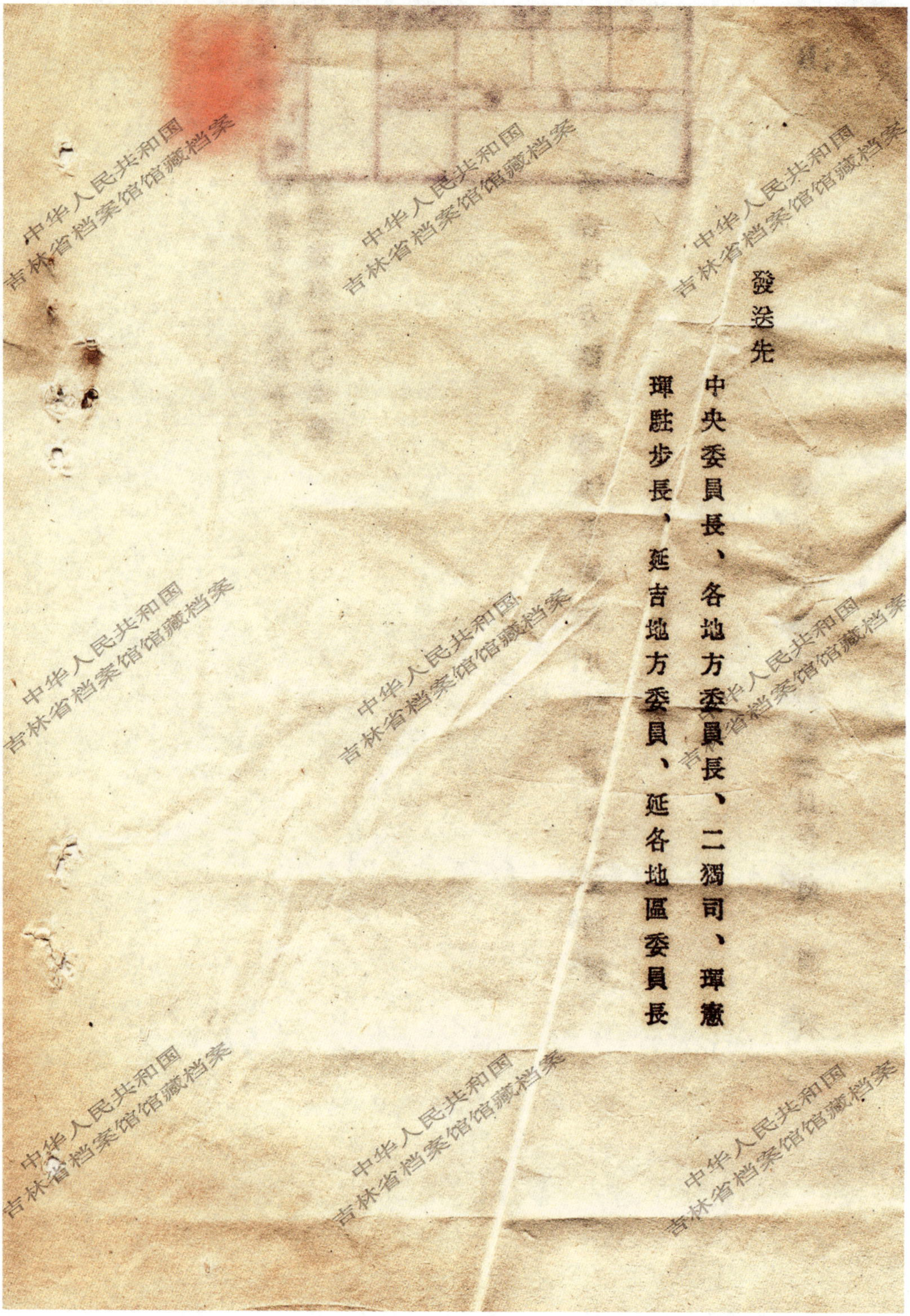

發送先

中央委員長、各地方委員長、二獨司、琿憲

琿駐步長、延吉地方委員、延各地區委員長

目次

一 治安概況

二 共産黨團並仝分子ノ策動狀況

三 反滿抗日黨團及仝分子ノ策動狀況

四 匪賊蟠踞狀況

五 歸順匪ノ狀況

六 地方官民ノ匪害狀況

七 蘇聯邦並中國等ノ策動狀況

八 檢擧並押收狀況

1 共産分子反滿抗日分子及匪賊並治安ニ影響スル犯人檢擧狀況

2 兵器物件押收狀況

九 檢問檢索實施狀況

120

一、治安概況

管内（間島省並吉林省ノ一部）平地帯ハ日満軍警屡次ノ討伐並ニ各種工作ニヨリ概ネ治安確立セリト雖モ今尚奥地縣境ノ治安全カラス小群匪賊絶ヘス出沒ヲ見匪害亦不尠本月中

1 匪賊出沒回數　二三二回

2 匪賊出沒延人員　七〇一三名

3 被害價格　二六一三圓

4 被害件數　一四四件

等ニシテ山岳森林地帯タル汪清、安圖縣境並間島、吉林省境ニハ相當有力ナル匪團約三千蟠踞シアリ治安決シテ偷安ヲ許サス嚴戒ヲ要スル現況ニアリ

1

二、共産黨團並ニ全分子ノ策動狀況

七月中該當事項ナシ

三、反滿抗日黨團並ニ全分子ノ策動狀況

本月中該當事項ナシ

四、匪賊蟠踞狀況

管内ノ匪數ハ漸次減少ヲ見現在約三千七百（前月約五千）ニシテ之等ハ主トシテ汪清安圖樺甸縣境並ニ間、吉省境山岳森林地帶ニ蟠踞シ現今繁茂期ヲ利用シ警備ノ間隙ニ乘シテハ各部落ヲ襲撃人質拉致物資ノ掠奪並ニ悪思想ノ宣傳ニ务メツツアリ

其ノ狀況別表第三、四及附圖ノ如シ

五、歸順匪ノ狀況

七月中ニ於ケル歸順匪ハ二十五名ニシテ各警務機關ニ於テ取調後工作ニ使用又ハ歸農セシメタリ

其狀況別表第五ノ如シ

六、地方官民ノ被害狀況

七月中ニ於ケル匪害狀況ハ前月ニ比シ一段ト增加ノ現況ニアリ卽チ死傷二六名（一六）人質拉致二〇七名（一六五）物品掠奪六一件（五四）武器八挺（一〇）彈藥五〇（三五五）發ヲ掠奪セラルル等相等ノ匪害ヲ蒙リツツアリテ繁茂期ニ乘シテ活動スル渠等ノ暴虐ナル行動ヲ察知シ得ヘシ

（備考（　）ハ前月分）

其狀況別表第六ノ如シ

2

七、蘇聯邦並中國等ノ策動狀況

七月中該當事項ナシ

八、檢擧並ニ押收狀況

1、共產分子反滿抗日分子及匪賊並治安ニ影響スル犯人檢擧狀況

七月中檢擧セルモノヲ類別セハ

共匪	一三名
政治匪	五名
土匪	一九名
通匪	四九名
其他	八七名
計	一七三名

ニシテ之カ狀況別表第十一ノ如シ

2 兵器物件押收狀況

七月中押收セル兵器物件ノ主ナルモノハ

小銃	一三
仝彈	二六六
拳銃	七
仝彈	四四
洋砲	二一
手榴彈	六

等ニシテ之等ハ犯人檢擧又ハ歸順匪ノ携行セルヲ押收セシモノナリ其狀況別表第十二ノ如シ

九 檢問檢索實施狀況

七月中各地區委員會ニ於テ實施シタル檢問檢索ハ六三回ニ及ヒ其

結果

共產黨員	五名
匪賊	一二名
通匪	六名
其他	三八名
計	六一名

ヲ検擧シタル外モヒ、阿片若干ヲ發見押收潛入匪通匪並不逞者ニ對シ多大ノ打擊ヲ與ヘ治安上相當ノ結果ヲ收メタリ

之カ狀況別表第十三ノ如シ

123

別表第三

管内匪賊概数表

昭和十一年七月

匪種別 ＼ 委員會別 區分	延吉地方匪首數	委員會匪數
共匪	二三	一四〇九
政治匪	一七	一一〇七
土匪	四九	一一六〇
計	八九	三六七六
前月末トノ増減	一九減	一四七〇減

別表第四

有力匪賊調査表

昭和十一年七月

省別	蟠踞地	匪首名	匪數	裝備	活動概況
間島	安圖縣 五道陽岔	東北抗日聯合軍第三軍長 王德泰	約三〇〇	不詳	抗日游撃大隊其他匪團ヲ指揮統制約一千名ヲ收容スル兵舍二棟ヲ建設シ更ニ省委ノ指令ニ基キ黨團代表會議（六月十七日開催）ヲ開催革命工作方針ヲ決定西線總指揮部第二軍司令部人民革命政府等ノ設立ヲ企圖シ軍黨團ノ強化ニ狂奔中
右仝		東北抗日游撃大隊 錢永林	約二一〇	不詳	第三軍長王德泰ノ指揮下ニ隷下各部隊ヲシテ各地ニ出没セシメ人質拉致、食糧掠奪等ヲ敢行シテ抗日戰線ノ強化ニ狂奔シツツアリ

吉林	安圖縣大甸子北方	東北抗日聯合第二軍第一獨立師第一團長 崔賢	約二〇〇	長銃一八〇 拳銃二〇	上記地帶ニ游動シツツ人質拉致、食糧掠奪等ヲ敢行黨勢擴張ニ狂奔シアリ
	額穆縣西南岔	張團長	約二〇〇	武裝整備	嶺西地區及永吉、樺甸縣境一帶ニ横行シ暴威ヲ振ヒツツアリ
	〃杉松嶺	安鳳學	約一[illegible]〇		
	〃螞蟻河口	金明八	約一〇〇		
	樺甸縣第六區黑瞎子溝	東北抗日聯合第二軍第一師第二團長 張檮述	約一〇〇	小銃八〇 拳銃二〇	樺甸縣黑瞎子溝ヨ[illegible]游動シ南部地方ニ移動スヘク策動中

125

東安	
撫松縣貝水灘一帶	
東北抗日義勇軍 吳義成	救國軍吉林中央區第十三旅長 周太平
約二〇〇	約三〇〇
長銃一七〇 拳銃三〇 輕機二 自動小銃二	長銃二五〇 拳銃五〇 輕機二
上記地ニ蟠踞シアリテ縣下大小匪團ヲ統轄之ヲ指導シ安撫樺縣境ニ出沒シ食糧掠奪人質拉致等ヲ敢行抗日戰線ノ統一ニ努メツツアリ	

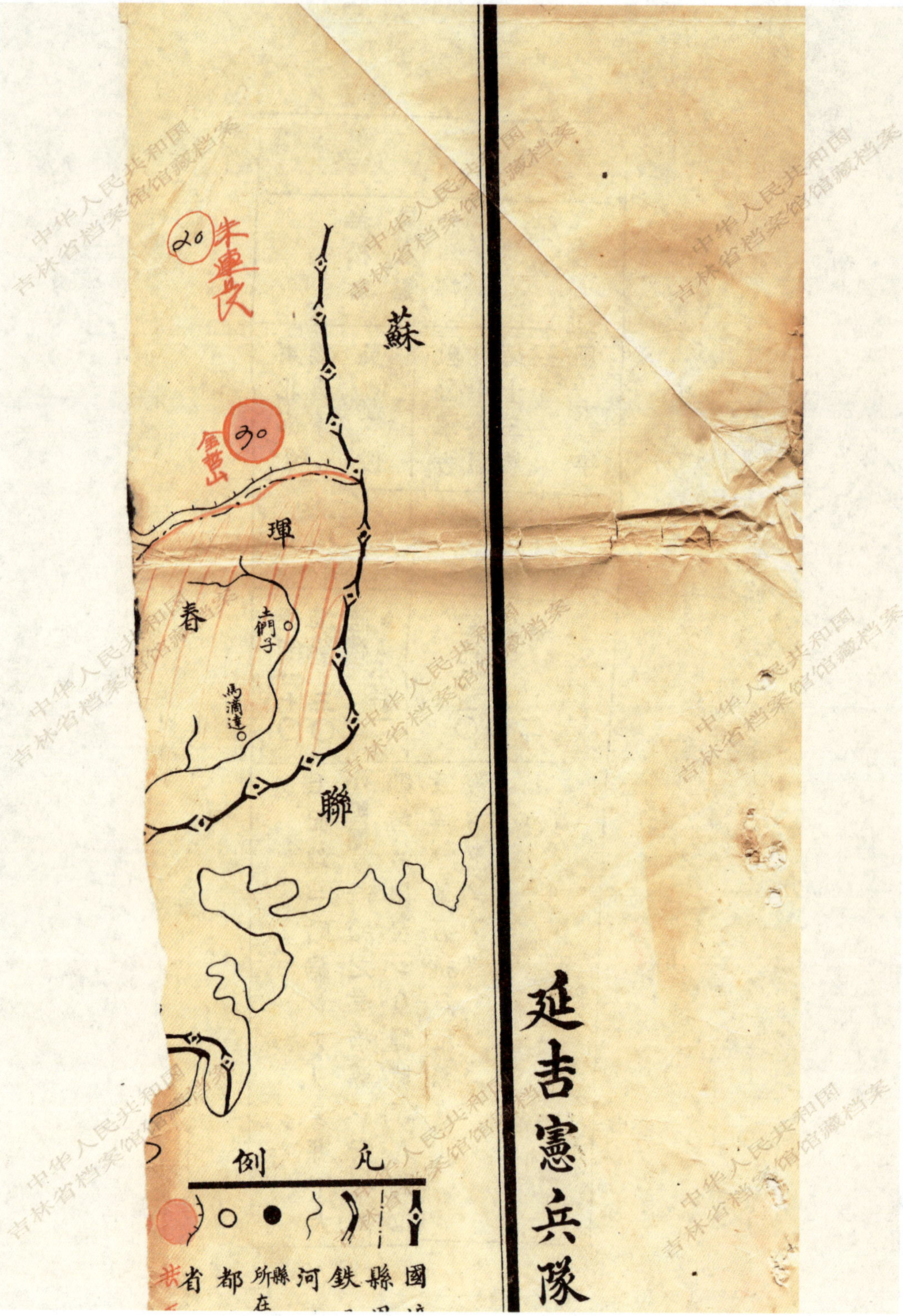
蘇
聯
琿
春
土門子
馬滴達
20
30
延吉憲兵隊
凡例
國
縣
鉄
河
縣所
都
省

別表第五

歸順匪調

昭和十一年七月

匪種別 ＼ 區分	人員	處分別 國外逐放	處分別 歸農	處分別 工作使用	處分別 其他	歸順匪携行兵器彈藥 小銃	歸順匪携行兵器彈藥 仝彈	歸順匪携行兵器彈藥 拳銃	歸順匪携行兵器彈藥 仝彈
思想匪	一三		一〇	二	一	二	六〇	一	六
政治匪	五		五						
土匪	七		五	一	一	一	六〇		
計	二五		二〇	三	二	三	一二〇	一	六

別表第六

地方官民ノ匪害調査表

昭和十一年七月

		四月以降累計
1 匪賊出没回數	二三二回	九二〇回
2 匪賊出没延人員	七〇一三名	三八六〇四名
3 被害價格	二六一三圓	二七二六一圓
4 被害件數	一四四件	五五三件

區分			間島	吉林	計	累計
死			四	九	一三	四八
傷				一三	一三	七〇
人質拉致	日人	男				一
		女				
	鮮人	男	十五		十五	二七六
		女	二		二	二
	滿人	男	四七	八三	一三〇	四七一
		女				三
	蒙人	男				
		女				
物品掠奪			五三	八	六一	三九二
武器	銃		一	七	八	二七
	彈		五〇		五〇	一〇一三
燒失家屋			一	四	五	二六
交通通信妨害			三		三	四
脅迫			一一	二	一三	五六
其他						一

別表第十一

匪賊並治安ニ影響スル犯人検挙調

昭和十一年七月

種別	検挙人員	処分別 事件送致	処分別 厳重処分	処分別 利用中	処分別 放遣	取調中
共匪	一三	(一)	三	一	四	五
政治匪	五		四		一	
土匪	一九	二	一(四)	二	八	六
通匪	四九	二	二		四〇(六)	五
通蘇支						
其他	八七	三八(一)			四四(一)	五
計	一七三	四二(一)	一〇(四)	三	九七(七)	二一
四月以降累計	六五〇	一四五	七〇	二二	三五四	五九

摘要：( )内ハ前月分取調中ノモノヲ本月処分セシヲ示ス

130

別表第十二

押收兵器物件調査表

昭和十一年七月

品目	員數	累計	品目	員數	累計
小銃	一三	六八	背兜	一	一
仝彈	二六六	一七六二	紅旗	一	一
拳銃	七	三一	白木綿	五尺	五尺
仝彈	四四	二四八	彈藥帶	一	一
洋砲	二一	九六	ラシヤ製帽	三	三
銃劍	一	六	黃色火藥		四二〇瓦
裝彈子	二	二	曲射砲彈		二
手榴彈	六	一七	携帶電話機		二
馬	五	一〇	ヘロイン		八一瓦
背嚢	一	二	其他		一五二瓦
刺槍	一	一			

别表第十三

檢問檢索實施成果表　昭和十一年七月

區分 / 種別	檢擧人員	押收物件 小銃	押收物件 拳銃	押收物件 洋砲	押收物件 阿片其他	摘要
檢索回數						六三回
共產黨	五					
匪賊	一二					
通匪	六					
通蘇支						
其他	三八				モヒ二〇瓦 阿片三五匁 阿片飲具二十組	
計	六一				モヒ二〇瓦 阿片三五匁 阿片飲具二十組	
四月以降累計	二〇二	一	一	一八	阿片五四五匁 モヒ二四瓦 不穩文書二五〇五 阿片飲具二十組	

参考译文

目录

一、治安概况

二、共产党团及共产党分子的策动状况

三、反满抗日党团及反满抗日分子的策动状况

四、匪贼盘踞状况

五、归顺匪的状况

六、地方官民受匪害状况

七、苏联邦及中国等的策动状况

八、逮捕及收缴状况

1. 共产党分子、反满抗日分子、匪贼以及影响治安的犯人的逮捕状况

2. 武器及物件的收缴状况

九、盘问搜查的实施状况

一、治安概况

辖区内（间岛省及吉林省一部分）的平原地区在日满军警的多次讨伐以及各种工作的影响下，当地的治安情况基本稳定。然而，目前僻地县境的治安情况较差，小规模匪团尚未绝迹，时常出没，造成了不少的匪害。本月内情况如下：

1. 匪贼出没次数	232次
2. 匪贼出没总人次	7013人次
3. 损失金额	2613元
4. 损失件数	144件

等等，在汪清、安图县境及间岛、吉林省境的山岳森林地带，大约有3000名实力匪团盘踞于此，治安情况绝不乐观，不能有丝毫的懈怠，需要严加警戒。

二、共产党团及共产党分子的策动状况

7月内无此类内容。

三、反满抗日党团及反满抗日分子的策动状况

本月内无此类内容。

四、匪贼盘踞状况

辖区内的匪数逐渐减少，现在大约有3700人（上个月大约有5000人），这些匪贼主要盘踞在汪清、安图、桦甸县境及间岛、吉林省境的山岳森林地带，现在正在利用农作物繁茂期，趁着警备的间隙，袭击各个部落，绑架人质，抢夺物资，宣传不良思想。

具体状况见附件三、附件四及附图。

五、归顺匪的状况

7月，归顺匪有25名，经各警务机关审讯后，或利用开展工作，或让其归农。

具体状况见附件五。

六、地方官民受匪害状况

7月的匪害状况与上个月相比大幅增加，26人（16）死伤、207人（165）被绑架、被掠夺物品61件（54）、武器8支（10）、子弹50发（355）等，蒙受了巨大的匪害损失，由此可知匪贼正在利用农作物繁茂期，大肆实施暴虐行动。

[备注：（　）是上个月的数值]

具体匪害状况见附件六。

七、苏联邦及中国等策动状况

7月内无此类内容。

八、逮捕及收缴状况

1. 共产党分子、反满抗日分子、匪贼以及影响治安的犯人的逮捕状况

将7月逮捕的人员进行分类：

共匪	13名
政治匪	5名
土匪	19名
通匪	49名
其他	87名
共计	173名

具体状况见附件十一。

2. 武器及物件的收缴状况

7月收缴的主要武器物件如下：

步枪	13支
步枪子弹	266发
手枪	7支
手枪子弹	44发
洋炮（鸟枪）	21支
手榴弹	6枚

等等，这些武器有的是在逮捕犯人时收缴的，有的是收缴的归顺匪携带的武器，具体状况见附表十二。

九、盘问搜查的实施状况

7月，各地区委员会共实施了63次盘问搜查工作，其逮捕结果是：

共产党员	5人
匪贼	12人
通匪	6人
其他	38人
共计	61人

此外，在盘问搜查过程中还发现并收缴了吗啡和鸦片若干，给潜入匪、通匪及不法分子造成了沉重打击，在治安方面取得了非常大的效果。

具体状况见附件十三。

附表三

辖区匪贼概数表　　　　昭和十一年七月（1936年7月）

委员会	匪种 分类	共　匪	政治匪	土　匪	计	与上个月相比的增减情况
延吉地方委员会	匪首数	23	17	49	89	减少19
	匪数	1409	1107	1160	3676	减少1470

附表四

有实力匪贼调查表　　　　昭和十一年七月（1936年7月）

省　份	盘踞地	匪首名	匪　数	装　备	活动概况
间岛	安图县五道阳岔	东北抗日联合军第三军长王德泰	约300	不详	该匪指挥抗日游击大队及其他匪团，建造了两栋能够容纳大约1000人的兵舍，然后又根据省委的指令，召开了党团代表会议（6月17日召开），制定了革命工作方针，企图成立西线总指挥部第二军司令部人民革命政府等机构，积极加强军党团的势力。
	同上	东北抗日游击大队钱永林	约210	不详	该匪在第三军长王德泰的指挥下，令隶下各部队前往各地，实施绑架人质、抢夺粮食等匪行，积极加强抗日战线。
吉林	安图县大甸子北方	东北抗日联合第二军第一独立师第一团长崔贤	约200	长枪180支 手枪20支	该匪一边在左述地带游动，一边实施绑架人质、抢夺粮食等匪行，积极扩大党势。

（续表）

吉林	额穆县西南岔	张团长	约200	武装整备	该匪在岭西地区及永吉、桦甸县境一带横行，大肆实施暴行。
	额穆县杉松岭	安凤学	约150		
	额穆县蚂蚁河口	金明八	约100		
	桦甸县第六区黑瞎子沟	东北抗日联合第二军第一师第二团长张传述	约100	步枪80支 手枪20支	该匪从桦甸县黑瞎子沟□□□游动，目前正在策划要向南部地区转移。
安东	抚松县贝水滩一带	东北抗日义勇军吴义成	约200	长枪170支 手枪30支 轻机枪2挺 自动步枪2支	该匪盘踞在左述地点，统辖县内的大小匪团，并对其进行指挥，常常在安图、抚松、桦甸县境出没，抢夺粮食、绑架人质等，努力加强抗日战线。
		救国军吉林中央区第十三旅长周太平	约300	长枪250支 手枪50支 轻机枪2挺	

（译者注：第486页图略）

附表五

归顺匪调查　　　　昭和十一年七月（1936年7月）

分类 匪种	人数	处分				归顺匪携带的武器子弹			
		放逐国外	归农	利用工作	其他	步枪	步枪子弹	手枪	手枪子弹
思想匪	13		10	2	1	2	60	1	6
政治匪	5		5						
土匪	7		5	1	1	1	60		
计	25		20	3	2	3	120	1	6

附件六

地方官民受匪害调查表　　　　昭和十一年七月（1936年7月）

			4月以后的累计
（1）	匪贼出没次数	232次	920次
（2）	匪贼出没总人次	7013人次	38604人次
（3）	损失金额	2613元	27261元
（4）	损失件数	144件	553件

分类／省份	死	伤	绑架人质								掠夺物品	武器		烧毁房屋	妨碍交通通信	胁迫	其他
			日本人		鲜人		满人		蒙人								
			男	女	男	女	男	女	男	女		枪	弹				
间岛	4				75	2	47				53	1	50	1	3	11	
吉林	9	13					83				8	7		4		2	
计	13	13			75	2	130				61	8	50	5	3	13	
累计	48	70	1		276	2	471	3			392	27	1023	26	4	56	1

附表十一

匪贼及影响治安的犯人逮捕调查表　　　　昭和十一年七月（1936年7月）

种类	逮捕人数	处分				审讯中	摘要
		案件移交	严重处分	利用	释放		
共匪	13	(1)	3	1	4	5	（　）内表示本月处分的上一个月审讯的人数。
政治匪	5		4		1		
土匪	19	2	(5) 1	2	8	6	
通匪	49	2	2		(96) 40	5	

（续表）

通苏支							
其他	87	(1) 39			(1) 99	5	
计	173	(2) 99	(19) 10	3	(7) 104	21	
4月以后的累计	650	145	70	22	354	59	

附件十二

收缴武器物件调查表　　　　昭和十一年七月（1936年7月）

物　品	数　量	累　计	物　品	数　量	累　计
步枪	13	68	背兜	1	1
步枪子弹	266	1762	红旗	1	1
手枪	7	31	白木棉	5尺	5尺
手枪子弹	44	248	弹药带	1	1
洋炮（鸟枪）	21	96	呢绒帽	3	3
刺刀	1	6	黄色火药		420克
弹夹	2	2	曲射炮弹		2
手榴弹	6	17	携带电话		2
马	5	10	海洛因		81克
背囊	1	2	其他		152克
刺枪	1	1			

附件十三

盘问搜查实施成果表　　昭和十一年七月（1936年7月）

搜查次数63次						
分类 匪种	逮捕人数	收缴物件				摘　要
		步　枪	手　枪	洋炮（鸟枪）	鸦片及其他	
共产党	5					
匪贼	12					
通匪	6					
通苏支						
其他	38				吗啡20克、鸦片35文目（译者注：1文目≈3.75克，下同）、鸦片吸食用具20套	
计	61				吗啡20克、鸦片35文目、鸦片吸食用具20套	
4月以后的累计	202	1	1	18	鸦片545文目、吗啡24克、具有不稳定因素的文件505份、鸦片吸食用具20套	

（翻译：张雪　整理：谢寅童　校译：吕春月、戴宇）

思对

延吉地方警务统制委员长 间濑勘八

14

1936年

（以下文字为503～504页参考译文）

1936年10月13日

延警委第二七三号

延吉地方警务统制委员会月报第六报

（九月）

发送至：中央委员长、各地方委员长、尾高部队、珲宪、珲步、延吉地方委员、各地区委员长

277

昭和十一年十月十三日

延警委第二七三號

延吉地方警務統制委員會月報（九月）第六報

延吉地方警務統制委員長　間　瀨　勘　八

發送先
中央委員長
各地方委員長、尾高部隊、琿憲、琿步
延吉地方委員、各地區委員長

.278

目次

一、治安狀況
二、共產黨團並仝分子ノ策動狀況
三、反滿抗日黨團並仝分子ノ策動狀況
四、匪賊蟠踞狀況
五、歸順匪ノ狀況
六、地方官民ノ被害狀況
七、蘇聯邦並中國等ノ策動狀況
八、檢擧並ニ押收狀況
1 共產分子反滿抗日分子及匪賊並治安ニ影響スル犯人檢擧狀況
2 兵器物件押收狀況

九 檢閲檢索實施狀況

279

一、治安狀況

管內治安ハ日滿軍警ノ第二期治安肅正諸工作ニ依リ著シク確立スルニ至リタリト雖モ小匪團依然奥地並警備間隙ニ乘シ其蠢動跡ヲ絶ヘス匪賊總數約千七百五十ニシテ前月三千五百ニ比スレハ著シク減少セリ這ハ東北抗日聯合第一軍第二師長曹國安部隊ノ樺甸、撫松縣境ニ移動セルト東北抗日游擊隊銭永林部隊ノ撫松縣下ニ移動セル結果ニ依ルモノニシテ本月中匪賊出没回數一六一回死傷一一、人質拉致七一、被害價格一九六七圓ニシテ尚決シテ樂觀ヲ許サザル現況ニアリ

而シテ本月當委員會ノ成果ヲ擧クレハ

1 歸順匪　四三名

2 押收武器彈藥

長銃 二五 同彈 七五三

拳銃 七 同彈 二八

洋砲 一

馬 一

3 檢擧匪 三七名

等ナリ

二、共產黨並同分子ノ策動狀況

本月中該當事項ナシ

三、反滿抗日黨團並同分子ノ策動狀況

本月中該當事項ナシ

280

四 匪賊蟠踞狀況

管內匪賊前記ノ通リ約一七五〇ニシテ前月ノ三五〇〇ニ比シ著シク減少セリ之カ蟠踞狀況別表第四及附圖ノ如シ

五 歸順匪ノ狀況

九月中ニ於ケル歸順匪ハ四三名ナルカ中特擧スヘキハ東北抗日聯合第二軍第一師長安鳳學ノ歸順投降ニシテ該匪團ニ著シク衝擊ヲ與ヘタルモノト認ム

而シテ之等歸順匪ハ各警務機關ニ於テ取調ノ上歸順ヲ許容シ歸農又ハ消匪工作ニ利用中ナリ

其狀況別表第五ノ通リトス

六 地方官民ノ匪害狀況

2

本月中ニ於ケル地方官民ノ匪害ハ死傷十一名人質拉致七一名物品掠奪三五件小銃五ニシテ總件數七七件價格約一九六七圓ニ達セリ

之カ狀況別表第六ノ如シ

七、蘇聯並ニ中國等ノ策動狀況

本月中該當事項ナシ

八、檢擧並ニ押收狀況

1 檢擧狀況

共匪	一七
政治匪	一
土匪	三一
通匪	二五
其他	六三
計	一三七

281

2 押收狀況

本月押收品中兵器並物件ノ重ナルモノヲ擧クレハ

小銃	二五
同彈	七五三
拳銃	七
同彈	二八
洋砲	一
背囊	八
刺槍	二

等ニシテ之等ハ犯人檢擧又ハ歸順匪ノ携行セルモノヲ押收セルモノナリ其狀況別表第一二ノ如シ

3

九、檢問檢索實施狀況

本月中各地區委員會ニ於テ實施セル檢問檢索囘數一二一囘ニ及ヒ其成果匪賊六、通匪七、其他七七、計九〇ニシテ現金二圓五八錢ヲ押收シ治安上多大ノ効果ヲ收メタリ

其狀況別表第十三ノ如シ

282

別表第三

管内匪賊概數表

昭和十一年九月

委員會別 ＼ 區分 ＼ 匪種別		共匪	政治匪	土匪	計	前月末トノ増減
延吉地方委員會	匪首數	八	七	三二	四九	四〇減
	匪數	五一七	三五八	八七九	一七五四	一七九三減

283

別表第四

有力匪賊調査表

昭和十一年九月

省別	蟠踞地	匪首名	匪數	装備	活動狀況
吉林省	樺甸縣漂河附近	安鳳學殘匪	二〇〇	武装整備	額穆縣内ニ出沒横行セリ
	敦化縣頭道河子二道河子	東北人民革命軍第三旅 張敏賢	一〇〇	詳細不明ナルモ小銃拳銃ヲ所持	敦化縣頭道河子及二道河子ヲ游動シ日滿軍ノ警備狀況ヲ調査シツツ大石頭驛附近部落ヲ襲撃セントシアルモノノ如シ
	樺甸縣横道河子	土匪 双勝	一〇〇	小銃 九〇 拳銃 二〇	上記地點附近ヲ游動シ呉義成部隊、九勝部隊ニ連絡シアリ

284

別表第五

歸順匪調

昭和十一年九月

種別＼區分		思想匪	政治匪	土匪	計
人員		一一	八	二三	四二
處分別	國外逐放				
	歸農	六	一	一三	二〇
	工作使用	一		一〇	一一
	其他	二	七	二	一一
歸順匪携行兵器	小銃		七	二	九
	拳銃	一	一	一	三
	洋砲				
	小銃彈		一〇六	九六	二〇二
	拳銃彈			九	九
	手榴彈			二	二

別表第六

地方官民ノ匪害調査表

昭和十一年九月

九月中

1 匪賊出沒回數 一六一回

2 匪賊出沒延人員 二五九八人

3 被害價格 一九六七圓

4 被害件數 七七件

四月以降累計

一四二〇回

五〇四〇九人

三五九〇六五圓

九一〇件

區分			間島	吉林	計	累計
死			三	一	四	八一
傷			三	四	七	九一
人質拉致	日人	男				一
		女				
	滿人	男	六	三〇	三六	七〇二
		女				三
	鮮人	男	三四	一	三五	三五六
		女				二
物品掠奪			三一	四	三五	五五八
武器	銃			五	五	三七
	彈					三〇三
交通通信妨害			一		一	八
脅迫			七	八	一五	八六
燒失家屋						二八
其他						二

286

別表第十一

匪賊並ニ治安ニ影響スル犯人検挙調　昭和十一年九月

種別	検挙人員	處分別 事件送致	處分別 嚴重處分	處分別 利用中	處分別 放遣	取調中
共匪	一七	（一）	一	九	一一	九
政治匪	一			一〇		二
土匪	三一	三	六	一	一四（四）	二三
通匪	二五	九		九	一三（三）	七
通蘇支						
其他	六三	八（二）			五二	一〇
計	一三七	二〇（三）	七	二九	九〇（二七）	五一
累計	九五七	二一二	九三		五七二	

摘要：（一）内ハ前月報取調中欄記載ノモノノ處置ヲ示ス

287

別表第一二

押収兵器物件調査表

昭和十一年九月

品目	員数	累計	品目	員数	累計
小銃	二五	一三七	背嚢	八	九
仝弾	七五三	五五二四	刺槍	二	三
拳銃	七	六六七	背兜	二	三
仝弾	二八	六〇三	紅旗		一
洋砲	一	一一一	白木綿		五尺
銃剣		九	装弾子		二
馬	一	一三	ラシャ帽	二	五
不穏文書	四	五九六	黄色火薬		四二〇瓦
弾帯	三	七	典射砲弾		二
手榴弾		一七	携帯電話機		二
ヘロイン	一	八十瓦	其他		一五二瓦

288

別表第一三

檢問檢索實施成果表

昭和十一年九月

區分	共匪	匪賊	通匪	通蘇支	其他	計	四月以降累計
檢索回數	一二一回						
檢擧人員		六	七		七七	九〇	三六九
押收物件 小銃							一
押收物件 洋砲							一九
押收物件 拳銃							一
押收物件 小銃彈							
押收物件 拳銃彈							
押收物件 現金					二、五八		二、四五八
押收物件 阿片其他							阿片五四五匁[illegible]二一 四瓦 阿片飲具四〇組 不穩文書五〇五

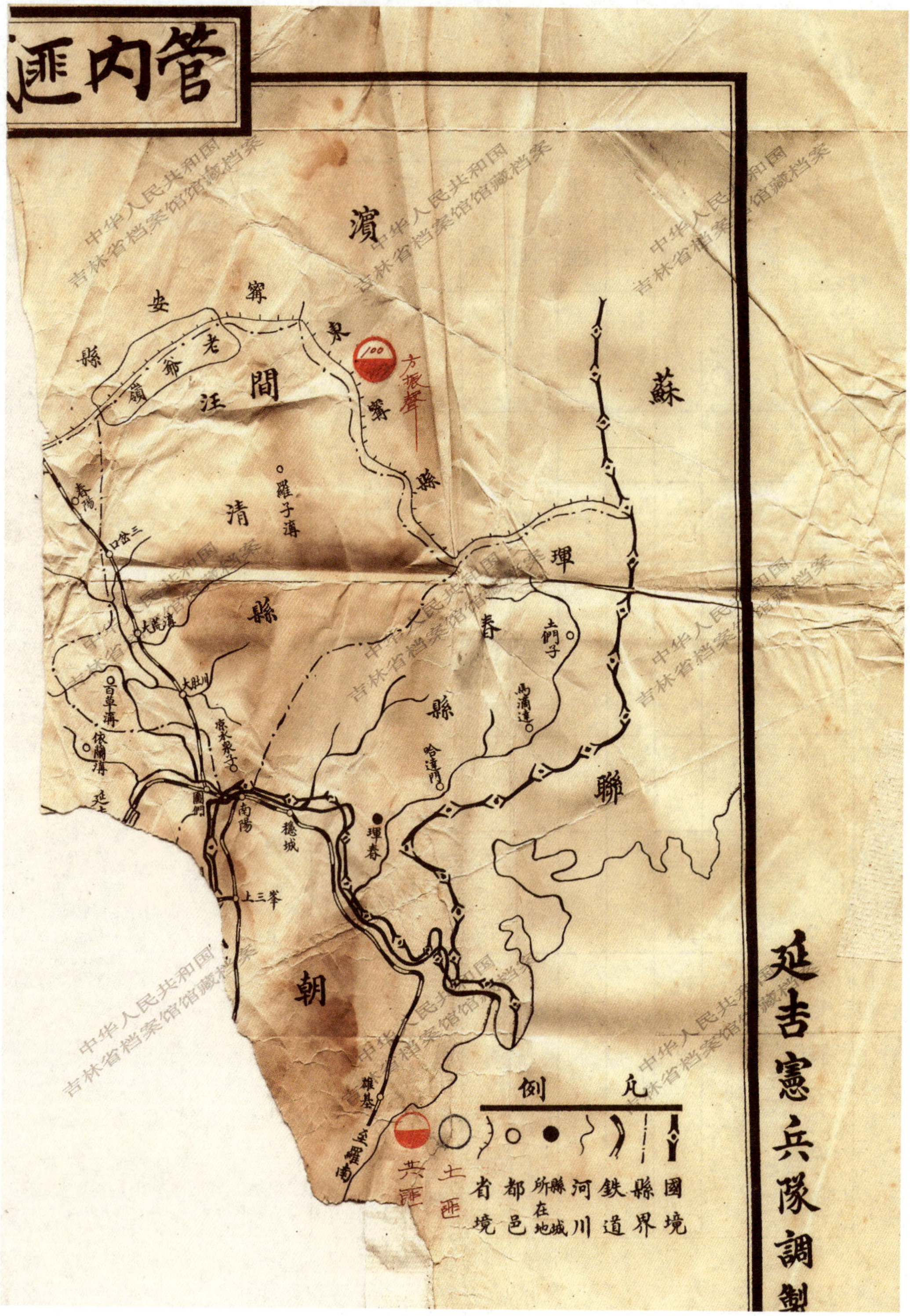

管内匪
延吉憲兵隊調製
凡例
國境
縣界
鉄道
河川
縣城所在地
都邑
省境
土匪
共匪
濱
安寧縣
老爺嶺
東寧縣
汪清縣
間
蘇
聯
琿春縣
朝
100
方振聲
羅子溝
三岔口
春陽
大荒溝
大肚川
百草溝
依蘭溝
涼水泉子
土門子
馬滴達
哈達門
圖們
南陽
穩城
琿春
上三峯
雄基
至羅南

参考译文

目录

一、治安概况

二、共产党团及共产党分子的策动状况

三、反满抗日党团及反满抗日分子的策动状况

四、匪贼盘踞状况

五、归顺匪的状况

六、地方官民受匪害的状况

七、苏联邦及中国等的策动状况

八、逮捕及收缴状况

1. 共产党分子、反满抗日分子、匪贼以及影响治安的犯人的逮捕状况

2. 武器及物件的收缴状况

九、盘问及搜查的实施状况

一、治安状况

辖区内的治安状况经过日满军警实施第二期治安肃正工作等各项工作后明显好转，逐步恢复平稳，然而小股匪团依然利用僻壤及警备间隙蠢蠢欲动。匪贼总数大约有1750人，与上个月的3500人相比明显减少，这是因为东北抗日联合第一军第二师长曹国安部队转移到了桦甸、抚松县境，东北抗日游击队钱永林部队也转移到了抚松县内，所以本期内匪贼总数有所减少。本月内匪贼共出没161次，造成1人死伤、71人被绑架，损失金额约1967元，对于上述这些情况切不可疏忽大意。

列举委员会在本月内的工作成果如下：

1. 归顺匪　　43人

2. 收缴武器子弹

长枪	25支
步枪子弹	753发
手枪	7支

手枪子弹　　28发
洋炮（鸟枪）　1支
马　　　　　1匹
3. 逮捕匪贼　　37人
等等。

二、共产党及共产党分子的策动状况

本月内无此类内容。

三、反满抗日党团及反满抗日分子的策动状况

本月内无此类内容。

四、匪贼盘踞状况

辖区内的匪数如上所述，大约有1750人，与上个月3500人相比大幅减少，其盘踞状况见附表四及附图。

五、归顺匪的状况

9月，归顺匪有43人，需要在此特别指出的是东北抗日联合第二军第一师长安凤学归顺投降，他的归顺投降给该匪团造成了重大冲击。

这些归顺匪经各警务机关审讯后均得到了归顺许可，有的让其回家务农，有的则被利用开展灭匪工作。

具体状况见附表五。

六、地方官民受匪害的状况

本月，地方官民受匪害的状况是造成11人死伤，71人被绑架，掠夺物品35件、步枪5支，总件数77件，价格达到了约1967元。

具体状况见附表六。

七、苏联及中国等策动状况

本月内无此类内容。

八、逮捕及收缴状况

1. 逮捕状况

共匪	17名
政治匪	1名
土匪	31名
通匪	25名
其他	63名
共计	137名

2. 收缴状况

列举本月内收缴的主要武器物件状况如下：

步枪	25支
步枪子弹	753发
手枪	7支
手枪子弹	28发
洋炮（鸟枪）	1支
背囊	8个
刺枪	2把

等等。这些武器有的是在逮捕犯人时收缴的，有的是收缴归顺匪携带的武器。具体状况见附表十二。

九、盘问及搜查的实施状况

本月，各地区委员会实施了121次盘问搜查工作，逮捕了6名匪贼、7名通匪及其他77名，共计90人，收缴了现金2元58钱，为治安稳定做出了巨大贡献。

具体状况见附表十三。

附表三

辖区匪贼概数表　　　　昭和十一年九月（1936年9月）

委员会	分类＼匪种	共　匪	政治匪	土　匪	计	与上个月相比的增减情况
延吉地方委员会	匪首数	8	7	32	49	减少40
	匪数	517	358	879	1754	减少1793

附表四

有实力匪贼调查表　　　　昭和十一年九月（1936年9月）

省　份	盘踞地	匪首名	匪　数	装　备	活动状况
吉林省	桦甸县漂河附近	安凤学残匪	200	武装整备	该匪团在额穆县内出没、横行。
	敦化县头道河子、二道河子	东北人民革命军第三旅张敏贤	100	情况不详，但是持有步枪和手枪	该匪团一直在敦化县头道河子及二道河子游走，一边调查日满军的警备状况，一边企图袭击大石头站附近部落。
	桦甸县横道河子	土匪双胜	100	步枪90、手枪20	该匪团一直在左述地点附近游走，与吴义成部队及九胜部队有联络。

附表五

归顺匪调查表　　　　昭和十一年九月（1936年9月）

分类＼匪种	人数	处　分				归顺匪携带的武器					
		放逐国外	归农	利用工作	其他	步枪	手枪	洋炮（鸟枪）	步枪子弹	手枪子弹	手榴弹
思想匪	11	-	6	1	2		1				
政治匪	8	-	1		7	7	1		106		
土匪	23	-	13	10	2	2	1		96	9	2
计	42	-	20	11	11	9	3		202	9	2

附表六

地方官民受匪害调查表　　　　　　昭和十一年九月（1936年9月）

		9月	4月以后的累计
(1)	匪贼出没次数	161次	1410次
(2)	匪贼出没总人次	2598人次	50409人次
(3)	损失金额	1967元	359065元
(4)	损失件数	77件	910件

分类／省份	死	伤	绑架人质 日本人		满人		鲜人		掠夺物品	武器		妨碍交通通信	胁迫	烧毁房屋	其他
			男	女	男	女	男	女		枪	弹				
间岛	3	3			6		34		31			1	7		
吉林	1	4			30		1		4	5			8		
计	4	7			36		35		35	5		1	15		
累计	81	91	1		702	3	356	2	558	37	1303	8	86	28	2

附表十一

匪贼及影响治安的犯人逮捕调查表　　　　　　昭和十一年九月（1936年9月）

种类	逮捕人数	处分 案件移交	严重处分	利用中	释放	审讯中	备注
共匪	17	(1)	1	9	11	9	（ ）表示上个月报审讯中一栏记录的处置件数。
政治匪	1			10		2	
土匪	31	3	6	1	(4) 14	23	
通匪	25	9		9	(23) 13	7	
通苏支							
其他	63	(2) 8			52	10	

（续表）

计	137	(3) 20	7	29	(27) 90	51	
累计	957	212	93		572		

附表十二

收缴武器物件调查表　　　　昭和十一年九月（1936年9月）

物　品	数　量	累　计	物　品	数　量	累　计
步枪	25	137	背囊	8	9
步枪子弹	753	5519	刺枪	2	3
手枪	7	67	背兜	2	3
手枪子弹	28	603	红旗		1
洋炮（鸟枪）	1	111	白木棉		5尺
刺刀		9	弹夹		2
马	1	13	呢绒帽	2	5
具有不稳定因素的文件	4	596	黄色火药		420克
弹带	3	7	典射炮弹（译者注：疑为“曲射”）		2
手榴弹		17	携带电话		2
海洛因	1	81克	其他		152克

附件十三

盘问搜查实施成果表　　　　　　　　昭和十一年九月（1936年9月）

搜查次数121次								
分　类	逮捕人数	收缴物件						
		步枪	洋炮（鸟枪）	手枪	步枪子弹	手枪子弹	现　金	鸦片及其他
共匪								
匪贼	6							
通匪	7							
通苏支								
其他	77						2.58元	
计	90							
4月以后累计	369	1	19	1			2.58日元	鸦片545文目（译者注：1文目≈3.75克）、吗啡24克、鸦片吸食用具40套、具有不稳定因素的文件505份。

（译者注：第520页图略）

（翻译：王枫　整理：王忠欢　校译：周岩、戴宇）

15

1938年

（以下文字为531～532页参考译文）

1938年1月12日

延宪高第一七号

思想对策月报

（第九报、十二月）

发送至：司令官，关各队长，小松原、近藤部队长，罗南队长，延吉地区顾问，咸北警察部长

抄送至：队下丙、间岛省警务厅长

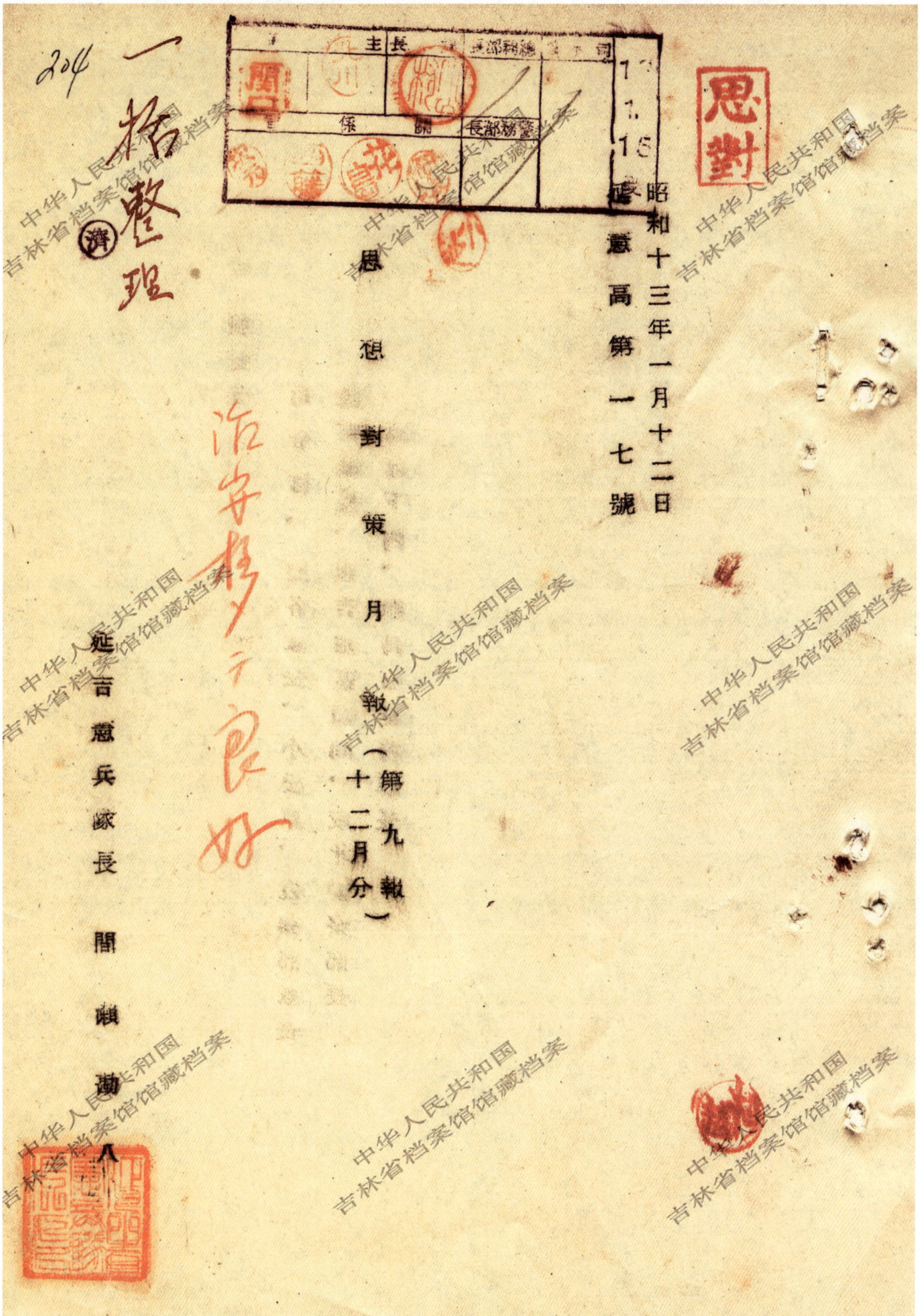

204

一括整理

思對

昭和十三年一月十二日

延憲高第一一七號

思想對策月報（第九報 十二月分）

治安極メテ良好

延吉憲兵隊長 間瀨勘八

發送先

司令官、關各隊長、小松原、近藤部隊長

羅南隊長、延吉地區顧問、咸北警察部長

寫 隊下丙、間島省警務廳長

205

目次

一、治安状況
二、共産黨匪、同分子ノ策動状況
三、反滿抗日黨匪、同分子ノ策動状況
四、匪賊蟠踞状況
五、歸順匪ノ状況
六、地方民ノ匪害状況
七、蘇聯邦並中國等ノ策動状況
八、検擧並押收状況
1 共産分子、反滿抗日分子及匪賊治安ニ影響スル犯人検擧状況
2 兵器物件ノ押收状況

九 検問検索實施狀況

206

一、治安狀況

管內ニ於ケル治安ハ日滿軍警ノ間斷ナキ治安肅正工作ト滿洲國施政ノ整備トニ依リ近時著シク好轉シ本月中匪賊及不逞分子ノ蠢動見ルヘキモノナク殆ト平穩ニ推移セリ

即チ從來管內東北部省境附近ヲ游動シアリタル東北義勇軍及東北抗日聯合軍第五軍系各匪ハ何レモ牡丹江省穆稜縣方面ニ移動シ其ノ後新戰ヲ得ス又安圖縣東北部並南部地帶ヲ游動シアリタル東北抗日聯合軍第二軍第六師第九團長馬德全匪團及土匪大軍部隊ハ滿軍ノ討伐ニ依リ或ハ射殺セラレ或ハ逃避シ又ハ投降スル等全ク潰滅シ為ニ目下管內ノ全匪數ハ約一〇名ニシテ之カ出沒回數五、被害僅カ三件ノ狀況ナリ

然レトモ管内東北部及南東並南西部隣境ニハ今尚相當ナル蟠踞匪アルヲ以テ何時之等ノ侵入アルヤモ計リ難ク未タ楽観ヲ許サス

二、共産黨團、同分子ノ策動状況

本期間該當事項ナシ

三、反滿抗日團體並同分子ノ策動状況

本期間該當事項ナシ

四、匪賊蟠踞状況

本月中管内ニ於ケル全匪數ハ

匪種	匪首數	匪數
共匪		
政治匪		
土匪	一	一〇
計	一	一〇

207

ニシテ前月來蟠踞ノ匪團ノ多クハ管外ニ移動シ或ハ討伐隊ニ肅正サレタル等ニ依リ殆ト其影ヲ没スルニ至レリ

状況別紙第三及附圖ノ如シ

五、歸順匪ノ状況

本月中取扱ヒタル歸順匪ハ土匪十一名ニシテ其ノ大部分ハ滿軍ノ討伐ニ依リ四散ノ結果投降セルモノニシテ特殊状況ナシ

状況別紙第五ノ如シ

六、地方官民ノ匪害状況

本月中ニ於ケル被害ハ人質拉致三件ノミトス

状況別紙第六ノ如シ

七、蘇聯邦並中國等ノ策動状況

㈠中國ノ策動狀況

十二月上旬管内延吉縣延吉街居住滿人劉潤文同圖振佯並安圖縣滅農會泰國新苑國民政府軍事參議院長兼東北撫慰使陳調元名義ヲ以テ「東北四省同胞ニ告ク」ト題スル激越ナル反日滿思想ヲ強調セル檄文ヲ郵送シ來レリ

目下受信人ノ動向内偵中

狀況別紙第七ノ如シ

㈡檢擧並押收狀況

㈠共産分子及反滿抗日分子匪賊並治安ニ影響ヲ及ホス犯人檢擧調

本月中檢擧セル匪賊其他不逞分子ハ土匪一二、通匪九、通蘇支谷疑者四、其他三三計五八名ニシテ内五一名ハ取調ノ結果放還、六

208

名ハ工作ニ利用中ナリ

狀況別紙第十一ノ如シ

(二)兵器物件ノ押收狀況

押收物件ノ主ナルモノハ小銃八、同彈藥三九〇、拳銃一、同彈藥二一發等ニシテ狀況別紙第十二ノ如シ

(三)檢問、檢索實施狀況

本月中實施セル檢問檢索ハ總數五九回ニシテ結果ハ通匪六、通蘇支容疑一、其他二二ヲ檢擧シ洋他三ヲ押收セリ

狀況別紙第十三ノ如シ

209

別紙第三

管內匪賊概數表

昭和十二年十二月

區分／區種別＼委員會別	延吉地方委員會 匪首數	延吉地方委員會 匪數
共匪	｜	｜
政治匪	｜	｜
土匪	一	一〇
計	一	一〇
前月トノ增減	減五	減一六〇

備考
一 匪數（首）ノ減少ハ前月來安圖縣及汪淸縣境附近ニアリタルモノノ管外移動竝肅正セラレタルニ依ル

211

別紙第五

歸順匪調

昭和十二年十二月

區分／匪種	人員	處分別：國外追放	處分別：歸農	處分別：工作使用	處分別：其他	携行武器彈藥：輕機	携行武器彈藥：洋砲	携行武器彈藥：小銃	携行武器彈藥：拳銃	携行武器彈藥：小銃彈	携行武器彈藥：拳銃彈	携行武器彈藥：手榴彈	携行武器彈藥：其他
思想匪													
政治匪													
土匪	一一		九	二				七	一	三九〇	二一		
計	一一		九	二				七	一	三九〇	二一		
累計	八一		六七	二				三六	四	一二三三	三·七	一	

212

別紙第六

地方官民匪害調査表　昭和十二年十二月

區分	本月中	四月以降累計
匪賊出没回數	五回	三九四回
匪賊出没延人員	五七名	八六六九名
被害價格	ナシ	二一九五一圓五〇錢
被害件數	三件	二一九件

區分			間島省	計	総計
死					三
傷					二
人質拉致	日人	男			一
		女			
	鮮人	男			九三
		女			
	滿人	男	三	三	四六六
		女			
物品掠奪					一四四
武器	銃				一六
	彈藥				八二五
燒失家屋					二
交通通信妨害					五
脅迫			一	一	五二
其他					

別紙第七

中國策動狀況調査表　　昭和十二年十二月

日時	地方別	策動狀況	處置
一二、二 〃　三 〃　七	間島省 延吉縣 延吉街 及安圖 縣城	國民政府軍事參議院長兼東北撫慰使陳調元名義ニテ上記居住滿人劉潤文、外二名宛左記ノ如キ檄文ヲ郵送シ來レリ 左記 日本ノ爲朝鮮ハ奪ハレ臺灣ヲ持チ去ラレ國際的地位ヲ蹂躙セラレタリ。之ニ依リ全國民憤慨シ遂ニ革命ノ師起リテ共和國トナシ五族一体トナリ三民主義ヲ國是トシ國際的地位ノ平衡ヲ謀レリ。途中日本ハ東北四省ヲ占據傀儡溥儀ヲ擁シテ國號ヲ改稱シ尚野心ヲ猶テス今次ノ侵略事變トナレリ 公敵日本ヲ制敵シテ東北四省ノ同胞ヲ救フ爲最後ノ一兵トナル迄戰ヒ失地回復ヲ成サム 東北四省ノ義軍等ヨ、我ト死生ヲ共ニセム云々	檄文ヲ沒收シ受信者ノ動向内査中

214

別紙第十一

黨員匪種分子檢擧表

昭和十二年十二月

匪種＼區分	檢擧人員	處分別 送致事件	處分別 嚴重處分	處分別 利用中	處分別 放遣	取調中	主要黨員匪種分子名
共匪							
政治匪							
土匪	一二			三	九		
通匪	九				九(一)		
通蘇容疑	二				二		
通支容疑	二				一	一	
其他	三三			三	三〇(三)		
計	五八			六	五一(四)	一	
累計	一一〇九	三六	三〇		九一二		

備考

一、括弧内ハ前月分ヲ處理セルモノトス

215

别紙第十二

押收兵器物件調査表

昭和十二年十二月

品目	員數	素	計
小銃	八		九九
同彈藥	三九〇		三九三二
拳銃	一		二八
同彈藥	二一		二四七
洋砲	三		六一
銃劍			三
軍刀			二
洋砲々身			九
不穩文書			四
大洋砲			一
洋砲彈藥			四八七瓦
砲彈			三
救國軍隊印			一
現金			八圓
發彈子			三
彈丸帶			二
指揮刀			六
阿片			六匁
迫擊砲彈			六
斧			一
金指輪			一
馬匹			三
背嚢			八
雜嚢			三
手榴彈			一
獵銃			三
阿片吸食器			三

216.

別紙第十三

檢問檢索實施成果表

昭和十二年十二月

檢問檢索總數　五九〇

區分／匪種	檢擧人員	押收物件							
		小銃	拳銃	洋飽	輕機	小銃彈	拳銃彈	現金	阿片其他
共產黨									
匪賊		一							
通匪	六			三					
通蘇	一								
其他	二二								阿片吸飲具 四
計	二九	一		三					四
累計	五九六	一		七		三〇			一五

参考译文

目录

一、治安概况

二、共产党团及共产党分子的策动状况

三、反满抗日党团及反满抗日分子的策动状况

四、匪贼盘踞状况

五、归顺匪的状况

六、地方官民受匪害状况

七、苏联邦及中国等的策动状况

八、逮捕及收缴状况

（1）共产党分子、反满抗日分子、匪贼及影响治安的犯人逮捕状况

（2）武器及物件的收缴状况

九、盘问及搜查的实施状况

一、治安状况

通过日满军警不间断的治安肃正工作及满洲国施政的整备，辖区内的治安情况明显好转。本月内，没有发现值得注意的匪贼及不法分子的活动，治安情况整体较为平稳。

即，以前一直在辖区东北部省境附近游走的东北义勇军及东北抗日联合军第五军系各匪全都转移到了牡丹江省穆棱县方面，此后再也没得到过新的报告；在安图县东北部及南部地带游走的东北抗日联军第二军第六师第九团长马德全匪团及土匪大军部队在满军的讨伐下，或被射杀，或是逃跑，或是投降，全军溃灭，因此，目前辖区的总匪数大约有10人，其出没次数为5次，损失件数仅有3件。

然而，在辖区东北部及东南亚西南部靠近邻（边）境的地区，现在依然有匪团盘踞，且随时都有可能会入侵，因此绝不可疏忽大意。

二、共产党团及共产党分子的策动状况

本期内没有此类事项。

三、反满抗日党团及反满抗日分子的策动状况

本期内没有此类事项。

四、匪贼盘踞状况

本月辖区内的全部匪数如下表所示：

匪　种	匪首数	匪　数
共匪		
政治匪		
土匪	1	10
计	1	10

自上月以来，盘踞在辖区内的多数匪团或转移到了辖区以外地区，或被讨伐队消灭等，几乎见不到匪贼的踪迹。

详细情况见附件三及附图。

五、归顺匪的状况

本月内的归顺匪有11名土匪，其中大部分在满军的讨伐下四处逃散，最终投降，没有发生特殊状况。

详细情况见附件五。

六、地方官民受匪害状况

本月内的受损件数只有3起绑架人质事件。

详细情况见附件六。

七、苏联邦及中国等的策动状况

（一）中国的策动状况

12月上旬，以国民政府军事参议院长兼东北抚慰使陈调元的名义向居住在

辖区内延吉县延吉街的满人刘润文、阎振佯及安图县城农会泰国新邮送了檄文，该檄文以《告东北四省同胞》为题，强调了激进的反日满思想。

目前正在暗中调查收信人的动向。

详细情况见附件七。

八、逮捕及收缴状况

（一）共产党分子、反满抗日分子、匪贼及影响治安的犯人逮捕状况

本月内逮捕的匪贼及其他不法分子有土匪12人、通匪9人、通苏支嫌疑人4人、其他33人，共计58人，其中有51人经审讯后被释放，有6人被利用开展工作。

详细情况见附件十一。

（二）武器及物件的收缴状况

收缴的主要物件有步枪8支、步枪子弹390发、手枪1支、手枪子弹21发等，详细情况见附件十二。

九、盘问及搜查的实施状况

本月内实施了59次盘问搜查行动，经查逮捕了6名通匪、1名通苏支嫌疑人和22名其他人员，收缴了3支洋炮（鸟枪）。

详细情况见附件十三。

附件三

辖区匪贼概数表　　昭和十二年十二月（1937年12月）

委员会＼匪种／分类		共　匪	政治匪	土　匪	计	与上月末相比的增减情况
延吉地方委员会	匪首数	-	-	1	1	减少5人
	匪数	-	-	10	10	减少160人
备注	一、匪（首）数减少是因为自上月以来，安图县及汪、宁县境附近的匪贼转移到了辖区以外，以及肃正工作的实施。					

附表五

归顺匪调查表 昭和十二年十二月（1937年12月）													
分类 / 匪种	人数	处分				携带的武器子弹							
		放逐国外	归农	利用工作	其他	轻机枪	洋炮（鸟枪）	步枪	手枪	步枪子弹	手枪子弹	手榴弹	其他
思想匪													
政治匪													
土匪	11		9	2				7	1	390	21		
计	11		9	2				7	1	390	21		
累计	81		67	2				36	4	1233	137		

附表六

地方官民受匪害调查表		昭和十二年十二月（1937年12月）
本月		4月以后的累计
匪贼出没次数	5次	394次
匪贼出没总人次	57人次	8669人次
损失金额	无	21951元50钱
损失件数	3件	219件

分类 / 省份	死	伤	绑架人质						掠夺物品	武器		烧毁房屋	妨碍交通通信	胁迫	其他
			日本人		鲜人		满人								
			男	女	男	女	男	女		枪	弹				
间岛省							3							1	
计							3							1	
累计	3	2	1		93		266		144	16	825	2	5	52	

附件七

中国策动工作状况　　　　昭和十二年十二月（1937年12月）			
日　期	地　点	策动工作状况	处　置
12月2日 12月3日 12月7日	间岛省延吉县延吉街及安图县城	以国民政府军事参议院长兼东北抚慰使陈调元的名义向居住在左述地点的满人刘润文及另外两人邮送了内容如下的檄文： “朝鲜被日本夺走，台湾也被日本占领，我国的国际地位遭到了蹂躏和践踏。为此，全国国民非常愤慨，最终发动革命，成立了共和国，将五族紧紧团结在一起，以三民主义为国家方针策略，谋求平衡的国际地位。在这期间，日本占领了东北四省，扶植傀儡溥仪，改称国号。此外，日本还没有放弃野心，又制造了此次侵略事件。 我们要制裁公敌日本，拯救东北四省的同胞。为此，即使剩下最后一名士兵也要继续战斗下去，收复失地。 东北四省的义军们！我们同生共死！”等等。	没收檄文，暗中调查收信人的动向。

附表十一

党员匪首分子的逮捕表　　　　昭和十二年十二月（1937年12月）							
分类 匪种	逮捕人数	处　分				审讯中	主要被捕党员匪首分子名字
		案件移交	严重处分	利用中	释　放		
共匪							
政治匪							
土匪	12			3	9		
通匪	9				(1) 9		
通苏嫌疑人	2				2		
通支嫌疑人	2				1	1	
其他	33			3	(3) 30		
计	58			6	(4) 51	1	
累计	1109	36	30		912		
备注	一、括号内是上个月处理的人数。						

附表十二

收缴武器物件调查表	昭和十二年十二月（1937年12月）	
物品	数量	累计
步枪	8	99
步枪子弹	390	3932
手枪	1	28
手枪子弹	21	247
洋炮（鸟枪）	3	61
刺刀		3
军刀		2
洋炮（鸟枪）炮身		9
具有不稳定因素的文件		4
大洋炮（鸟枪）		1
洋炮（鸟枪）子弹		487克
炮弹		3
救国军队印		1
现金		8元
弹夹		33
弹药带		2
指挥刀		6
鸦片		6文目（译者注：1文目≈3.75克）
迫击炮弹		6
斧头		1
金戒指		1
马匹		3
背囊		8
杂物包		3
手榴弹		1
猎枪		3
鸦片吸食用具		3

附表十三

盘问及搜查实施成果表　昭和十二年十二月（1937年12月）									
盘问搜查次数59次									
匪种 分类	逮捕人数	收缴物件							
		步枪	手枪	洋炮（鸟枪）	轻机枪	步枪子弹	手枪子弹	现　金	鸦片及其他
共产党									
匪贼		1							
通匪	6			3					
通苏支	1								
其他	22								鸦片吸食用具4
计	29	1		3					4
累计	596	1		7		30			15

（翻译：柳泽宇　整理：柯俊波　校译：王枫、戴宇）

㊙
思想宣传

16

1942年

（以下文字为557～558页参考译文）

1942年10月1日

延宪高第六〇二号

思想对策半月报

（九月后期）

延吉宪兵队本部

发送至：

报告至：关宪司（3）

通报至：邻接各队、罗南、延特机、二九、一三四、省警、牡吉铁警

抄送至：队下丙

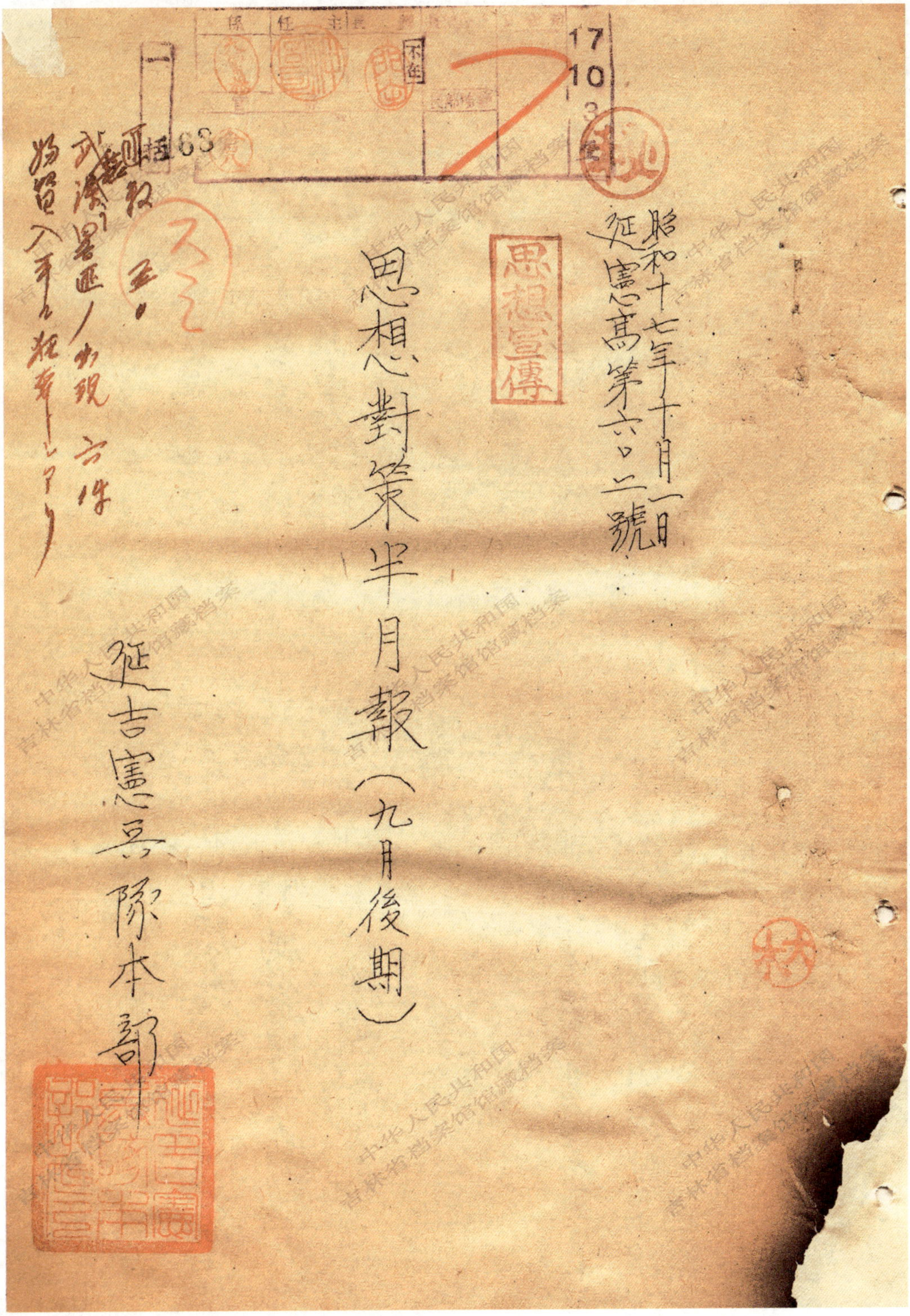

昭和十七年十月一日
延憲高第六〇二號

思想宣傳

思想對策半月報（九月後期）

延吉憲兵隊本部

发送先

報告先
関憲司（三）

通報先
隣接各隊
羅南、延特機
二九、三四、省警
牡吉鐵警
寫隊下丙

一、管内匪團ノ状況
二、反（抗）日思想策動
三、國外ヨリノ對滿治安攪乱策動
四、思想對策服務實績
五、所見

別紙
第一 思想對策服務實績表
第二 管内共産匪策動要圖

169

一、管内匪團ノ狀況

イ、匪數及蟠踞地

管内蟠踞匪ハ抗聯第一路軍系殘存匪及蘇聯謀略匪等約三〇名ト推斷セラレ本期之カ出沒狀況ハ七回延人員二二名ニシテ前期ニ比シ一三四四六名減少シ其ノ行動モ低調化セリ

而シテ之等匪團ハ依然汪清東寧縣境附近及琿春縣西北部地區ヲ中心ニ流

2、

動シ軍情警備状況調査及民心ノ収攬等ニ奔走シアリ

２、動向

本期匪ノ主ナル動向次ノ如シ

森警工作員武装匪二名撲殺

琿春縣大荒溝森林警察隊工作員ハ同地大荒溝部落北方十二粁大梹郎溝附近ニ張込ミ作業中系統等不詳ノ武装匪二名出現セルヲ以テ他苦力ト協力匪ニ組

二

170

付携行拳銃ヲ奪取スルト共ニ有合セノ棍棒其他ヲ以テ撲殺セリ詳細目下調査中ナルカ現在迄判明セル服装装備等左ノ如シ

◎服装

日軍軍衣袴全編上靴ニ蘇製帽子ヲ着用ス

◎装備

各自拳銃壹挺ヲ携行シ蘇聯製燐

寸煙草黒パン等ノ外塩鮭若干ヲ所持ス

抗联系残存匪首ノ動向

抗联系残存匪首金日成、崔賢、安尚吉、等ニ對シテハ引續キ工作實施中ナルモ本期特殊ノ動向諜知セス

3. 匪ノ策動

本期匪ノ策動ハ物資強奪等二件軍情警備状況等調査五件計七件ノミニシテ

171

之カ主ナル状況次ノ如シ

日時	場所	区分	概要	彼我ノ損害
九 五 一六・三〇	汪清県春蒼村蒼林北方一八粁 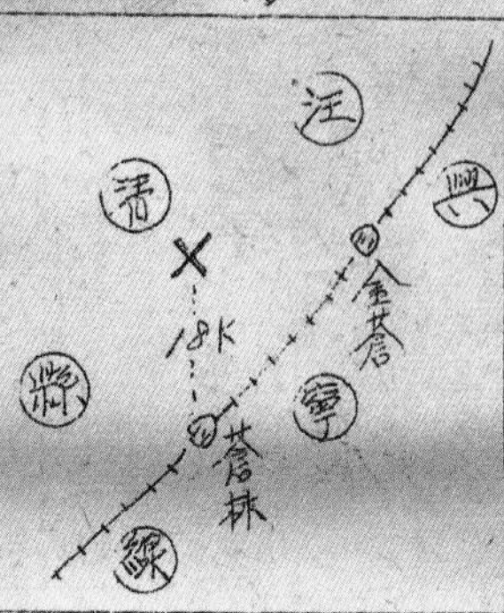	物資強奪ニ	田上工作班員三名狩猟中武装匪二名出現携行食糧等ヲ強奪之カ謝禮トシテ五圓五十銭ヲ手交何レカヘ逃走ス	我 粟四升 小釜一個
九 一九 一八・三〇	汪清県春和村後河屯西北方約三〇粁 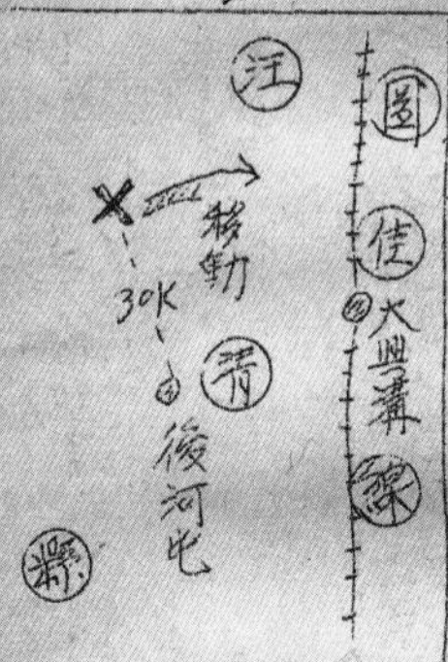	右仝	田上工作班員二名上記小屋ニ張込中武装匪三名出現食糧等ヲ強奪之カ代金トシテ國幣三十七圓ヲ支拂ヒ一泊ノ上翌七時三十分東方ニ向ケ逃走ス	我 糧食五升 地下足袋三足

九、二〇 二〇	九、二一 二一、
汪清縣春芳倉村金倉西北方約二〇粁 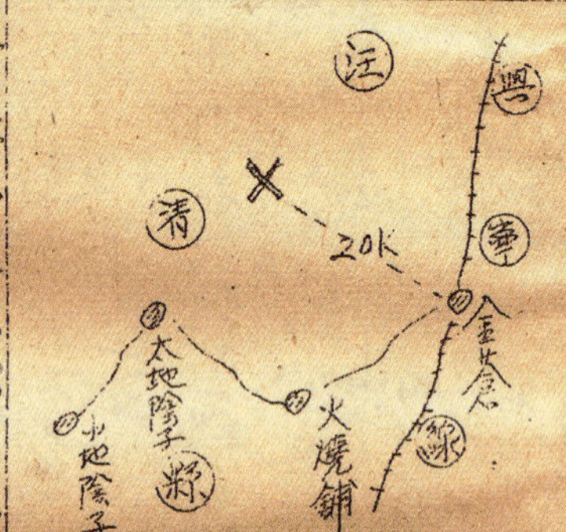	汪清縣春和村西陽屯 田營西方一二粁 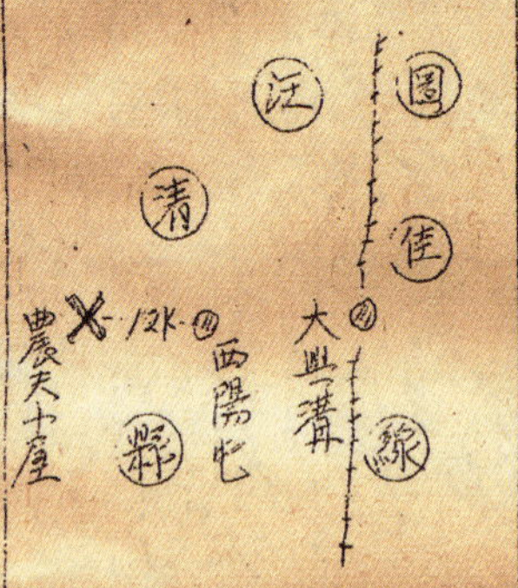
購入物資依頼	〃
部落民一名上記道路上ニ於テタ食中突如武装匪二名出現餅三斤其他日用品購入方ヲ依頼再會ヲ約シ何レカニ逃走ス	部落民四名上記農夫小屋ニ就勞中武装匪五名出現仝小屋ニ一泊日用品購入方ヲ依頼ノ上何レカニ逃走ス

172

九・二二 二四、	九・二八 一九、三〇
汪清縣春耕村羅子溝東南方一二粁 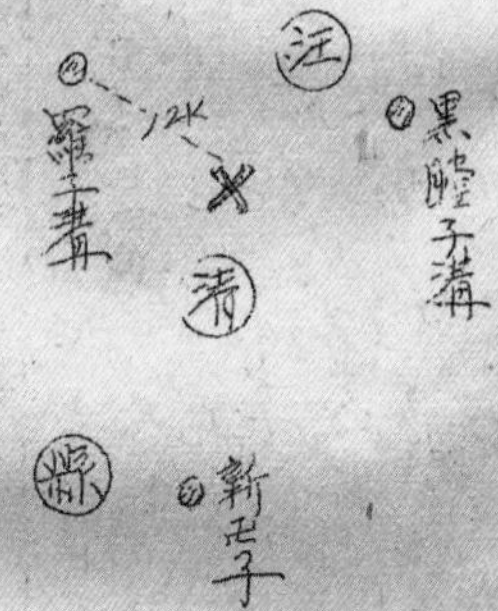	琿春縣徳惠村大荒溝北方一二粁 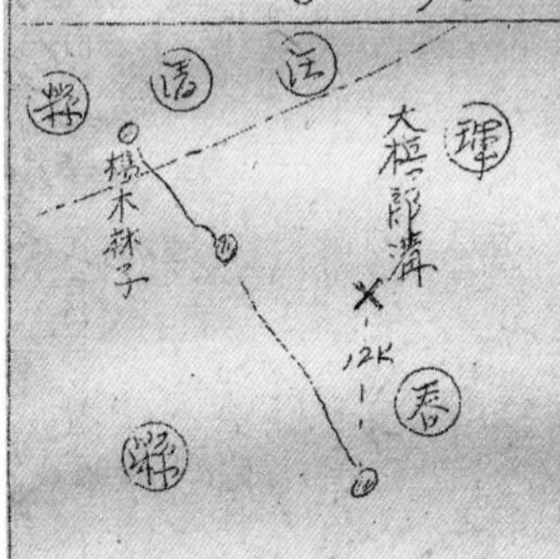
物資强奪	武装匪撲殺
日軍討伐隊密偵二名上記小屋ニ張込中武装匪二名出現日軍警備状況等ヲ尋問ノ上地下足袋一ヲ强奪之ガ代金トシテ國幣十圓ヲ手交何レカニ逃走ス	森警工作前張込ミ作業中武装匪二名出現セルヲ以テ他ノ勢力数名ト協力組付匪ノ携帯拳銃ヲ奪取スルト共ニ有合セノ棍棒其他ヲ以テ之ヲ撲殺セリ
	徴 拳銃 一 其他日用品若干

4、匪ノ動向並ニ将来ノ判断

本期匪ノ出現ハ七回延人員二二名ナリ而シテ之等匪賊ノ行動等ヨリ綜合観察スルニ依然蘇聯ノ指令ト思料セラルル、民心收攬及軍情警備状況等ノ調査ニ全力ヲ傾注シアルヲ窺知セラル 就中九月二十八日琿春縣德恵村大荒溝部落北方大[illegible]郎溝附近ニ於テ同地森林警察隊工作員ノ撲殺セル武装匪二名ノ服装装備中ニ多数

173

ノ蘇聯製品アル等ヨリ觀察スルニ略々蘇聯
諜略匪ナルコト確實ナリ
殊ニ本期匪ノ行動低調化セルハ一應諜報任
務ヲ達成シ一部入蘇乃至次期指令ニツキ
待機シアルニ非ラスヤトモ推斷セラル將來
嚴戒ヲ要ス

二、反（抗）日思想策動

抗日思想ヲ諷示セル「レコード」發見

琿春分隊ニ於テ九月十四日街内満人商店ヨ

リ閑山歌ト題スル満語歌詩「レコード」十枚ヲ發見セルカ内容中抗日思想ヲ喚起セシムルカ如キ隱語アルヲ窺知セラレタルヲ以テ任意提出セシメタリ

而シテ該「レコード」ハ本年九月三日入荷以来店頭ニ陳列シタル儘使用並ニ販賣シアラサルヲ以テ反響等ナシ（九、五、延憲高第五八七號參照）

軍事関係謠言流布満人其ノ後ノ状況

本件既報ノ處ナルカ引續キ鋭意取調ヘ

タルモ背後関係及新事實ナキコト明瞭トナリタルヲ以テ近ク事件送致ノ豫定ナリ

（九、二一、延憲高第五七二號参照）

在琿國民高等學校卒業生ノ民族運動状況

本件既報ノ處関係者二三名中管内居住ノ主要人物七名ヲ検擧取調ノ結果犯罪事實明瞭トナリタルヲ以テ九月十七日牡丹江高等検察廳ニ事件送致セリ

尚関係残余者ハ引續キ捜査中

（七、三五延憲高第四三五號參照）

175

三、國外ヨリノ對滿治安攪乱策動

ハ、蘇聯ヨリノ策動

蘇聯武装諜者朴「ピョートル」取調状況

九月五日琿春縣純義村火龍屯附近谷間ニ於テ鮮側警察官交戰逮捕セル蘇聯武裝諜者朴「ピョートル」ハ取調ノ結果客年九月蘇聯オケヤンスカニ於テ約七ヶ月間諜者教育ヲ受ケタル後一行四名ト共ニ會寧ノ民情調査ノ方指令ヲ受ケハ

月十一日ポセット出發同月十四日越境入鮮セル

モノナルコト判明セリ

尚引續キ咸北警察部ニ於テ取調中

（九、一三、延憲高第五九三號參照）

蘇聯機ノ不法越境

九月十二日十四時五十二分琿春縣春化村青龍

岩及望潮山王城山上空ヲ蘇聯爆撃機三機

飛翔セリ

一般ニハ特異ノ反響ナシ

（九、一九、延憲高第五八八號參照）

蘇聯武裝諜者ニ被拉致憲兵ハ
工作員、帰来状況

〈九月十三日十九時頃、憲兵ハ工作員、鮮人四名ハ、琿春縣鎭安村西北溝國境附近ニ於テ狩猟中蘇聯武裝諜者（滿人）二名ニ被拉致國境線附近ニ連行ノ上二名ハ仝地ニ於テ附近警備状況等被聴取後國幣二十九円ヲ受領、官憲ニ提報スヘカラスト威嚇セラレ同日二十一時頃釋放セラレ帰来セリ

2、他二名ハカチヤギー附近ニ被連行ノ上蘇聯人
将校ヨリ鎮、安村附近ノ日満軍警ノ状況等ヲ
聴取「ソ」側連絡員タルコトヲ強要セラレ之ヲ
受諾更ニ駐在日満軍警調査ノ指令並資金
八十留ヲ受領九月十五日十時頃何レモ釋放セラ
レ歸来セリ

3、憲兵ハ厳重取調ヲ實施スルト共ニ爾後ノ誘
致工作實施中

（九、二二、承憲高第五九二號参照）

177

蘇諜「李時和」検挙

九月十日琿春縣興仁村八連城部落飛行場附近ニ於テ憲兵検問検索實施中挙動不審滿人一ヲ発見抑留取調ノ結果本人ハ元琿春炭砿盤石溝砿業所採炭夫トシテ就労中本年六月六日同僚一ト共ニ逃走入蘇シ哨兵ニ被逮捕「煙秋」ニ護送シ同地赤軍諜報部ニ約三ヶ月間監禁セラレ連日日軍密

偵ノ嫌疑ニ依リ峻烈ナル取調ヲ受ケタル後「ソ」諜タルヘク慫慂懐柔セラレ之ヲ應諾シ部將校ノ指令下ニ琿春附近ノ軍情特ニ飛行場調査ノ指令ヲ受ケ資金十六元ヲ受領シ八月二十八日入滿情報蒐集ヲ企図シアリタルコト判明セリ

（九、二三延憲高第五九四號参照）

四、思想對策服務實績

本期間憲兵獨自思想對策服務實績ハ

178

蘇諜検挙一名ニシテ状況左表ノ如シ

月日	場所	種別（實績）	概要	取扱隊所
九、一〇	琿春縣興仁村八連城部落附近	満人一検挙	蘇諜（九、二三延憲高第五九四號參照）	琿春分隊

五 所見

本期匪ノ行動一時低調化シアルハ一應諜報任務ヲ達成、一部ハ入蘇乃至ハ次期指令、ニツキ待機中ニアラスヤトモ推断セラレ偶々農作物ノ收穫開始時期ナル等ニ鑑ミ今後行動更ニ積極化ヲ豫想セラルルヲ以テ引續キ嚴戒ヲ要ス

179

別紙第二

思想對策服務實績表

昭和十七年九月三十日調　延吉憲兵隊

區分/種別	檢舉 人員	檢舉 案	檢舉 計	歸順 人員	歸順 案	歸順 計	投降 人員	投降 案	投降 計	摘要
共產黨										
同外郭團体										
反滿抗日			七							
共產匪			四			一五				
土（政）匪			一			一三				
通匪										
其ノ他	一		二							其他ハ蘇諜ナリ
計	一		一四			二八				

押收 品目	員數	案	計	品目	員數	案	計	摘要
輕機關銃			四	手榴彈			二九	
全彈藥			一九	擲彈筒彈				
全擲彈筒身			一	洋砲			一一	
小銃			一一二	三十年式銃劍			一	
同彈藥			一七九三	小銃遊底			三	
拳銃			二九	彈藥盒			七	
同彈藥			二七八	獵銃			三	
自動短銃			一					
騎銃			一					

備考

一、本表ハ憲兵獨自ノ成果（關東軍參謀部、宣撫部ノ成果ヲ除ク）ヲ計上ス

二、累計ハ一月以降トス

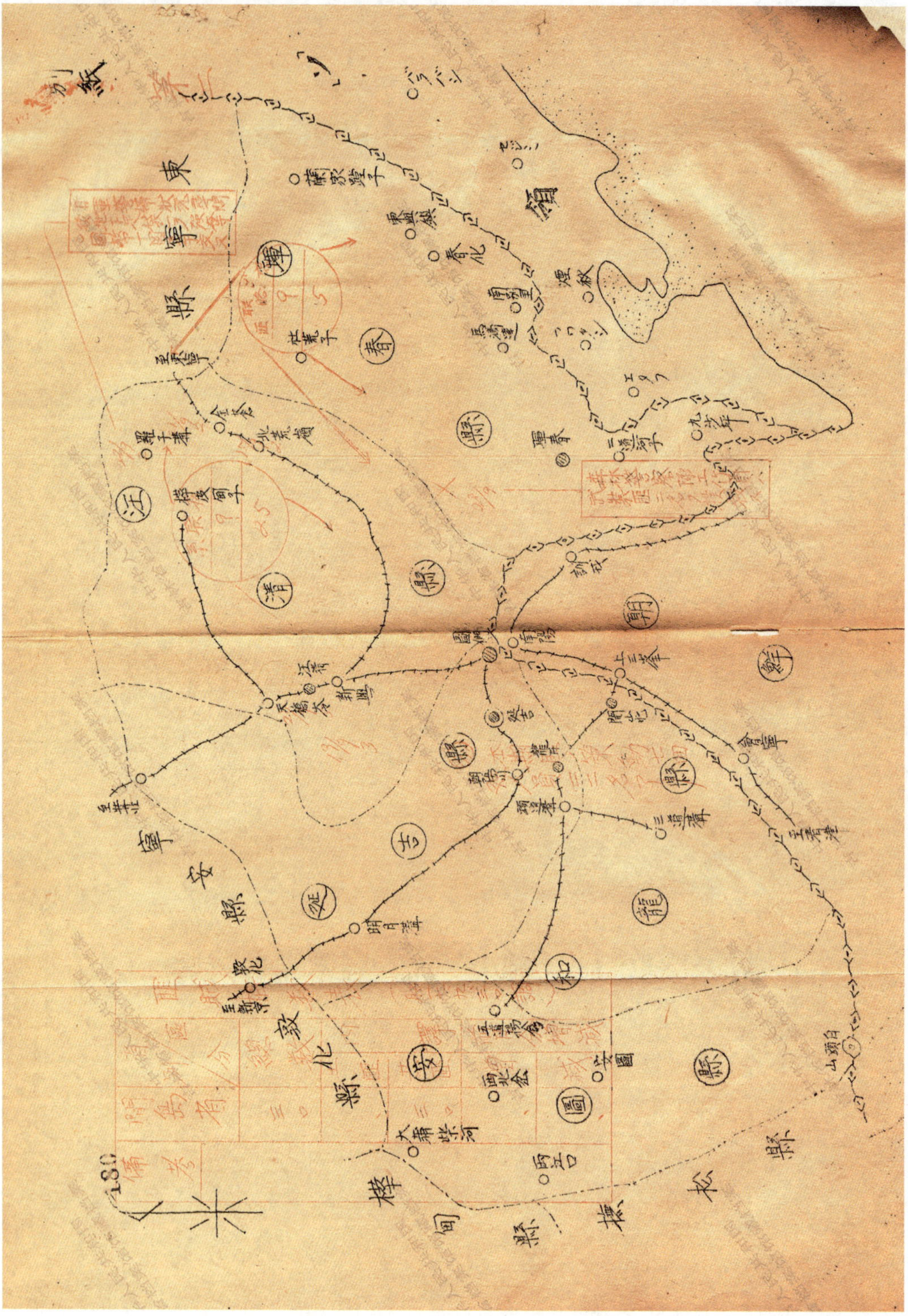

参考译文

一、辖区匪团的状况

二、反（抗）日思想策动

三、国外扰乱满洲治安的策动

四、思想对策服务实绩

五、意见

附件

第一，思想对策服务实绩表

第二，辖区共产匪策动要图

一、辖区匪团的状况

1. 匪数及盘踞地

据推测，辖区盘踞匪大约有抗联第一路军系残存匪以及苏联谋略匪等30人。他们在本期内总计出没7次，出没总人次22人，与前期相比较减少了13次46人，其行动也有愈发不活跃的趋势。

而且，这些匪团依然以汪清、东宁县境附近及珲春县西北部地区为中心四处流窜，积极开展调查军情警备状况、收揽民心等活动。

2. 动向

本期内匪贼的主要动向如下：

森林警察情报员打死2名武装匪

珲春县大荒沟森林警察队情报员在当地大荒沟部落北方12千米大梹郎沟附近埋伏期间发现有2名系统等情况不详的武装匪出现，随即与其他苦力合作，夺取了匪贼随身携带的手枪，并使用现成的棍棒及其他工具将这二人打死，目前正在调查详细情况。截至目前已查明的服装及装备情况如下：

●服装

他们身穿日军军衣军裤、日军高帮皮鞋，头戴苏制帽子。

●装备

他们两人各自携带1支手枪，此外还有苏联制火柴、香烟、黑面包等，除此以外还有若干咸鲑鱼。

抗联系残存匪首的动向

目前继续针对抗联系残存匪首金日成、崔贤、安尚吉等人开展工作，但是本期内没有侦查到特殊的动向。

3. 匪贼的策动

本期内，匪贼的策动情况是抢夺物资2件、调查军情警备状况等5件，共计7件，主要状况如下：

时间	地点	分类	概要	敌我的损失
9月15日 16时30分	汪清县春苍村苍林北方18千米 （译者注：第563页图略）	抢夺物资	田上工作班的3名班员在狩猎的时候，有2名武装匪出现，抢夺了他们携带的粮食等物资，作为谢礼，武装匪给了他们5元50钱，然后逃跑了。	我方： 4升小米 1口小锅
9月19日 18时30分	汪清县春和村后河屯西北方约30千米 （译者注：第563页图略）	同上	田上工作班的2名班员在左述小屋内埋伏的时候，有3名武装匪出现，抢夺了他们的粮食，作为报酬给了他们27元国币，住了一宿以后，第二天7时30分向东部逃去。	我方： 5斤粮食 3双胶底布袜
9月21日 20时	汪清县春苍村金苍西北方向约20千米 （译者注：第564页图略）	委托购买物资	1名部落民正在左述道路上吃晚饭的时候，突然有2名武装匪出现，托他购买3斤饼及其他日用品，并说还会再来，然后便逃跑了。	
9月21日 21时	汪清县春和村西阳屯屯田营西部12千米 （译者注：第564页图略）	同上	4名部落民正在左述农夫小屋内劳作时，有5名武装匪出现，在该小屋内住了一宿，托他们购买日用品，然后便逃跑了。	

（续表）

9月22日 24时	汪清县春耕村 罗子沟东南方向 12千米 （译者注：第565页图略）	抢夺 物资	日军讨伐队的2名密探正在左述小屋内埋伏时，有2名武装匪出现，询问了有关日军警备等状况，然后抢夺了1双胶底布袜，作为报酬给了密探10元国币，然后便逃跑了。	
9月28日 19时30分	珲春县德惠村 大荒沟北部 12千米 （译者注：第565页图略）	打杀 武装匪	森警情报员正在埋伏的时候，有2名武装匪出现，于是森警工作员就联合数名苦力，夺取了匪贼携带的手枪，同时还使用现成的棍棒及其他将他们打死。	敌方： 1支手枪 日用品若干

4. 匪贼的动向及将来的判断

本期内，匪贼出现总次数7次，总人次22人。从这些匪贼的行动等状况综合观察可知，他们疑似根据苏联的指令竭尽全力收揽民心、调查军情警备状况等，尤其是9月28日在珲春县德惠村大荒沟部落北部大柝郎沟附近被当地森林警察队情报员打死的2名武装匪的服装装备中还发现了大量的苏联制品。从这一系列的情况基本可以断定这2名武装匪是苏联的间谍。

特别是本期内匪贼的行动不十分活跃，我方推断极有可能是匪贼暂时完成谍报任务，一部分入苏，或者是根据下期指令先原地待命，因此将来要严加警戒。

二、反（抗）日思想策动

发现暗示抗日思想的唱片

珲春分队于9月14日在城内的满人商店内发现了以《开山歌》为题的满语诗歌唱片10张，从其内容中能够窥见唤起抗日思想的隐语，故要求该店主动上交。

这张唱片自今年9月3入荷以来一直摆放在店内，未使用也未销售，因此没有造成任何反响等。

（参照9月19日延宪高第五八七号）

散布有关军事谣言的满人在此后的状况

关于本件进行报告以后依然积极开展了相关调查工作，现已查明此次事件没有任何背后关系，也没有再发现新情况，因此计划于近期进行案件移交。

（参照9月11日延宪高第五七二号）

珲春国民高等学校毕业生的民族运动状况

根据本件既报内容，从23名相关人员中逮捕了居住在辖区内的7名主要人物，经审讯后犯罪事实明确属实，故于9月17日向牡丹江高等检察厅进行了案件移交。

目前依然在搜寻其他有关人员。

（参照7月25日延宪高第四六五号）

三、国外扰乱满洲国治安的策动

1. 苏联的策动

苏联武装间谍朴特鲁（ピョートル，音译）的审讯状况

9月5日，鲜方警察官在珲春县纯义村火龙屯附近的山谷间交战中逮捕了苏联武装间谍朴特鲁（ピョートル，音译）。经审讯后查明，此人于去年9月在苏联奥凯杨斯卡（オケヤンスカ，音译）接受了为期约7个月的间谍教育。此后，他又与一行4人一起奉命调查会宁的民情，8月11日从波塞特（ポセット，音译）出发，同月14日越境入鲜。

有关此事，目前咸北警察部依然在调查。

（参照9月22日延宪高第五九三号）

苏联飞机非法越境

9月12日14时52分，3架苏联轰炸机在珲春县春化村青龙岩及望潮山王城山上空飞翔。

整体上没有任何异常反响。

（参照9月19日延宪高第五八八号）

被苏联武装间谍绑架的宪兵情报员的归来状况

1. 9月13日19时左右，4名宪兵鲜人情报员在珲春县镇安村西北沟边境附近

狩猎期间，被2名苏联武装间谍（满）绑架，带到了边境线附近。其中有2人在那里被打听了有关警备状况等情况以后，领取了20元国币，并被威胁说不准向官宪报告，然后当天21时左右被释放返回。

2. 其余2人被带到了喀恰基（カチャギー，音译）附近以后，苏联将校向他们询问了有关镇安附近日满军警的状况等，并强迫他们成为苏方的联络员，于是2人被迫答应了对方的要求，并接受指令调查驻屯日满军警，还领取了80元资金。9月15日10时左右，这两人全被释放返回。

3. 宪兵实施了严格审讯，同时开展此后的引诱工作。

（参照9月22日延宪高第五九二号）

逮捕苏谍“李时和”

9月10日，在珲春县兴仁村八连城部落飞机场附近，宪兵在实施盘问搜查期间发现了1名行为举止可疑的满人，随即将其逮捕。经审讯后查明，此人是原珲春煤矿磐石沟矿业所的1名矿工，今年6月6日与另外1名矿工一起逃走入苏，后被苏联士兵逮捕送到了“烟秋”，监禁在当地赤军谍报部大约3个月时间，因被怀疑是日军密探而连日遭到严酷的审讯。此后，他又被苏方怂恿和拉拢成为苏谍，并在该部将校的指令下调查珲春附近的军情，特别是调查飞机场的情况，领取了16元资金。8月28日，此人企图入满收集情报。

（参照9月23日延宪高第五九四号）

四、思想对策服务实绩

本期内，宪兵独自取得的思想对策服务实绩是逮捕了1名苏谍，具体情况如下表所示：

日 期	地 点	实绩种类	概 要	审讯队所
9月10日	珲春县兴仁村八连城部落附近	逮捕1名满人	苏谍（参照9月23日延宪高第五九四号）	珲春分队

五、意见

本期内，匪贼的行动不是十分活跃，我方推断极有可能是匪贼暂时完成谍报任务，一部分入苏，或者是根据下期指令先原地待命。鉴于农作物收获期即将开始，我方预测匪贼今后的行动将会更加活跃积极，因此要继续严加警戒。

附件三

思想对策服务实绩表　　昭和十七年九月三十日（1942年9月30日）调 延吉宪兵队

分类 种类	逮捕		归顺		射杀		摘要
	人数	累计	人数	累计	人数	累计	
共产党							
共产党外围团体							
反满抗日		7					
共产匪		4	15				
土（政）匪		1	13				
通匪							
其他	1	2					其他中的1人是苏谍
计	1	14	28				
收缴	物品	数量	累计	物品	数量	累计	摘要
	轻机关枪		4	手榴弹		29	
	轻机关枪子弹		19	掷弹筒			
	轻机关枪备用枪筒		1	洋炮（鸟枪）		11	
	步枪		112	三〇年式枪剑		1	
	步枪子弹		1793	步枪枪栓		3	
	手枪		29	弹药盒		7	
	手枪子弹		271	猎枪		3	
	自动短枪		1				
	骑枪		1				
备注	一、本表将宪兵独自取得的成果（除关东军嘱托宣抚部的成果在外）计算在内； 二、累计是1月以后的数值。						

（译者注：第580页图略，图中红字部分按照从右至左的顺序翻译如下）

询问日军警备状况，抢夺1双胶底布袜，获取10元国币；

森林警察情报员打死2名武装匪；

本期内，匪贼实施7次策动，总人次有22人。

匪贼概数表		昭和十七年九月三十日（1942年9月30日）调查			
分类 省份	总 数	分 类		与上个月相比的增减情况	
		土匪	共匪	增	减
间岛省	30		30		
备注					

（翻译：张雪　整理：宋畅　校译：周岩、戴宇）

图书在版编目（CIP）数据

铁证如山. 25. 吉林省档案馆馆藏日本侵华思想对策月报专辑. ⑧ / 吉林省档案馆编. -- 长春 : 吉林出版集团股份有限公司, 2023.12
ISBN 978-7-5731-2905-5

Ⅰ. ①铁… Ⅱ. ①吉… Ⅲ. ①侵华事件－史料－日本 Ⅳ. ①K265.606

中国版本图书馆CIP数据核字(2022)第249049号

铁证如山 25

吉林省档案馆馆藏日本侵华思想对策月报专辑⑧

出品人／于　强
编者／吉林省档案馆
项目统筹／崔文辉
责任编辑／郝秋月　于嫒媛
助理编辑／王　媛　侯　帅　杨　蕊
校译（按姓氏笔画排序）／于海霞　闫姗姗　刘　博　孙胜广
孙菁菁　宋　婷　周异夫　房　颖　胡建军　柳晓东　徐明真　曾婷婷　潘　宁
封面制作／于　青
出版发行／吉林出版集团股份有限公司
印刷／北京联兴盛业印刷股份有限公司
开本／787mm×1092 mm　1/16　印张／38.75
字数／630千字
版次／2023年12月第1版　印次／2023年12月第1次印刷
书号／ISBN 978-7-5731-2905-5
定价／230.00元

印装错误请与承印厂联系 13911357421